智能网联汽车专业"岗课赛证"融通活页式创新教材

车辆自动驾驶系统应用

组编 行云新能科技（深圳）有限公司

主编 张朝山 金昊炫 张春蓉

参编 吴立新 汪 超 魏志宁 侯 珏
　　 骆佳豪 王晓慧 卢 斌

机械工业出版社

本书包括对自动驾驶系统的基本认知、对先进驾驶辅助系统（ADAS）的基本认知、对自动驾驶软件架构的基本认知、对高精度地图测绘的基本认知、掌握自动驾驶系统的应用共5个能力模块，分为15个学习任务，以"做中学"为主线，以程序性知识为主体，配以必要的陈述性知识和策略性知识，重点强化"如何做"，将必要知识点穿插于各个"做"的步骤中，让读者边学习、边实践，同时将"课程思政"融入课程的培养目标，在实训教学中渗透理论的讲解，使读者对所学到的知识融会贯通。本书可培养读者独立思考、将理论运用于实践的能力，使其成为从事新能源汽车相关工作的高素质技能型专门人才。

本书语言通俗易懂，可作为职业院校智能网联汽车技术、智能交通技术、汽车制造与试验技术等汽车相关专业的教材，也可供从事汽车专业工作的工程技术人员参考。

图书在版编目（CIP）数据

车辆自动驾驶系统应用 / 行云新能科技（深圳）有限公司组编；
张朝山，金昊炫，张春蓉主编. — 北京：机械工业出版社，2023.6（2025.1重印）
智能网联汽车专业"岗课赛证"融通活页式创新教材
ISBN 978-7-111-73472-7

Ⅰ.①车… Ⅱ.①行… ②张… ③金… ④张… Ⅲ.①汽车驾驶-自动驾驶系统-教材 Ⅳ.①U463.8

中国国家版本馆CIP数据核字（2023）第125768号

机械工业出版社（北京市百万庄大街22号 邮政编码100037）
策划编辑：谢　元　　　　责任编辑：谢　元　丁　锋
责任校对：张亚楠　李　婷　　封面设计：马精明
责任印制：郜　敏
中煤（北京）印务有限公司印刷
2025年1月第1版第2次印刷
184mm×260mm・13.25印张・294千字
标准书号：ISBN 978-7-111-73472-7
定价：56.00元

电话服务　　　　　　　　网络服务
客服电话：010-88361066　机　工　官　网：www.cmpbook.com
　　　　　010-88379833　机　工　官　博：weibo.com/cmp1952
　　　　　010-68326294　金　书　网：www.golden-book.com
封底无防伪标均为盗版　机工教育服务网：www.cmpedu.com

智能网联汽车专业"岗课赛证"融通活页式创新教材

丛书编审委员会

主　任　　吴立新　　行云新能科技（深圳）有限公司

副主任　　吕冬明　　机械工业教育发展中心
　　　　　　程安宇　　重庆邮电大学
　　　　　　丁　娟　　浙江天行健智能科技有限公司
　　　　　　王　潇　　深圳市速腾聚创科技有限公司
　　　　　　谢启伟　　北京中科慧眼科技有限公司

委　员　　陈纪钦　　河源职业技术学院
　　　　　　邓剑勋　　重庆电子科技职业大学
　　　　　　李　勇　　山东交通职业学院
　　　　　　吴海东　　广东轻工职业技术大学
　　　　　　谢　阳　　惠州城市职业学院
　　　　　　徐艳民　　广东机电职业技术学院
　　　　　　游　专　　无锡职业技术学院
　　　　　　于晓英　　山东交通职业学院
　　　　　　邹海鑫　　深圳信息职业技术学院
　　　　　　张朝山　　杭州科技职业技术学院

资源说明页

本书附赠 12 个富媒体资源。

获取方式：

1. 微信扫码（封底"刮刮卡"处），关注"天工讲堂"公众号。
2. 选择"我的"—"使用"，跳出"兑换码"输入页面。
3. 刮开封底处的"刮刮卡"获得"兑换码"。
4. 输入"兑换码"和"验证码"，点击"使用"。

通过以上步骤，您的微信账号即可免费观看全套课程！

首次兑换后，微信扫描本页的"课程空间码"即可直接跳转到课程空间，或者直接扫描内文"资源码"即可直接观看相应富媒体资源。

课程空间码

序

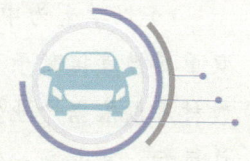

当前,全球汽车产业进入百年未有之大变革时期,汽车电动化、网联化和智能化水平不断提升,智能网联汽车已成为世界公认的汽车产业未来发展的方向和焦点。党的二十大报告提出:"建设现代化产业体系。坚持把发展经济的着力点放在实体经济上,推进新型工业化,加快建设制造强国、质量强国、航天强国、交通强国、网络强国、数字中国。"这为推动智能网联汽车发展、助力实体经济指明了方向。

智能网联汽车是跨学科、跨领域融合创新的新产业,要求企业员工兼具车辆、机械、信息与通信、计算机、电气、软件等多维专业背景。从行业现状来看,大量从业人员以单一学科专业背景为主,主要依靠在企业内"边干边学"完善知识结构,逐步向跨专业复合型经验人才转型。这类人才的培养周期长且培养成本高,具备成熟经验的人才尤为稀缺,现有存量市场无法匹配智能网联汽车行业对复合型人才的需求。

为了响应高速发展的智能网联汽车产业对素质高、专业技术全面、技能熟练的大国工匠、高技能人才的迫切需求,为了响应《国家职业教育改革实施方案》提出的"建设一大批校企'双元'合作开发的国家规划教材,倡导使用新型活页式、工作手册式教材并配套开发信息化资源"的倡议,行云新能科技(深圳)有限公司联合中职、高职、本科、技工技师类院校的一线教学老师与华为、英特尔、百度等行业内头部企业共同开发了智能网联汽车专业"岗课赛证"融通活页式创新教材。

行云新能在华为 MDC 智能驾驶技术的基础上,紧跟华为智能汽车的智能座舱——智能网联——智能车云全链条根技术和产品,构建以华为智能汽车根技术为核心的智能网联汽车人才培养培训生态体系,建设中国智能汽车人才培养标准。在此基础上,我们组织多名具有丰富教学和实践经验的汽车专业教师和智能网联汽车企业技术人员一起合作,历时两年,共同完成了"智能网联汽车专业'岗课赛证'融通活页式创新教材"的编写工作。

本套教材包括《智能网联汽车概论》《Arduino 编程控制与应用》《Python 人工智能技术与应用》《ROS 原理与技术应用》《智能网联汽车传感器技术与应用》《智能驾驶计算平台应用技术》《汽车线控底盘与智能控制》《车联网技术与应用》《汽车智能座舱系统与应用》《车辆自动驾驶系统应用》《智能网联汽车仿真与测试》共十一本。

多年的教材开发经验、教学实践经验、产业端工作经验使我们深切地感受到,教材建设是专业建设的基石。为此,本系列教材力求突出以下特点:

1）以学生为中心。活页式教材具备"工作活页"和"教材"的双重属性,这种双重属性直接赋予了活页式教材在装订形式与内容更新上的灵活性。这种灵活性使得教材可以依据产业发展及时调整相关教学内容与案例,以培养学生的综合职业能力为总目标,其中每一个能力模块都是完整的行动任务。按照"以学生为中心"的思路进行教材开发设计,将"教学资料"的特征和"学习资料"的功能完美结合,使学生具备职业特定技能、行业通用技能以及伴随终身的可持续发展的核心能力。

2）以职业能力为本位。在教材编写之前,我们全面分析了智能网联汽车技术领域的特征,根据智能网联汽车企业对智能传感设备标定工程师、高精度地图数据采集处理工程师、智能网联汽车测试评价工程师、智能网联汽车系统装调工程师、智能网联汽车技术支持工程师等岗位的能力要求,对职业岗位进行能力分解,提炼出完成各项任务应具备的知识和能力。以此为基础进行教材内容的选择和结构设计,人才培养与社会需求的无缝衔接,最终实现学以致用的根本目标。同时,在内容设置方面,还尽可能与国家及行业相关技术岗位职业资格标准衔接,力求符合职业技能鉴定的要求,为学生获得相关的职业认证提供帮助。

3）以学习成果为导向。智能网联汽车横跨诸多领域,这使得相关专业的学生在学习过程中往往会感到无从下手,我们利用活页式教材的特点来解决此问题,活页式教材是一种以模块化为特征的教材形式,它将一本书分成多个独立的模块,以某种顺序组合在一起,从而形成相应的教学逻辑。教材的每个模块都可以单独制作和更新,便于保持内容的时效性和精准性。通过发挥活页式教材的特点,我们将实际工作所需的理论知识与技能相结合,以工作过程为主线,便于学生在实际的操作过程中掌握工作所需的技能和加深对理论知识的认知。

总体而言,本活页式教材以学生为中心,以职业能力为本位,以学习成果为导向,让学生在教师指导下经历完整的工作过程,创设沉浸式教学环境,并在交互体验的过程中构建专业知识,训练专业技能,从而促进学生自主学习能力的提升。每一个任务均以学习目标、知识索引、情境导入、获取信息、小组分工、工作计划、进行决策、任务实施、评价反馈这九个环节为主线,帮助学生在动手操作和了解行业发展的过程中领会团结合作的重要性,培养执着专注、精益求精、一丝不苟、追求卓越的工匠精神。在每个能力模块中引入了拓展阅读,将爱党、爱国、爱业、爱史与爱岗教育融入课程中。为满足"人人皆学、处处能学、时时可学"的需要,本活页式教材同时搭配微课等数字化资源辅助学习。

虽然本系列教材的编写者在智能网联汽车应用型人才培养的教学改革方面进行了一些有益的探索和尝试,但由于水平有限,教材中难免存在错误或疏漏之处,恳请广大读者给予批评指正。

丛书编委会

前 言

党的二十大报告指出:"统筹职业教育、高等教育、继续教育协同创新,推进职普融通、产教融合、科教融汇,优化职业教育类型定位。"产教融合是培养智能网联汽车产业端所需的素质高、专业技术全面、技能熟练的大国工匠、高技能人才的重要方式,也是我们教材体系建设的重要依据。

2022年11月上旬,工业和信息化部与公安部联合发布《关于开展智能网联汽车准入和上路通行试点工作的通知(征求意见稿)》。在电动化、智能化、网联化、共享化已成为汽车产业发展趋势的当下,政策的利好更进一步地推动了产业的健康发展。工业和信息化部数据显示,2022年上半年,我国具备组合驾驶辅助功能的乘用车销量达288万辆,渗透率提高至32.4%,同比增长46.2%。国家智能网联汽车创新中心数据显示,到2025年,我国智能网联汽车产业仅汽车部分新增产值将超过1万亿元;到2030年,汽车部分新增的产值将达到2.8万亿元。智能网联汽车行业的快速发展推进了产业端对人才的需求,根据教育部等三部门联合印发的《制造业人才发展规划指南》,未来节能与新能源汽车人才缺口为103万人,智能网联汽车人才缺口为3.7万人,汽车行业技术人才、数字化人才非常稀缺。而智能网联汽车产业作为汽车、电子、信息、交通、定位导航、网络通信、互联网应用等行业领域深度融合的新兴产业,院校在专业建设时往往会遇到行业就业岗位模糊、专业建设核心不清等情况。在政策大力支持、产业蓬勃发展的大背景下,为满足行业对智能网联汽车技术专业人才的需要,促进中职、高职、职教本科类院校汽车类专业建设,特编写本教材。

本教材围绕智能网联相关专业"岗课赛证"综合育人的教育理念与教学要求,基于"学生为核心、能力为导向、任务为引领"的理念编写。在对智能网联技术技能人才岗位特点、1+X职业技能等级证书和"校—省—国家"三级大赛体系进行调研的基础上,分析出岗位典型工作任务,进而创设真实的工作情景,引入企业岗位真实的生产项目,强化产教融合深度,从而构建整套系统化的课程体系。

本教材分为5个能力模块。能力模块一为对自动驾驶系统的基本认知,讲授了自动驾驶等级、自动驾驶系统的构成和自动驾驶的数据集和开源工具;能力模块二为对先进驾驶辅助系统（ADAS）的基本认知，讲授了ADAS功能、标定和评价方法；能力模块三为对自动驾驶软件架构的基本认知，讲授了自动驾驶软件分类、Autoware自动驾驶系统的模拟仿真和Apollo自动驾驶系统的模拟仿真；能力模块四为对高精度地图测绘的基本认知，讲授了高精度地图的特点与制作流程、OpenDRIVE高精度地图的标准、Apollo高精度地图的构建与导入；能力模块五为掌握自动驾驶系统的应用，讲授了智能传感器系统的安装与调试、虚拟仿真验证测试和整车道路验证测试。

能力模块		理论学时	实践学时	权重
能力模块一	对自动驾驶系统的基本认知	6	0	9%
能力模块二	对先进驾驶辅助系统（ADAS）的基本认知	6	4	16%
能力模块三	对自动驾驶软件架构的基本认知	6	6	19%
能力模块四	对高精度地图测绘的基本认知	6	4	16%
能力模块五	掌握自动驾驶系统的应用	6	20	40%
总计		30	34	100%

本书由杭州科技职业技术学院张朝山、杭州科技职业技术学院金昊炫、长春职业技术学院张春蓉主编；行云新能科技（深圳）有限公司吴立新、杭州科技职业技术学院汪超、杭州科技职业技术学院魏志宁、杭州科技职业技术学院侯珏、杭州科技职业技术学院骆佳豪、浙江工贸职业技术学院王晓慧、浙江工贸职业技术学院卢斌参与编写。

由于编者水平有限，本书内容的深度和广度尚存在欠缺，欢迎广大读者予以批评指正。

编　者

活页式教材使用注意事项

01 根据需要，从教材中选择需要夹入活页夹的页面。

02 小心地沿页面根部的虚线将页面撕下。为了保证沿虚线撕开，可以先沿虚线折叠一下。注意：一次不要同时撕太多页。

03 选购孔距为80mm的双孔活页文件夹，文件夹要求选择竖版，不小于B5幅面即可。将撕下的活页式教材装订到活页夹中。

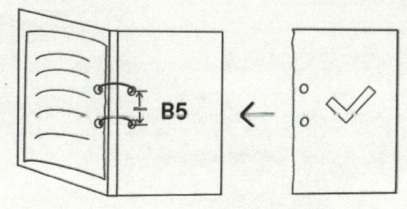

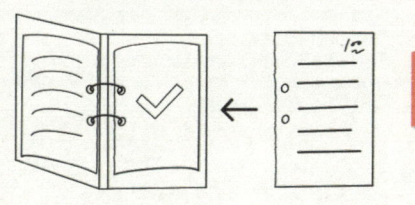

04 也可将课堂笔记和随堂测验等学习资料，经过标准的孔距为80mm的双孔打孔器打孔后，和教材装订在同一个文件夹中，以方便学习。

温馨提示：在第一次取出教材正文页面之前，可以先尝试撕下本页，作为练习

目 录

序
前言

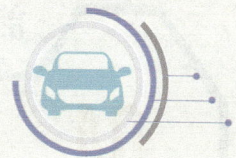

能力模块一

对自动驾驶系统的基本认知 /001

任务一　了解自动驾驶等级 /001

任务二　了解自动驾驶系统的构成 /014

任务三　了解自动驾驶的数据集和开源工具 /022

能力模块二

对先进驾驶辅助系统（ADAS）的基本认知 /033

任务一　了解 ADAS 功能 /033

任务二　完成 ADAS 的标定 /048

任务三　了解 ADAS 评价方法 /057

能力模块三

对自动驾驶软件架构的基本认知 /073

任务一　了解自动驾驶软件分类 /073

任务二　完成 Autoware 自动驾驶系统的模拟仿真 /084

任务三　完成 Apollo 自动驾驶系统的模拟仿真 /096

能力模块四 04

对高精度地图测绘的基本认知 /106

任务一　了解高精度地图的特点与制作流程 /106

任务二　了解OpenDRIVE高精度地图的标准 /117

任务三　完成Apollo高精度地图的构建与导入 /132

能力模块五 05

掌握自动驾驶系统的应用 /144

任务一　安装并调试智能传感器系统 /144

任务二　完成虚拟仿真验证测试 /158

任务三　完成整车道路验证测试 /175

参考文献 /200

能力模块一
对自动驾驶系统的基本认知

任务一　了解自动驾驶等级

 **学习目标**

- 了解国内外自动驾驶技术的发展历史
- 掌握自动驾驶等级划分
- 了解国内外自动驾驶分级差异
- 能描述自动驾驶等级的相关含义
- 了解我国自动驾驶的发展历程，感受国内自动驾驶汽车企业攻坚克难的探索精神
- 探索国内外自动驾驶的发展历程，明确自身职业定位

知识索引

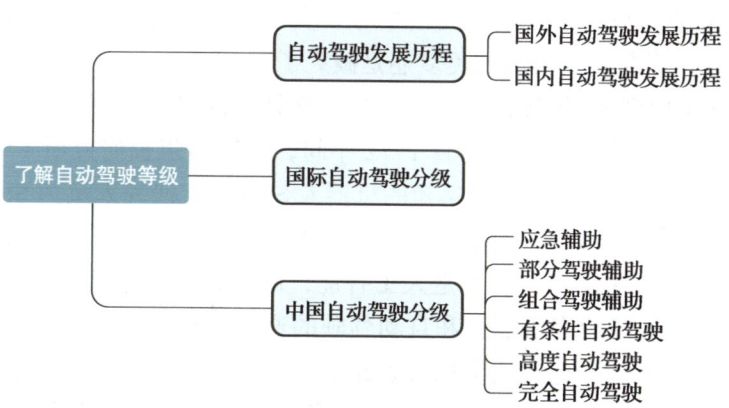

 车辆自动驾驶系统应用

情境导入

随着汽车智能科技的发展，各大汽车厂商争相推出各种"逆天"的高科技以及挂着"自动驾驶"噱头的装备来作为推销自己新产品的催化剂。作为一名智能网联汽车专业的学生，你了解我国自动驾驶的分级吗？

获取信息

引导问题 1

请查阅相关资料，简述中国自动驾驶发展现状。

_____
_____
_____

自动驾驶发展历程

（一）国外自动驾驶发展历程

从 20 世纪 20 年代开始，欧美国家就开始了自动驾驶技术的探索。从无线电遥控汽车，到运用计算机视觉技术辅助感知、规划和控制，再到军方、大学、汽车企业广泛合作研发多辆自动驾驶汽车原型，自动驾驶的发展经历了很多重要的时期。

自动驾驶的探索始于无线电遥控汽车。1925 年，电气工程师 Houdina 开发的无线电遥控汽车"美国奇迹"（American Wonder）通过接收后方车辆的无线电信号，完成起动、转向、制动、加速、鸣笛等指令，在纽约繁忙的街道上从百老汇开到了第五大道，引起了巨大的轰动。尽管 American Wonder 并不是真正的自动驾驶汽车，却让这个概念走入了人们的视野。通用汽车在 1939 年的世界博览会上进一步提出电子化高速公路的概念，通过嵌入公路里的电子设备发出信号，实现车辆加速和转向的自动控制。但是由于成本问题，电子化高速公路的美梦还是破灭了。

20 世纪 60 年代到 80 年代，由于计算机科学技术的迅猛发展，自动驾驶来到了一条新的赛道：计算机视觉。1966 年到 1972 年间，美国斯坦福研究所（SRI）成功研制了世界上第一个真正可自主移动和感知的机器人 Shakey。研究人员为 Shakey 装备了电视摄像机、三角法测距仪、碰撞传感器、驱动电机以及编码器，并通过无线通信系统由两台计算机控制。Shakey 具备一定人工智能，能够自主进行感知、环境建模、行为规划和控制，这也成了后来机器人和自动驾驶的通用架构。1977 年，日本筑波机械工程实验室的 S. Tsugawa 和他的同事们开发出了第一辆基于摄像头来检测导航信息的部分自动驾驶汽车，这是所知最早的使用视觉设备进行自动驾驶的尝试。

20 世纪 80 年代到 90 年代，伴随着计算机、机器人控制和传感等技术的突破，自动驾驶技术进入了一个快速发展的阶段。这一时期的显著特点是军方、大学、汽车企

业之间开展了广泛的合作，成功研发了多辆自动驾驶汽车原型。最具代表性的成果要数美国卡内基·梅隆大学的 Navlab 系列、德国慕尼黑联邦国防军大学的 VaMoRs-P 系列和意大利帕尔马大学视觉实验室（VisLab）的 ARGO 项目。

20 世纪 80 年代，美国国防高级研究计划局（Defense Advanced Research Projects Agency，DARPA）制定了一个"战略计算计划"（Strategic Computing Program，SCP），希望以此从计算机架构、软件以及芯片设计领域的高速发展中获益，并推动人工智能（artificial intelligence，AI）技术达到新的高度。1984 年，DARPA 将自主式陆地车辆（autonomous land vehicle，ALV）列为 SCP 的研究项目之一。SCP 的研究目的是让汽车拥有充分的自主权，通过摄像头来检测地形，通过计算机系统计算出导航和行驶路线等解决方案。DARPA 资助了卡内基·梅隆大学、斯坦福大学和麻省理工学院等大学与制造商共同参与研制。其中，卡内基·梅隆大学的主要任务是解决 ALV 系统复杂的感知和集成问题。为了攻克该技术，1984 年，卡内基·梅隆大学导航实验室（Navigation Laboratory）建成，专注于复杂环境中的高难度视觉感知问题的研究。1989 年，卡内基·梅隆大学的 Dean Pomerleau 用神经网络（neural network，NN）构建了一辆可以上路的自动驾驶汽车——ALVINN（Autonomous Land Vehicle In a Neural Network）。ALVINN 在卡内基·梅隆大学校园内实现了在没有任何人工干预的情况下自主行驶。尽管当时的硬件条件很大程度上限制了 ALVINN 的表现，其速度依然能够达到 70km/h。ALVINN 还是首辆运用神经网络控制的自动驾驶汽车。1995 年，该团队研制的 Navlab 系列智能车辆 Navlab 5 完成了横穿美国东西部的自动驾驶试验。在全长约 5000km 的美国州际高速公路上，整个试验 96% 以上的路程是车辆自主驾驶的，车速达 50~60km/h。尽管这次试验中的 Navlab 5 仅仅完成方向控制，而不进行速度控制（车速及档位由车上的测试人员控制），这对于自动驾驶的发展仍然具有非常大的意义。

由于国外自动驾驶技术发展较早，如图 1-1-1 所示，到如今已有比较成熟的体系，多家公司有自主研发的软硬件系统，现如今国外出色的公司有 Waymo、Uber、ARGO AI、Aurora、Zoox 以及特斯拉（Tesla）等。

（二）国内自动驾驶发展历程

与欧美发达国家相比，我国在自动驾驶汽车方面的研究起步稍晚，从 20 世纪 80 年代末才开始。

1978 年，我国实行改革开放，国内经过艰苦卓绝的斗争，终于迎来了高速发展时期。自动驾驶技术也在我国开始萌芽。我国自动驾驶技术发展图谱如图 1-1-2 所示。

20 世纪 80 年代，我国自动驾驶技术的研发正式启动，"遥控驾驶的防核化侦察车"项目由哈尔滨工业大学、沈阳自动化研究所和国防科技大学三家单位共同参与研究。"八五"期间，北京理工大学、国防科技大学等五家单位联合研制成功了 ATB-1 自动驾驶车辆，这是我国第一辆能够自主行驶的测试样车，其行驶速度可以达到 21km/h。ATB-1 的诞生标志着我国自动驾驶行业正式起步并进入探索期。

2011 年 7 月 14 日，红旗 HQ3 首次完成了从长沙到武汉 286km 的高速公路全程自动驾驶试验，实测全程自主驾驶平均速度 87km/h，创造了我国自主研制的自动驾驶车

- 1984年 DARPA与美国陆军合作,发起ALV项目
- 1986年 Navlab 1,全球第一辆由计算机驾驶的汽车
- 1998年 ARGO试验车进行长距离道路试验

- 2013年 奥迪、福特、沃尔沃、日产、宝马等传统汽车制造厂商纷纷布局自动驾驶汽车；NuTonomy、Zoox为代表的创业公司纷纷入局自动驾驶领域
- 2009年 谷歌公司宣布,由斯坦福人工智能实验室前主任、谷歌街景的联合发明人Sebastian Thrun领导组建一支团队,开始研发自动驾驶技术
- 2004—2007年 3届DARPA自动驾驶挑战赛

- 2015年 特斯拉推出半自动驾驶系统Autopilot
- 2016年 Uber自动驾驶汽车在Uber先进技术中心正式上路测试
- 通用汽车收购Cruise Automation,正式进入自动驾驶领域

图 1-1-1　国外自动驾驶技术发展图谱

- 1992年 国防科技大学成功研制出中国第一辆真正意义上的自动驾驶汽车
- 2011年 一汽集团与国防科技大学共同研制的红旗HQ3自动驾驶汽车完成了286km的高速公路全程自动驾驶试验
- 2012年 "军交猛狮Ⅲ"以自动驾驶状态行驶114km

- 2015年 百度自动驾驶汽车在北京进行全程自动驾驶测试
- 宇通大型客车在完全开放道路环境下完成自动驾驶试验

- 2017年 百度展示了与博世合作开发的高速公路辅助功能增强版演示车
- 2018年 百度与厦门金龙合作生产的全球首款L4自动驾驶巴士"阿波龙"量产下线

图 1-1-2　国内自动驾驶技术发展图谱

辆在复杂交通状况下自主驾驶的新纪录。这标志着我国自动驾驶车辆在复杂环境识别、智能行为决策和控制等方面实现了新的技术突破。

2012年11月24日,"军交猛狮Ⅲ"完成了114km的京津高速公路行驶,这是一辆由现代途胜SUV改装的自动驾驶汽车,由中国人民解放军陆军军事交通学院研制。该车车顶安装了复杂的视听感知系统,车内装有由两台计算机和一台备用计算机组成的执行系统来处理视听感知系统获得的信息,让车辆可以自主进行加速、制动、换档等动作,实现了无人工干预的自动驾驶。

2015年8月29日,一辆宇通大型客车从河南省连接郑州市与开封市的城际快速路——郑开大道城铁贾鲁河站出发,在完全开放的道路环境下完成了自动驾驶试验,共行驶32.6km,最高速度68km/h,全程无人工干预,不过为了保障安全,客车上还是配备了驾驶员。这是国内首次客车自动驾驶试验。

2015年12月,百度公司对外宣布其自动驾驶汽车已在国内首次实现城市、环路及高速公路混合路况下的完全自动驾驶。百度公布的路测路线显示,百度自动驾驶汽车从位于北京中关村软件园的百度大厦附近出发,驶入G7京新高速公路,经五环路,抵达奥林匹克森林公园,并随后按原路线返回。百度自动驾驶汽车往返全程均采用自动驾驶,并实现了多次跟车减速、变道、超车、上下匝道、掉头等复杂驾驶动作以及不同道路场景的切换,测试时最高速度达到100km/h。

2016年4月17日,长安汽车宣布完成2000km超级自动驾驶测试项目。长安汽车此次长距离自动驾驶测试总里程超过2000km,从重庆市出发,在历时近6天,途经四川、陕西、河南、河北等省后,最终抵达北京市。根据长安汽车智能汽车技术发展规划,复杂城市路况的完全自动驾驶汽车计划于2025年实现量产。

2016年6月7日,由工业和信息化部批准的国内首个"国家智能网联汽车(上海)试点示范区"封闭测试区正式开园运营,这意味着我国的智能网联汽车行业从国家战略高度正式进入实际操作阶段。同年,中国智能汽车大赛举办。

2017年4月17日,百度展示了与博世合作开发的高速公路辅助功能增强版演示车。该车由百度与博世联合打造,集成了百度高精度地图和博世道路特征服务,并通过上百万辆配备博世摄像头、毫米波雷达的量产车辆实现数据众包,使高精度地图数据做到实时更新。这辆车已经实现高速公路的部分自动驾驶,包括车道保持和驾驶员监控下的车道自动切换。得益于定位技术,该演示车可以在进出弯道时自动控制车辆速度;同时在增强现实人机界面技术的帮助下,驾驶员能获得更舒适安全的驾驶体验。

2018年7月4日,百度与厦门金龙合作生产的全球首款高度自动驾驶(L4)巴士"阿波龙"量产下线。"阿波龙"搭载了百度最新的Apollo系统,拥有高精度定位、智能感知、智能控制等功能。达到4级自动驾驶的阿波龙巴士,既没有转向盘和驾驶位,更没有加速踏板和制动踏板,是一辆完全意义上的"无人"自动驾驶汽车。

截至2019年5月底,全国已有13个城市发放了约105张自动驾驶路测牌照。从城市发放牌照的数量来看,北京市发放数量最多,共59张,占发放总量的约56%;其次是重庆市,牌照发放数量为12张,占发放总量的约11%。

2020年2月,国家发展改革委、中央网信办、工业和信息化部等11个部委联合发布《智能汽车创新发展战略》，指出智能汽车已成为全球汽车产业发展的战略方向，发展智能汽车对我国具有重要的战略意义，需要从关键技术、测试评价、应用示范、基础设施、网络通信、标准法规、质量监督、网络安全等方面确保2025年实现有条件自动驾驶（L3）的智能汽车达到规模化生产，高度自动驾驶（L4）的智能汽车在特定环境下市场化应用。

华为在2021年的分析师大会上公布了其自动驾驶解决方案和实车资料，成为市场关注热点，华为宣布进入造车市场意味着未来智能汽车市场的竞争将越来越激烈。

2021年11月25日，北京市高级别自动驾驶示范区工作办公室正式对外发布《北京市智能网联汽车政策先行区自动驾驶出行服务商业化试点管理实施细则（试行）》，并向部分企业颁发国内首批自动驾驶车辆收费通知书。

2022年自动驾驶行业依旧热度不减，理想L9、智己L7以及华为发布的问界M7均具备一定程度的自动驾驶功能，各主机厂商依然热情澎湃，高歌猛进。

随着自动驾驶技术的不断成熟以及政府政策的出台与调整，目前，全球的自动驾驶汽车行业发展态势较好，但量产投入使用的地区还较少。自动驾驶技术与5G通信技术、新能源汽车的相关技术共同发展，国际领先机构现已完成自动驾驶汽车的研发，进入试运行、调试阶段；国内大多数研发自动驾驶汽车的企业现在仍处于试验阶段，即行业发展正处于起步阶段。

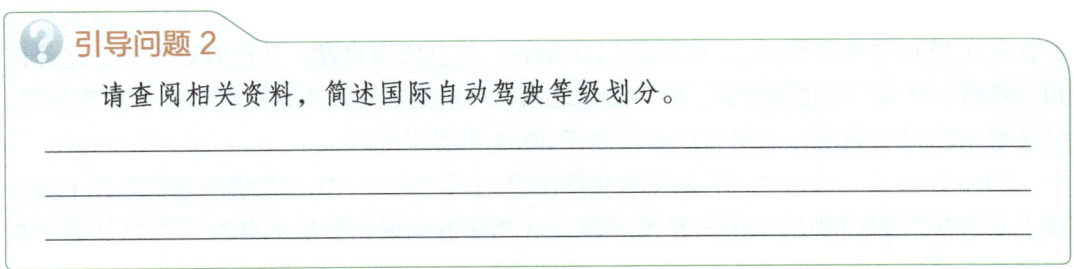

国际自动驾驶分级

根据驾驶系统自动化程度的高低，美国汽车工程师学会（SAE）将驾驶自动化分为六个级别，如图1-1-3所示。

Level 0（L0）：无自动化。在"0级自动驾驶"的场景中，驾驶员执行所有操作任务，如转向、制动、加速或减速。

Level 1（L1）：驾驶辅助。在这个级别，车辆可以辅助一些功能，但驾驶员仍然可以处理所有的加速、制动和周围环境监控。

Level 2（L2）：部分自动化。在这个级别，车辆可以辅助转向或加速功能。驾驶员必须随时准备控制车辆，并且仍然负责大多数安全关键功能和所有环境监控。

Level 3（L3）：有条件自动化。从L2到L3及以上最大的飞跃是，从L3开始，车辆本身负责环境的所有监控（使用如激光雷达等传感器）。

Level 4（L4）：高度自动化。在L4，自动驾驶系统将首先在条件安全时通知驾驶员，然后驾驶员将车辆切换到此模式。它不能在更动态的驾驶情况之间做出判断，例如交通堵塞或并入高速公路。

  Level 5（L5）：完全自动化。L5 自动驾驶完全不需要驾驶员执行驾驶任务，不需要驾驶员踩加速踏板、制动踏板或控制转向盘，因为自动驾驶系统执行所有关键任务、监控环境并识别独特的驾驶条件，如交通堵塞等。

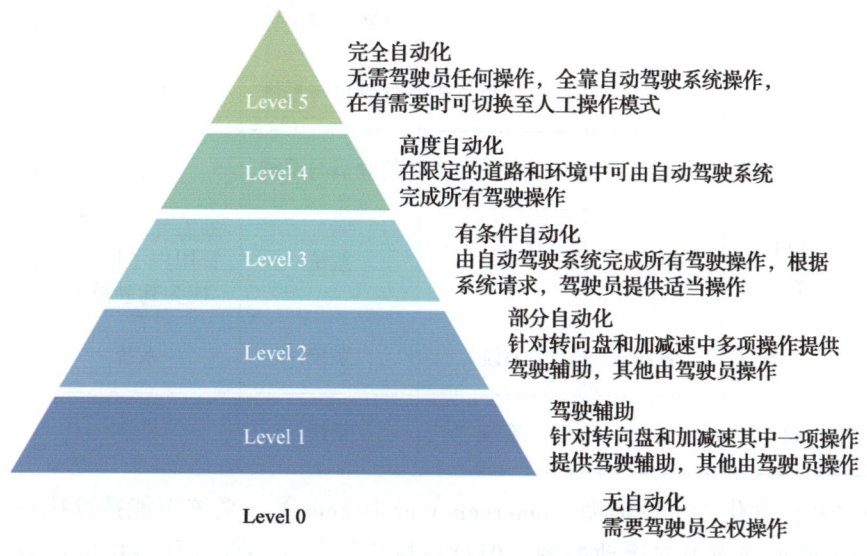

图 1-1-3　SAE 对驾驶自动化的分级

引导问题 3

请查阅相关资料，简述中国自动驾驶等级划分。

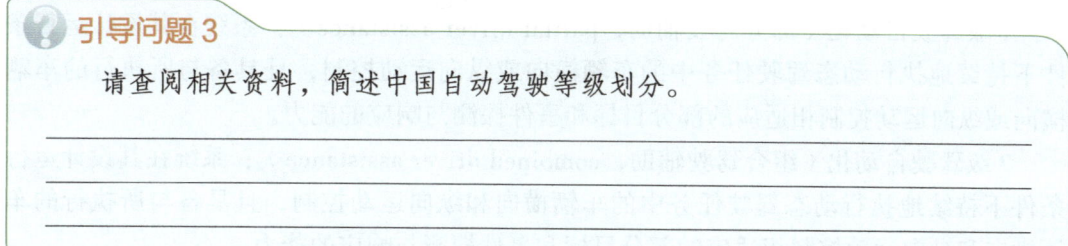

中国自动驾驶分级

  2021 年 8 月 20 日，由工业和信息化部提出、全国汽车标准化技术委员会归口的推荐性国家标准《汽车驾驶自动化分级》（GB/T 40429—2021）由国家市场监督管理总局、国家标准化管理委员会批准发布（国家标准公告 2021 年第 11 号文），于 2022 年 3 月 1 日起实施。

  该标准为《国家车联网产业标准体系建设指南（智能网联汽车）》规划的分类和编码类推荐性国家标准项目（体系编号 102-3），规定了汽车驾驶自动化分级应遵循的原则、分级要素、各级别定义和技术要求框架，旨在解决我国汽车驾驶自动化分级的规范性问题。

  《汽车驾驶自动化分级》中给出了驾驶自动化等级与划分要素的关系，见表 1-1-1。在汽车驾驶自动化的 6 个等级之中，0~2 级为驾驶辅助，系统辅助驾驶员执行动态驾驶任务，驾驶主体仍为驾驶员；3~5 级为自动驾驶，系统在设计运行条件下代替驾驶员执行动态驾驶任务，当功能激活时，驾驶主体是系统。

表 1-1-1 驾驶自动化等级与划分要素的关系

分级	名称	驾驶环境监控	车辆横向或纵向运动控制	目标和事件探测与响应	动态驾驶任务接管	设计运行条件
0 级	应急辅助	驾驶员	驾驶员	驾驶员与系统	驾驶员	有限制
1 级	部分驾驶辅助	驾驶员	驾驶员与系统	驾驶员与系统	驾驶员	有限制
2 级	组合驾驶辅助	系统	系统	驾驶员与系统	驾驶员	有限制
3 级	有条件自动驾驶	系统	系统	系统	动态驾驶任务接管用户（接管后成为驾驶员）	有限制
4 级	高度自动驾驶	系统	系统	系统	系统	有限制
5 级	完全自动驾驶	系统	系统	系统	系统	无限制

0 级驾驶自动化（应急辅助，emergency assistance）：系统不能持续执行动态驾驶任务中的车辆横向或纵向运动控制，但具备持续执行动态驾驶任务中的部分目标和事件探测与响应的能力。

1 级驾驶自动化（部分驾驶辅助，partial driver assistance）：系统在其设计运行条件下持续地执行动态驾驶任务中的车辆横向或纵向运动控制，且具备与所执行的车辆横向或纵向运动控制相适应的部分目标和事件探测与响应的能力。

2 级驾驶自动化（组合驾驶辅助，combined driver assistance）：系统在其设计运行条件下持续地执行动态驾驶任务中的车辆横向和纵向运动控制，且具备与所执行的车辆横向和纵向运动控制相适应的部分目标和事件探测与响应的能力。

3 级驾驶自动化（有条件自动驾驶，conditionally automated driving）：系统在其设计运行条件下持续地执行全部动态驾驶任务。

4 级驾驶自动化（高度自动驾驶，highly automated driving）：系统在其设计运行条件下持续地执行全部动态驾驶任务并自动执行最小风险策略。

5 级驾驶自动化（完全自动驾驶，fully automated driving）：系统在任何可行驶条件下持续地执行全部动态驾驶任务并自动执行最小风险策略。

（一）应急辅助

如图 1-1-4 所示，在这一阶段，自动驾驶系统可以感知环境，并提供提示信息或短暂介入车辆控制以辅助驾驶员安全驾驶车辆，如车道偏离预警、自动紧急制动等在部分驾驶场景下可以辅助安全驾驶的功能都可以归类为 0 级驾驶自动化。

（二）部分驾驶辅助

这一级别的自动驾驶要求驾驶员要接管并操作除了计算机接管车辆以外的全部事

项。目前市面上被定义为 1 级自动驾驶的配置是自适应巡航控制（ACC），车辆会根据驾驶员的设置自动调整与前车的距离，如图 1-1-5 所示。

图 1-1-4　0 级自动驾驶状态

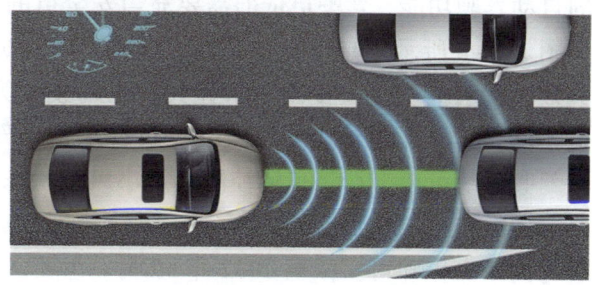

图 1-1-5　1 级自动驾驶状态

（三）组合驾驶辅助

在这一阶段，自动驾驶系统可以完成更多的驾驶场景，是部分驾驶辅助功能场景的提升，这一级别要求车辆可以在合适的情况下取代驾驶员，独立控制车辆的转向和速度，完成变道等任务。和部分驾驶辅助相同的是，在这一阶段，驾驶员与自动驾驶系统可以同时执行车辆的驾驶任务，驾驶员需要充当安全员的角色，监管自动驾驶系统的驾驶行为，如图 1-1-6 所示，驾驶员可以随时介入自动驾驶汽车的驾驶行为，并立即解除自动驾驶系统的控制权，如果遇到危险，驾驶员需要立刻介入，以保障安全驾驶。

自适应巡航控制（ACC）系统

（四）有条件自动驾驶

在这一阶段，自动驾驶系统已经可以独立完成部分驾驶场景中的自动驾驶的功能，驾驶员只需要充当安全员的角色，监管自动驾驶系统的驾驶行为，如图 1-1-7 所示。自动驾驶系统只需要在遇到不能完成驾驶行为的场景或自动驾驶系统功能失效时，向安全员提出请求让其介入驾驶行为，在请求安全员介入驾驶行为的过程中，自动驾驶系统仍然可以独立完成一段时间的驾驶，以便让安全员做好接管的准备；如果安全员长时间没有根据自动驾驶系统要求接管车辆，自动驾驶系统可以适时采取避免车辆发生危险的措施。此外，自动驾驶系统还可以识别安全员驾驶车辆的能力，如果不满足要求，自动驾驶系统可以立即发出介入驾驶行为的请求。

图 1-1-6　2 级自动驾驶状态

图 1-1-7　3 级自动驾驶状态

（五）高度自动驾驶

在这一阶段，自动驾驶系统可以独立完成规定的驾驶场景（如园区、学校等）中的自动驾驶功能，驾驶员依旧需要充当安全员的角色，监管自动驾驶系统的驾驶行为，如图 1-1-8 所示。自动驾驶系统在遇到不能完成驾驶行为的场景或自动驾驶系统功能失效时，会向安全员提出请求让其介入驾驶行为，如果安全员对请求不做响应、安全员不满足驾驶车辆能力要求或安全员要求自动驾驶系统控制车辆到最小风险状态，自动驾驶系统可以自行将车辆控制到最小风险状态下。

高度自动驾驶的车辆已经不需要转向盘，驾驶员只需要对车辆的驾驶自动化系统进行简单操作即可。截至 2022 年 12 月，4 级自动驾驶汽车仍处于概念车阶段，如百度 Apollo 汽车机器人（图 1-1-9）。

图 1-1-8　4 级自动驾驶状态

图 1-1-9　百度 Apollo 汽车机器人

（六）完全自动驾驶

这一级别的自动驾驶程序全程不需要"驾驶员"操作，或者可以说根本就没有驾驶员的存在。系统在任何可行驶条件下持续地执行全部动态驾驶任务并自动执行最小风险策略。在这一阶段，自动驾驶系统可以独立完成所有驾驶场景中的自动驾驶功能，驾驶员可以充当安全员的角色，监管自动驾驶系统的驾驶行为。自动驾驶系统已经可以保障车内乘员的安全，在遇到不能完成驾驶行为的场景或自动驾驶系统功能失效时，会向安全员提出请求让其介入驾驶行为，如果安全员对请求不做响应或安全员要求自动驾驶系统控制车辆到最小风险状态，自动驾驶系统可以自行将车辆控制到最小风险状态下。5 级自动驾驶道路模拟如图 1-1-10 所示。

图 1-1-10　5 级自动驾驶道路模拟

拓展阅读

伴随新能源汽车的发展，近年来自动驾驶领域也进入发展的快车道，成为各家车企的发力点。据工业和信息化部透露，2022年上半年，我国2级自动驾驶乘用车新车市场渗透率从2011年的23.5%提升到了30%。宇通客车是最早一批布局自动驾驶并持续投入研发的客车制造企业，接下来简要介绍其发展历程。

2015年8月29日，宇通自动驾驶电动客车完成道路测试，取得阶段性成果。当时的测试车辆配置有2个摄像头、4部激光雷达、1部毫米波雷达以及组合导航系统。在郑州—开封城际快速路上，在完全开放的道路环境下，途经26个信号灯路口，自主完成跟车行驶、自主换道、邻道超车、路口自动辨识交通信号灯通行、定点停靠等一系列试验科目，共行驶32.6km，最高速度68km/h，顺利到达指定的终点，全程无人工干预。

2016年，宇通自动驾驶电动客车样车在北京市自主完成了巡线行驶、变道超车、定点停车等公交模拟运营工况。

2017年底，宇通自动驾驶客车首次实现了在宇通厂区内运行，作为员工通勤车使用。

2017年11月至2018年2月，宇通客车在北京市开放道路完成了百日路测。

宇通的新能源客车自动驾驶技术取得了令人刮目相看的巨大成绩，其背后的技术研发团队却很低调，在低调中展示着执着的工匠精神。

引领中国客车自动驾驶技术走在世界前列，郑州宇通公司靠的是一支技术过硬的研发团队。有媒体记者在现场乘车体验中想了解这个研发团队的更多信息，但是得到的信息却很有限，因为这些推动中国自动驾驶客车技术进步的高学历研发人员面对媒体都很低调，只有张弛和朱敏两位博士简单介绍了技术研发团队的一些情况。朱敏告诉记者，目前宇通客车自动驾驶技术研发分为环境感知、决策控制、应用集成、智能电子电器4个模块，团队由43人组成，其中有6名博士，平均年龄30多岁。29岁的张弛博士是研发团队中年龄最小的一个。

根据任务分工，这个年轻的技术研发团队已经使宇通自动驾驶客车突破了上述4个模块的关键技术。他们依托基于卡尔曼滤波的多目标跟踪与预测技术、路径规划技术、基于车辆通信（V2V）的多车协同避撞技术等21项行业领先技术，实现了路口通行，精确进站，车路协同，自主避障、超车、会车、换道、跟车等功能。"宇通自动驾驶客车控制系统也从2015年的1.0版本发展到目前的3.0版本，这意味着从发现障碍物到做出反应用时更少，安全性更好。"张弛说，随着多核异构处理器计算能力的提升，自动驾驶客车从发现障碍物到完成紧急制动所用时间从之前的2s减少到现在的1s，而人类驾驶员完成这个过程需要用时1.8~3s。

中国人工智能学会科技交流与国际合作部主任、宇通公司与李德毅院士科研攻关合作团队的参与者李蓓，在宇通客车新品发布会上说过这样一句话："自动驾驶客车技术研发等'大国重器'的打造要靠我们中国人自己的努力。"近十年来，越来越多的中国企业在自动驾驶客车技术领域投入了大量的研发力量,以宇通客车为代表的技术研发力量已经成为全球自动驾驶客车领域的领先者。这些研发力量虽然不曾高调面对媒体进行个人展示,但他们用默默无闻、执着奉献的工匠精神告诉世界,在自动驾驶领域,中国力量正在崛起。

小组分工

学生任务分配表

班级		组号		指导教师	
组长		学号			
组员角色分配					
信息员		学号			
操作员		学号			
记录员		学号			
安全员		学号			
任务分工					
(就组织讨论、工具准备、数据采集、数据记录、安全监督、成果展示等工作内容进行任务分工)					

工作计划

按照前面所了解的知识内容和小组内部讨论的结果,制订工作方案,落实各项工作负责人,如任务实施前的准备工作、实施中的主要操作及协助支持工作、实施过程中相关要点及数据的记录工作等,并将结果填入工作计划表中。

工作计划表

步骤	工作内容	负责人
1		
2		
3		
4		
5		
6		
7		
8		

进行决策

1）各组派代表阐述资料查询结果。

2）各组就各自的查询结果进行交流，并分享技巧。

3）教师结合各组完成的情况进行点评，选出最佳方案。

任务实施

了解自动驾驶等级	
记录	完成情况
1. 简述国内外自动驾驶发展历程有何不同。 2. 分析国内外自动驾驶等级划分的区别。 	已完成□ 未完成□

评价反馈

1）各组代表展示汇报 PPT，介绍任务的完成过程。

2）请以小组为单位，对各组的操作过程与操作结果进行自评和互评，并将结果填入综合评价表中的小组评价部分。

3）教师对学生工作过程与工作结果进行评价，并将评价结果填入综合评价表中的教师评价部分。

综合评价表

班级		组别		姓名		学号	
实训任务							
评价项目		评价标准				分值	得分
小组评价	计划决策	制订的工作方案合理可行，小组成员分工明确				10	
	任务实施	简述国内外自动驾驶发展历程有何不同				30	
		分析国内外自动驾驶等级划分的区别				30	
	任务达成	能按照工作方案操作，按计划完成工作任务				10	
	工作态度	认真严谨、积极主动				10	
	团队合作	小组组员积极配合、主动交流、协调工作				5	
	6S 管理	将鼠标、键盘、桌椅进行归位				5	
		小计				100	

（续）

评价项目		评价标准	分值	得分
教师评价	实训纪律	不出现无故迟到、早退、旷课现象，不违反课堂纪律	10	
	方案实施	严格按照工作方案完成任务实施	20	
	团队协作	任务实施过程互相配合，协作度高	20	
	工作质量	能准确完成任务实施的内容	20	
	工作规范	操作规范，三不落地，无意外事故发生	10	
	汇报展示	能准确表达、总结到位、改进措施可行	20	
		小计	100	
综合评分		小组评分 ×50%+ 教师评分 ×50%		
总结与反思				

（如：学习过程中遇到什么问题→如何解决的/解决不了的原因→心得体会）

任务二　了解自动驾驶系统的构成

学习目标

- 了解自动驾驶系统的定义
- 了解自动驾驶系统的构成
- 了解自动驾驶系统的分类
- 能描述自动驾驶系统各部分的功能
- 了解自动驾驶系统的定义和组成，夯实专业基础知识
- 了解自动驾驶的未来发展趋势，明确自身职业定位的同时努力提高职业素养

知识索引

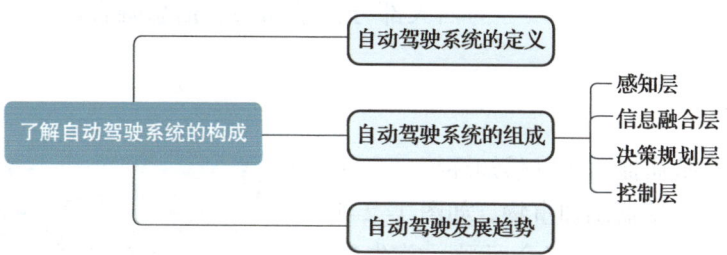

情境导入

班级开展小组学习活动，老师要求每个小组收集资料后派代表上台发言，你被组长指派收集自动驾驶系统定义与组成相关的知识，并将收集到的资料进行整理。

获取信息

引导问题 1

请查阅相关资料，简述自动驾驶系统的定义。

___

___

___

自动驾驶系统的定义

汽车自动驾驶系统又称驾驶自动化系统（driving automation system），是一种通过车载计算机系统实现自动驾驶的智能汽车系统。

自动驾驶汽车技术的研发，在 20 世纪已经有数十年的历史，于 21 世纪初呈现出接近实用化的趋势，比如，谷歌自动驾驶汽车于 2012 年 5 月获得了美国首个自动驾驶汽车牌照，2017 年开始进行商业化。

自动驾驶汽车依靠人工智能、视觉计算、雷达、监控装置和卫星定位系统协同合作，让计算机可以在没有任何人类的主动操作下，自动安全地操作机动车辆。

引导问题 2

请查阅相关资料，简述自动驾驶系统包含哪些组成部分。

___

___

___

自动驾驶系统的组成

自动驾驶系统的组成可以分为四大部分：感知层、信息融合层、决策规划层以及控制层。

（一）感知层

如人类用眼睛捕捉事物以感知环境，自动驾驶汽车则需要传感器感知事物，如图1-2-1所示。自动驾驶汽车想要安全行驶，首先需要了解周围行驶的环境，而传感器就是自动驾驶汽车了解环境的工具，目前自动驾驶汽车搭载的主要传感器包括摄像头、激光雷达、毫米波雷达以及超声波传感器四大类型。

图1-2-1　自动驾驶汽车感知道路环境

目前，摄像头普遍采用CMOS图像传感器，捕捉清晰图片帮助自动驾驶汽车输入数据参数。为了保证数据完整性，市面上的很多自动驾驶汽车会采用3~6个摄像头。由于摄像头对于光线极为敏感，如果出现强、弱光的情况，普通摄像头捕捉的图像并不能直接被使用，或者会出现无法识别的现象，这对于自动驾驶汽车来说极为致命。所以，市面上的自动驾驶汽车一般都会采用动态范围130dB以上的图像传感器。

雷达主要测量位置、速度以及方位角三个参数。激光雷达是汽车行业里的一个"新贵"，也被视为自动驾驶汽车未来的核心传感器之一。其主要通过发送直线激光束（非无线电波）的方式，根据激光遇到障碍物后折返时间，计算目标与车辆的距离，如图1-2-2所示。激光雷达在精度、信息量以及安全性方面，具有独到之处。但想要获得更高精度的测量数据，激光雷达线束数量需要增加，目前市面上比较常见的是8、16以及32线激光雷达产品，64线比较少，线束数量与成本正相关（激光线束越多，成本越高）。

毫米波雷达是工作在毫米波波段（波长1~10mm，频率30~300GHz）的探测雷达，与激光雷达不同的是，毫米波雷达会发出锥状的电磁波，如图1-2-3所示。其工作原理是根据回波时间差计算距离，具有不受天气情况影响及超远测距的优势，雷达频率与测距精度呈正相关。目前市面上主流产品有24GHz和77GHz两种，随着技术水平提升以及成本下降，毫米波雷达逐渐被应用于先进驾驶辅助系统（ADAS）。

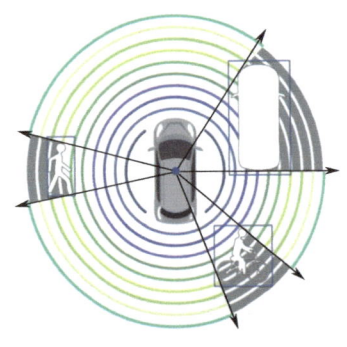

图1-2-2　激光雷达示意图

图1-2-3　毫米波雷达示意图

同蝙蝠发出超声波探测物体远近的原理一样，自动驾驶汽车可用超声波发现障碍物，如图 1-2-4 所示。超声波属于机械波的一种，所以容易受传播介质的影响，如天气不同，则传播速度不同。为了充分利用超声波传感器穿透力强、测距方便以及成本低的优点，部分车企会在汽车车身四周配置大量的超声波传感器，如 L2~L3 级自动驾驶的特斯拉、奥迪等车型上超声波传感器使用数量高达 12 个。

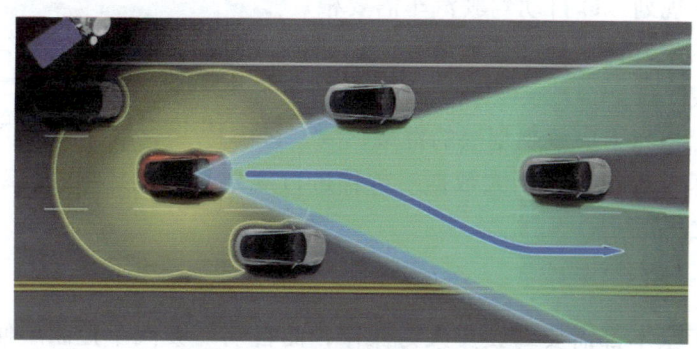

图 1-2-4　超声波传感器示意图

（二）信息融合层

自动驾驶汽车置入了如摄像头、激光雷达、毫米波雷达等多种传感器，我们需要用这些传感器感知、捕获数据。当汽车行驶至目标物附近一定距离内，摄像头和激光雷达均会检测出那个目标物，为了让汽车知道两个传感器检测出的目标物是同一个，便需要对多传感器数据进行分析对比，如果相同，则进行信息融合处理（图 1-2-5），告诉汽车前面是同一个目标物。

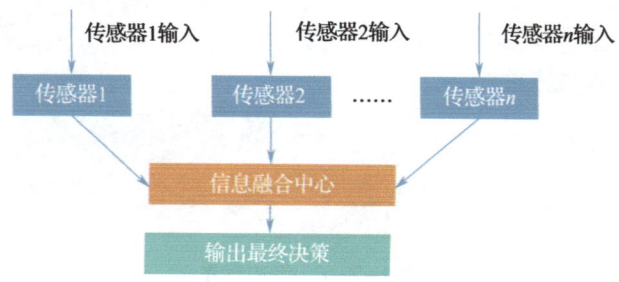

图 1-2-5　汽车信息融合处理示意图

这其实是一个数据处理的过程，而且当数据量比较大的时候，信息融合时延还会加长。而且需要注意的是，如果汽车正在前进，前方目标物静止，那么从发送探测波到探测波返回，汽车在这段时间内行驶的距离并没有算入到实际距离中。所以，在计算时延的时候，需要考虑到汽车在时延过程中的速度，以及系统发出与收到测试信号前后的时间差。对于自动驾驶汽车而言，时间意味着安全，1 秒的计算偏差，对于高速行驶的汽车而言，都会产生致命的后果。

（三）决策规划层

决策规划即自动驾驶汽车根据融合的数据与驾驶需求，进行任务规划以及行为决策，如图 1-2-6 所示。决策规划涉及的具体功能比较多，这里只介绍两种比较宏观的定义。

其一，全局规划，即自动驾驶汽车需要借助地图信息，按照驾乘人员的需求，选择最优的行驶路径。

其二，局部规划，即自动驾驶汽车需要根据全局规划的结果，针对局部环境信息，规划最优的通行路线。

图 1-2-6　汽车决策规划示意图

这两个概念相当于决策规划层的框架，要求自动驾驶汽车能够提前基于大数据对行程进行规划，这也是判断自动驾驶系统智能性的重要指标之一。

（四）控制层

现在的汽车基本都需要驾驶员人为操作，而自动驾驶汽车控制层便是替代人为操作，根据获取的信息与数据，将做出的决策规划落到实处，即实时操作。用简单的语言描述，便是自动开车。这需要车辆的控制系统与决策规划系统相配合，并且能够精确地按照需求，对汽车做出加速、减速、制动、转向、变道以及超车（图 1-2-7）等操作。

图 1-2-7　汽车超车

可以看出，前面介绍的感知层、信息融合层以及决策规划层其实都是为控制层做铺垫，最终需要做出动作的是控制层。

> **引导问题 3**
>
> 请查阅相关资料，简述自动驾驶发展趋势。
>
> _____
>
> _____
>
> _____

自动驾驶发展趋势

在自动驾驶、人工智能等技术的推动下，汽车产业大变革成为必然趋势，信息通信、汽车行业的融合成为必然之举。作为体现国家工业实力的重要产品，自动驾驶汽车是国民经济潜在增长的新代表，也是国家工业制造领域与新技术融合的体现。当前，自动驾驶汽车的发展空间越来越大，且随着该类汽车的渗透，未来汽车市场中自动驾驶汽车的比例还会持续增加，"十四五"时期将会是我国自动驾驶市场发展的关键阶段。特别是在该领域突破技术瓶颈之后，必然会覆盖更多的封闭路网地区，无人化港口、仓库也将成为主流趋势，景区摆渡车辆将以自动驾驶为最终形态，为游客带来更新颖的体验。在城市公共建设初期，自动驾驶公共汽车、出租车、私家车会在道路上混行，后期或将形成自动驾驶车辆独占路权，非自动驾驶车辆不允许上路行驶的形势。

小组分工

学生任务分配表

班级		组号		指导教师	
组长		学号			
组员角色分配					
信息员		学号			
操作员		学号			
记录员		学号			
安全员		学号			
任务分工					

（就组织讨论、工具准备、数据采集、数据记录、安全监督、成果展示等工作内容进行任务分工）

工作计划

按照前面所了解的知识内容和小组内部讨论的结果，制订工作方案，落实各项工作负责人，如任务实施前的准备工作、实施中的主要操作及协助支持工作、实施过程中相关要点及数据的记录工作等，并将结果填入工作计划表中。

工作计划表

步骤	工作内容	负责人
1		
2		
3		
4		
5		
6		
7		
8		

进行决策

1）各组派代表阐述资料查询结果。

2）各组就各自的查询结果进行交流，并分享技巧。

3）教师结合各组完成的情况进行点评，选出最佳方案。

任务实施

了解自动驾驶系统的构成	
记录	完成情况
1. 简述自动驾驶系统中感知层所包含的传感器种类。	已完成□ 未完成□
2. 简述自动驾驶系统中决策规划层的作用。	

评价反馈

1）各组代表展示汇报PPT，介绍任务的完成过程。

2）请以小组为单位，对各组的操作过程与操作结果进行自评和互评，并将结果填入综合评价表中的小组评价部分。

3）教师对学生工作过程与工作结果进行评价，并将评价结果填入综合评价表中的教师评价部分。

综合评价表

班级		组别		姓名		学号	
实训任务							

	评价项目	评价标准	分值	得分
小组评价	计划决策	制订的工作方案合理可行,小组成员分工明确	10	
	任务实施	简述自动驾驶系统中感知层所包含的传感器种类	30	
		简述自动驾驶系统中决策规划层的作用	30	
	任务达成	能按照工作方案操作,按计划完成工作任务	10	
	工作态度	认真严谨、积极主动	10	
	团队合作	小组组员积极配合、主动交流、协调工作	5	
	6S 管理	将鼠标、键盘、桌椅进行归位	5	
		小计	100	
教师评价	实训纪律	不出现无故迟到、早退、旷课现象,不违反课堂纪律	10	
	方案实施	严格按照工作方案完成任务实施	20	
	团队协作	任务实施过程互相配合,协作度高	20	
	工作质量	能准确完成任务实施的内容	20	
	工作规范	操作规范,三不落地,无意外事故发生	10	
	汇报展示	能准确表达、总结到位、改进措施可行	20	
		小计	100	
综合评分		小组评分 ×50%+ 教师评分 ×50%		

总结与反思
(如:学习过程中遇到什么问题→如何解决的/解决不了的原因→心得体会)

车辆自动驾驶系统应用

任务三　了解自动驾驶的数据集和开源工具

学习目标

- 了解开源数据集的历史沿革
- 了解自动驾驶数据集的制作方法
- 了解开源数据集的种类
- 能描述自动驾驶数据集的作用
- 明确各种数据集的特点和获取方法，培养专业技能
- 了解自动驾驶开源工具，提升职业素养和专业能力

知识索引

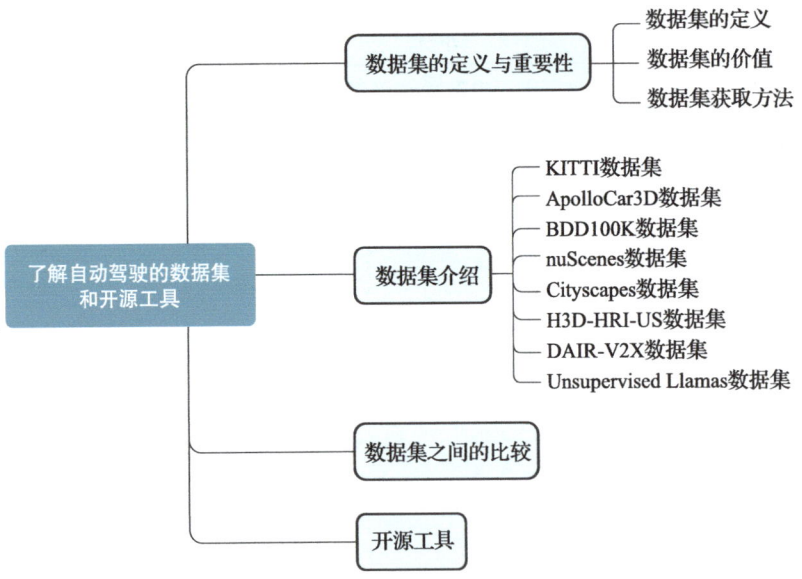

情境导入

某企业打算设计一套自动驾驶系统，项目进入测试阶段需要导入数据集进行测试，你作为测试工程师，需自行选择数据集进行测试，并对系统功能完整性和稳定性进行评估。

获取信息

引导问题 1

请查阅相关资料，简述数据集的定义及价值。

_____
_____
_____

数据集的定义与重要性

（一）数据集的定义

数据集（data set）又称资料集、数据集合或资料集合，是一种由数据所组成的集合，通常以表格形式出现。比如人脸的数据集（图 1-3-1），就是将大量的人脸图片进行收集并标注，以实现机器学习，从而达到识别人脸的目的。

图 1-3-1　人脸数据集

不只是人脸可以制作数据集，各种动物、各种环境，只要采集的样本足够多，都能做成数据集。

大量准确的数据是实现自动驾驶的基础，没有数据，就无法开展研究。特斯拉自动驾驶汽车所用数据集如图 1-3-2 所示。

图 1-3-2　特斯拉自动驾驶汽车数据集示意图

（二）数据集的价值

数据集是自动驾驶技术发展不可缺少的一部分，优质的数据集往往能够为算法开发带来极大的促进作用。而近十年来，自动驾驶数据集变得越来越多，无论是高校还是企业或者是其他组织，都选择开源自己的数据集，促进自动驾驶技术的进步。这些数据集大部分采用多传感器融合技术，能够提供大量不同环境、不同类别及不同场景下的图像、点云及惯性测量单元（IMU）等数据，为目标检测、语义分割、目标跟踪等算法的开发提供了极大的方便。

（三）数据集获取方法

一般在确定研究课题后，首要的任务就是获得相应的数据集，通常有下述几种方案：

1）确定特定研究方向后，在网络上查找是否有公开、共享的数据集。

2）如果该研究方向当前没有公开数据集或者公开数据集不适合自己的具体研究问题，那么可能需要亲自去创建新的数据集。

3）参加公开的技术比赛（比如 AI 挑战赛），这样的比赛通常会提供合适的数据集。

4）与企业进行合作，企业方一般可提供其获取的与实际应用更相关的数据集。

事实上，不同研究方向基本上都有与之相对应的数据集，比如，不仅有文字处理和图像分类任务相关的数据集，也有用于行为识别和目标检测的数据集等。

> **引导问题 2**
>
> 请查阅相关资料，简述 KITTI 数据集的内容。
> _____
> _____
> _____

数据集介绍

典型的数据集包括 KITTI、ApolloCar3D、BDD100K、nuScenes、Cityscapes、H3D-HRI-US、DAIR-V2X 和 Unsupervised Llamas 等。下面从采集内容、采集设备及方法、标注内容及标注方法等方面对各数据集进行介绍。

（一）KITTI 数据集

KITTI 数据集（图 1-3-3）由德国卡尔斯鲁厄理工学院和芝加哥丰田技术学院联合制作，是目前最大的自动驾驶场景下的计算机视觉算法评测数据集。该数据集用于评测立体匹配（stereo matching）、光流（optical flow）、视觉里程计（visual odometry）、目标检测（object detection）和目标跟踪（object tracking）等计算机视觉技术在车载环境下的性能。

KITTI 数据集包含在市区、乡村和高速公路等场景采集的真实图像数据，每张图像中最多包含 15 辆车和 30 个行人。整个数据集由 389 对立体图像和光流图（包括 194

对训练图像和 195 对测试图像）、39.2km 视觉测距序列以及超过 20 万张 3D 标注物体的图像组成，采样频率为 10Hz，总大小约 3TB。

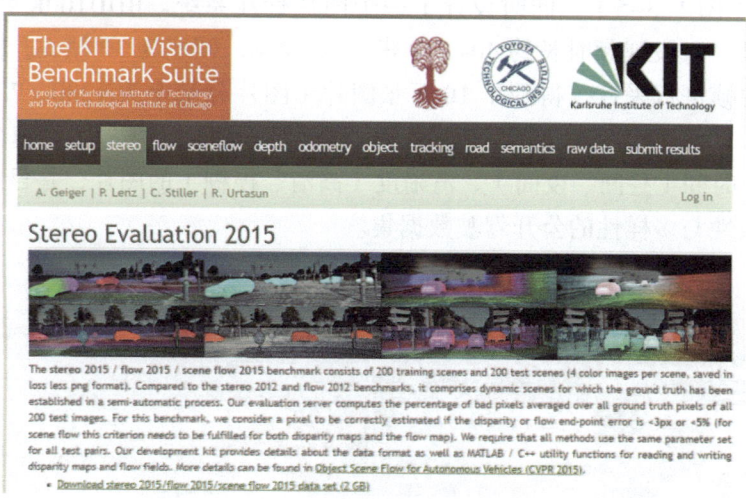

图 1-3-3　KITTI 数据集官网

（二）ApolloCar3D 数据集

ApolloCar3D 数据集（图 1-3-4）为百度 Apollo 推出的交通场景解析数据集，包含上万帧的高分辨率 RGB 视频和与之对应的逐像素语义标注。该数据集包含 5277 张驾驶图像和超过 6 万个汽车实例，其中每辆汽车都配备了具有绝对模型尺寸和语义标记关键点的行业级 3D CAD 模型。该数据集大小为 PASCAL3D + 和 KITTI（现有技术水平）的 20 倍以上。

图 1-3-4　ApolloCar3D 数据集

（三）BDD100K 数据集

2018 年 5 月，加州大学伯克利分校人工智能实验室（BAIR）发布了公开驾驶数据集 BDD100K（图 1-3-5），同时设计了一个图片标注系统。BDD100K 数据集包含 10 万段高清视频，每段视频时长约 40s，分辨率为 720p，帧率为 30 帧/s。在每段视频的第 10s 对关键帧进行采样，得到了 10 万张图片（图片分辨率为 1280×720），并进行了标注。BDD100K 包含了不同天气（晴天、多云等 6 种）、场景（高速公路、城市街道等 6 种）、时间（昼间、夜间）、清晰度（高清、模糊）的图片，是目前规模最大、兼具内容复杂性与多样性的公开驾驶数据集。

图 1-3-5　BDD100K 数据集

（四）nuScenes 数据集

nuScenes 数据集是由 Motional 公司开发的用于自动驾驶的大型公开数据集。Motional 公司致力于打造安全、可靠和可达的自动驾驶环境。通过向公众发布部分数据，Motional 旨在推进计算机视觉和自动驾驶的研究。nuScenes 数据集包含 1000 段场景视频，每段视频时长约 20s，并用 23 个类别和 8 个属性的 3D 边界框完全注释。其数据采集车辆配备了 6 个摄像头（camera）、5 个毫米波雷达（radar）、1 个激光雷达（LiDAR）和 1 个惯性测量单元（IMU），如图 1-3-6 所示。

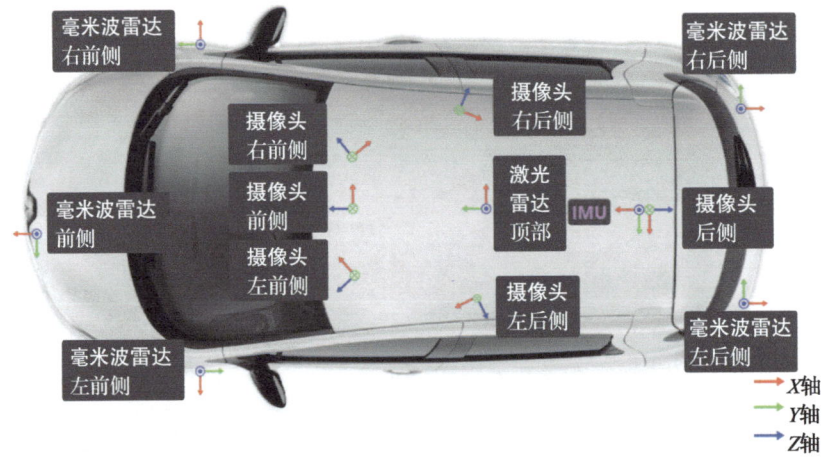

图 1-3-6　nuScenes 数据采集车辆

（五）Cityscapes 数据集

Cityscapes 数据集（图 1-3-7）是专注于对城市街景的语义理解的大型数据集，包含从 50 个不同城市的街景中记录的各种立体视频序列，5000 个高质量的像素级注释帧，20000 个弱注释帧，提供了关于注释类的详细信息和注释示例。

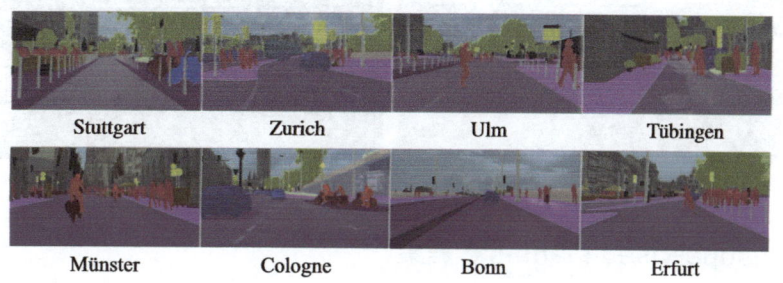

图 1-3-7　Cityscapes 数据集

（六）H3D-HRI-US 数据集

H3D-HRI-US 数据集（图 1-3-8）是本田研究所于 2019 年 3 月发布的自动驾驶方向数据集，收集了使用 3D LiDAR 扫描仪采集的大量全环绕 3D 多目标检测和跟踪数据。其包含 160 个拥挤且高度互动的交通场景，在 27721 帧中共有约 100 万个标记实例，凭借独特的数据集大小、丰富的注释和复杂的场景，激发了对全环绕 3D 多目标检测和跟踪的研究。

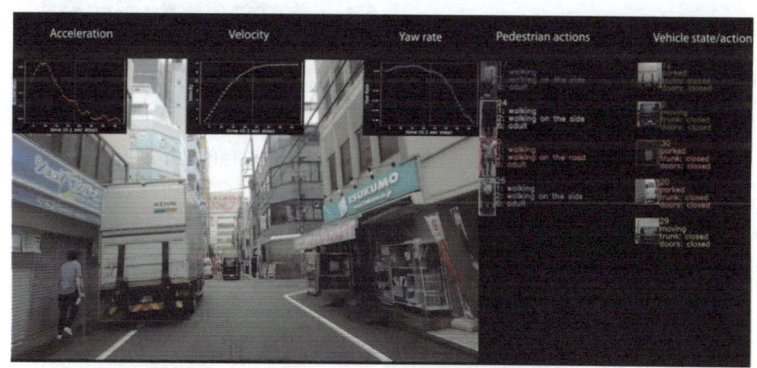

图 1-3-8　H3D-HRI-US 数据集

（七）DAIR-V2X 数据集

DAIR-V2X 数据集（图 1-3-9）包含 71254 帧图像数据和 71254 帧点云数据。其中，DAIR-V2X 协同数据集（DAIR-V2X-C）包含 38845 帧图像数据和 38845 帧点云数据；DAIR-V2X 路端数据集（DAIR-V2X-I）包含 10084 帧图像数据和 10084 帧点云数据；DAIR-V2X 车端数据集（DAIR-V2X-V）包含 22325 帧图像数据和 22325 帧点云数据。

DAIR-V2X 数据集首次实现了车路协同时空同步标注。其具备如下特点：数据采集平台传感器类型丰富，包含车端摄像头、车端激光雷达、路端摄像头和路端激光雷达等；障碍物目标 3D 标注属性全面，标注了 10 类道路常见障碍物目标；采集自北京市高级别自动驾驶示范区内 10km 城市道路、10km 高速公路以及 28 个路口；数据涵盖晴天/雨天/雾天、昼间/夜间、城市道路/高速公路等丰富场景；数据完备，包含脱敏后的原始图像和点云数据、标注数据、时间戳、标定文件等。

图 1-3-9　DAIR-V2X 数据集

（八）Unsupervised Llamas 数据集

Unsupervised Llamas 数据集由博世（Bosch）公司自动驾驶团队发布于 2019 年，该数据集是最大的高质量车道标记数据集之一，包括 100042 张有标签的车道标记图像，来自约 350km 的驾驶记录。生成标记图像的流水线（pipeline）利用自动创建的地图将标记投射到摄影图像中，并依靠优化程序来提高标签的准确性。数据集包含像素级的虚线车道标记、每个标记的 2D 和 3D 端点以及连接标记的车道关联。自动生成的数据集中的错误标记（图 1-3-10）被人工过滤。

a）地图标记对齐错误　　　　　　b）被遮挡的地下通道

c）地图上的错误车道　　　　　　d）投射错误

图 1-3-10　Unsupervised Llamas 数据集中的错误标记

> **引导问题 3**
>
> 第一个包含雷达数据的自动驾驶数据集是什么？

数据集之间的比较

上述数据集中，KITTI 是诞生最早的较为全面且合理的数据集，所以率先成为该领域的基准，后续的许多研究都是通过从 KITTI 中进行抽取或改良来获取试验用数据的。ApolloCar3D 数据集作为在中国国内诞生的数据集，在收集的数据量上有所突破，为国内自动驾驶领域做出了杰出贡献。BDD100K 数据量最大、最全面，数据种类的多样性也几乎能覆盖所有的自动驾驶场景。nuScenes 是以场景划分为标志的多模态 3D 数据集，是第一个包含雷达数据的自动驾驶数据集。Cityscapes 数据集致力于捕捉真实城市内部交通场景的可变性和复杂性，数据量不大，更为精简。H3D-HRI-US 数据集专注于自动驾驶系统在现实生活环境中学习人类驾驶员的行为，采用了一种新的注释方法用于从未经修剪的数据序列中理解驾驶员行为。DAIR-V2X 数据集是首个用于车路协同自动驾驶研究的大规模、多模态、多视角数据集，其全部数据采集自真实场景，同时包含 2D 和 3D 标注。Unsupervised Llamas 数据集是最大的高质量车道标记数据集之一。

引导问题 4

目前主流的开源自动驾驶仿真平台项目包括哪些？

_____
_____
_____
_____
_____

开源工具

在汽车自动驾驶领域中，前期的开发都是在自动驾驶研发平台上完成的，通常会运用仿真系统工具对汽车运行场景进行模拟，从而得到汽车在相应场景下的初期数据，同时也可以保证自动驾驶开发初期的安全性。目前主流的开源自动驾驶仿真平台项目包括 CARLA、AirSim、Udacity's Self-Driving Car Simulator、Apollo 和 Autoware 等。

从技术层面来看，这些平台主要分为两类：

第一类是基于合成的数据，对环境、感知及车辆进行模拟，这里的感知大多数是图像层面的感知，这类仿真平台主要用于感知、规划算法的初步开发上，CARLA、AirSim、Udacity's Self-Driving Car Simulator 就属于这一类。

第二类是基于真实数据的回放，这里的真实数据包括图像、LiDAR、radar 等各种传感器的数据，这类仿真平台主要用于测试自动驾驶系统中信息融合算法以及车辆不同部件的性能，Apollo 和 Autoware 就属于这一类。

车辆自动驾驶系统应用

小组分工

学生任务分配表

班级		组号		指导教师	
组长		学号			
组员角色分配					
信息员		学号			
操作员		学号			
记录员		学号			
安全员		学号			
任务分工					
（就组织讨论、工具准备、数据采集、数据记录、安全监督、成果展示等工作内容进行任务分工）					

工作计划

按照前面所了解的知识内容和小组内部讨论的结果，制订工作方案，落实各项工作负责人，如任务实施前的准备工作、实施中的主要操作及协助支持工作、实施过程中相关要点及数据的记录工作等，并将结果填入工作计划表中。

工作计划表

步骤	工作内容	负责人
1		
2		
3		
4		
5		
6		
7		
8		

进行决策

1）各组派代表阐述资料查询结果。
2）各组就各自的查询结果进行交流，并分享技巧。
3）教师结合各组完成的情况进行点评，选出最佳方案。

任务实施

了解自动驾驶的数据集和开源工具	
记录	完成情况
1. 简述自动驾驶数据集的获取方法。 2. 从技术层面来看，开源自动驾驶仿真平台主要分为哪两类？ 	已完成□ 未完成□

评价反馈

1）各组代表展示汇报 PPT，介绍任务的完成过程。
2）请以小组为单位，对各组的操作过程与操作结果进行自评和互评，并将结果填入综合评价表中的小组评价部分。
3）教师对学生工作过程与工作结果进行评价，并将评价结果填入综合评价表中的教师评价部分。

综合评价表

班级		组别		姓名		学号	
实训任务							
评价项目		评价标准				分值	得分
小组评价	计划决策	制订的工作方案合理可行，小组成员分工明确				10	
	任务实施	简述自动驾驶数据集的获取方法				30	
		从技术层面来看，开源自动驾驶仿真平台主要分为哪两类				30	
	任务达成	能按照工作方案操作，按计划完成工作任务				10	
	工作态度	认真严谨、积极主动				10	
	团队合作	小组组员积极配合、主动交流、协调工作				5	
	6S 管理	将鼠标、键盘、桌椅进行归位				5	
		小计				100	

（续）

评价项目		评价标准	分值	得分
教师评价	实训纪律	不出现无故迟到、早退、旷课现象，不违反课堂纪律	10	
	方案实施	严格按照工作方案完成任务实施	20	
	团队协作	任务实施过程互相配合，协作度高	20	
	工作质量	能准确完成任务实施的内容	20	
	工作规范	操作规范，三不落地，无意外事故发生	10	
	汇报展示	能准确表达、总结到位、改进措施可行	20	
		小计	100	
综合评分		小组评分 ×50%+ 教师评分 ×50%		
总结与反思				

（如：学习过程中遇到什么问题→如何解决的/解决不了的原因→心得体会）

能力模块二
对先进驾驶辅助系统（ADAS）的基本认知

任务一　了解 ADAS 功能

学习目标

- 了解 ADAS 的定义及历史
- 掌握 ADAS 的原理及构成
- 能够描述 ADAS 的常见功能
- 掌握 ADAS 应用相关标准，努力提升自身专业知识水平
- 了解 ADAS 的发展现状和发展趋势，与时俱进，不断学习新的知识

知识索引

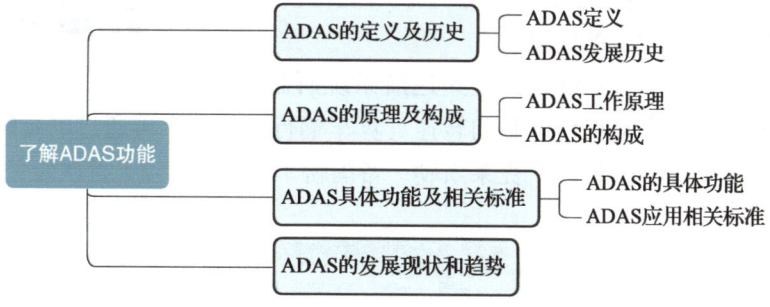

情境导入

公司刚招收了数名 ADAS 测试工程师实习生，你作为 ADAS 测试工程师需要向他们讲解 ADAS 的相关知识，包括 ADAS 的定义和发展历史、工作原理和构成、具体功能和相关标准。

获取信息

引导问题 1

请查阅相关资料，简述 ADAS 的定义。

_____
_____
_____

ADAS 的定义及历史

（一）ADAS 定义

根据国标《道路车辆 先进驾驶辅助系统（ADAS） 术语及定义》（GB/T 39263—2020），先进驾驶辅助系统（advanced driver assistance systems，ADAS）的定义为利用安装在车辆上的传感、通信、决策及执行等装置，实时监测驾驶员、车辆及其行驶环境，并通过信息和/或运动控制等方式辅助驾驶员执行驾驶任务或主动避免/减轻碰撞危害的各类系统的总称。

（二）ADAS 发展历史

ADAS 的历史最早可以追溯到 1945 年，美国著名的自动化工程师 Ralph Teetor（图 2-1-1）发明了全球第一套"定速巡航"系统，而且你绝对想不到的是，他竟是一位盲人。

1910 年，Peerless 汽车公司首次将蒸汽发动机上的离心调速器应用于汽油发动机来控制车速，这个调速器采用重力原理，在车辆上坡时自动增大发动机节气门开度，在下坡时自动减小节气门开度，这个设计提升了车辆匀速行驶的能力，但是它还不能解放驾驶员的右脚。

图 2-1-1　Ralph Teetor

1945 年，Ralph Teetor 设计的定速巡航系统研制成功，当时这个系统是通过发动机传动轴的转速计算车辆行驶速度，再通过电磁螺线管调整节气门开度以控制车速。1958 年，克莱斯勒·帝国轿车（图 2-1-2）首次装备了这套系统。

图 2-1-2　克莱斯勒·帝国轿车

至今，ADAS 的功能越来越丰富，配备 ADAS 的汽车也越来越多，装载率已经达到 16.42%。其中沃尔沃 XC60、长安 CS75、别克昂科威等车型上的 ADAS 表现优秀。

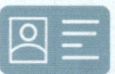

考证指南　在"百度 1+X 自动驾驶软件系统应用职业技能等级证书"的考核中，ADAS 相关的知识是考试的重点，通过考试后，根据报考等级获取相对应的职业技能证书。

引导问题 2

请查阅相关资料，简述 ADAS 的原理。

_____
_____
_____

ADAS 的原理及构成

（一）ADAS 工作原理

ADAS 工作原理如图 2-1-3 所示，它是模仿人体的反应机制，主要分为感知、分析和执行三个方面。汽车的各类传感器（五官）收集关于周围环境不同种类的数据，如图像、距离等，进行标志和行人的辨识、侦测与追踪，并将信息传输到中央处理芯片（大脑），再结合导航仪地图数据，利用相关算法进行计算（思考），根据计算结果做出反馈，通过汽车硬件（肢体）执行，完成汽车的驱动、制动或转向等功能。

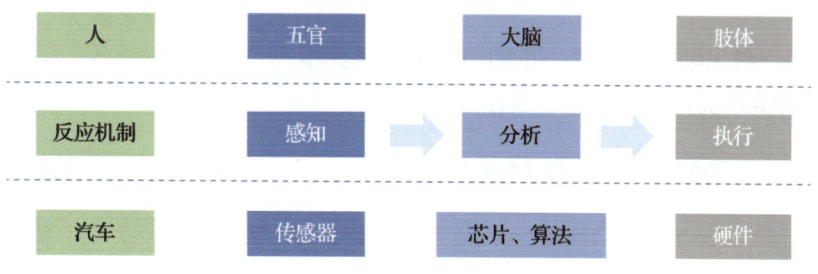

图 2-1-3　ADAS 工作原理

（二）ADAS 的构成

ADAS 主要由三大系统构成，分别为负责环境识别的环境感知系统、负责计算分析的中央决策系统以及负责执行控制的底层执行系统，如图 2-1-4 所示。其中，负责感知的传感器主要包括摄像头、激光雷达、毫米波雷达等；负责决策的主要是芯片和算法，算法是由 ADAS 向自动驾驶进步的突破口，核心是基于视觉的计算机图形识别技术；执行主要是由制动、转向等功能的硬件负责。

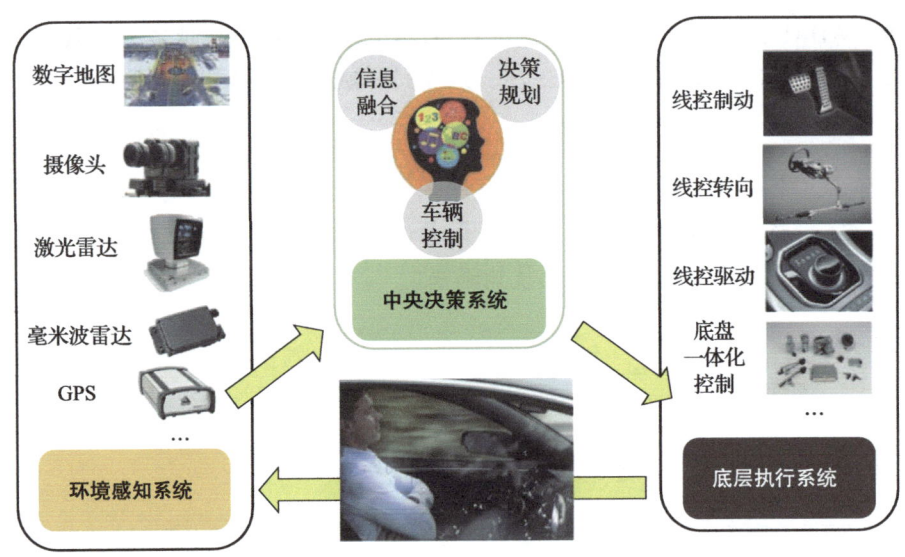

图 2-1-4　ADAS 构成

ADAS 功能可分为信息辅助类功能和控制辅助类功能，信息辅助类功能又可以分为监测功能和预警功能。在 SAE 的驾驶自动化分级中，L0 发挥作用的主要为信息辅助类功能，它可以辅助或提前警告驾驶员完成操作任务，如夜视（night vision，NV）辅助和车道偏离预警（lane departure warning，LDW），但是无法取代驾驶员进行操作；从 L1 开始，控制辅助类功能介入并直接作用于驱动、制动或转向系统，分担驾驶员的工作，如自动紧急制动（automatic emergency braking，AEB）和自适应巡航控制（adaptive cruise control，ACC）。在 L2，信息辅助类功能和控制辅助类功能相互协作，一起参与控制，驾驶员在某些场景下可只负责监控周围环境。

ADAS 是一种主动安全技术，主动与被动安全技术一起组成汽车安全系统，如图 2-1-5 所示。

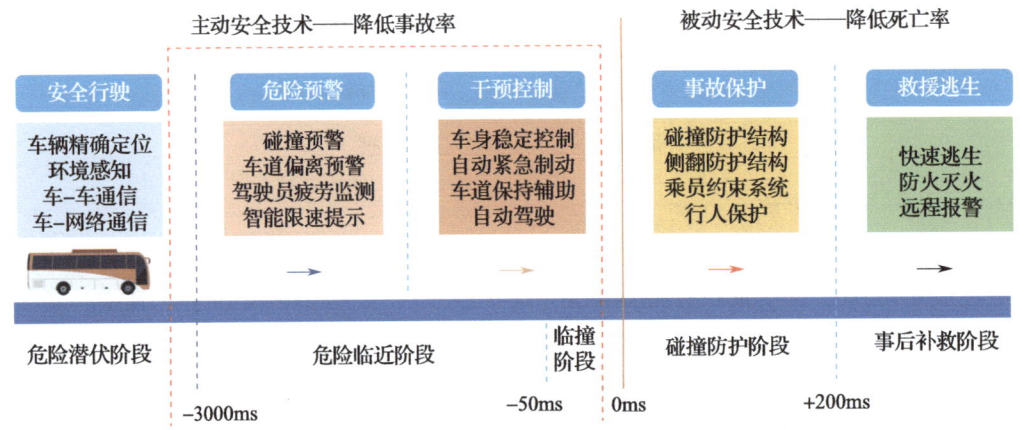

图 2-1-5　汽车安全系统方案

引导问题 3

请查阅相关资料，简述 ADAS 具体功能。

_____
_____
_____

ADAS 具体功能及相关标准

（一）ADAS 的具体功能

2020 年 11 月 19 日，全国汽车标准化技术委员会发布了国家标准《道路车辆 先进驾驶辅助系统（ADAS） 术语及定义》（GB/T 39263—2020），于 2021 年 6 月 1 日开始实施。

GB/T 39263—2020 标准对 ADAS 术语的覆盖范围全面而完整，确定其范畴不涉及自动驾驶系统，明确了边界；该标准术语不包括有关"系统"层级的定义表述，只对 ADAS 的基本功能进行定义。

该标准将技术路线类似的 ADAS 功能相邻排序，总体分成"信息辅助类"（表 2-1-1）与"控制辅助类"（表 2-1-2）两个大的类别，信息辅助类功能包括"驾驶员疲劳监测"等 21 项，控制辅助类功能包括"自动紧急制动"等 15 项。

表 2-1-1 信息辅助类功能

序号	示意图	术语	定义
1		驾驶员疲劳监测 （driver fatigue monitoring, DFM）	实时监测驾驶员状态并在确认其疲劳时发出提示信息
2		驾驶员注意力监测 （driver attention monitoring, DAM）	实时监测驾驶员状态并在确认其注意力分散时发出提示信息
3		交通标志识别 （traffic sign recognition, TSR）	自动识别车辆行驶路段的交通标志并发出提示信息

（续）

序号	示意图	术语	定义
4		智能限速提示 （intelligent speed limit information，ISLI）	自动获取车辆当前条件下所应遵守的限速信息并实时监测车辆行驶速度，当车辆行驶速度不符合或即将超出限速范围的情况下适时发出提示信息
5		弯道速度预警 （curve speed warning，CSW）	对车辆状态和前方弯道进行监测，当行驶速度超过弯道的安全通行车速时发出警告信息
6		抬头显示 （head-up display，HUD）	将信息显示在驾驶员正常驾驶时的视野范围内，使驾驶员不必低头就可以看到相应的信息
7		全景影像监测 （around view monitoring，AVM）	向驾驶员提供车辆周围360°范围内环境的实时影像信息
8		夜视 （night vision，NV）	在夜间或其他弱光行驶环境中为驾驶员提供视觉辅助或警告信息
9		前向车距监测 （forward distance monitoring，FDM）	实时监测本车与前方车辆车距，并以空间或时间距离等方式显示车距信息

（续）

序号	示意图	术语	定义
10		前向碰撞预警（forward collision warning, FCW）	实时监测车辆前方行驶环境，并在可能发生前向碰撞危险时发出警告信息
11		后向碰撞预警（rear collision warning, RCW）	实时监测车辆后方环境，并在可能受到后方碰撞时发出警告信息
12		车道偏离预警（lane departure warning, LDW）	实时监测车辆在本车道的行驶状态，并在出现或即将出现非驾驶意愿的车道偏离时发出警告信息
13		变道碰撞预警（lane changing warning, LCW）	在车辆变道过程中，实时监测相邻车道，并在车辆侧方及侧后方出现可能与本车发生碰撞危险的其他道路使用者时发出警告信息
14		盲区监测（blind spot detection, BSD）	实时监测驾驶员视野盲区，并在其盲区内出现其他道路使用者时发出提示或警告信息
15		侧面盲区监测（side blind spot detection, SBSD）	实时监测驾驶员视野的侧方及侧后方盲区，并在其盲区内出现其他道路使用者时发出提示或警告信息
16		转向盲区监测（steering blind spot detection, STBSD）	在车辆转向过程中，实时监测驾驶员转向盲区，并在其盲区内出现其他道路使用者时发出警告信息

（续）

序号	示意图	术语	定义
17		后方交通穿行提示（rear cross traffic alert, RCTA）	在车辆倒车时，实时监测车辆后部横向接近的其他道路使用者，并在可能发生碰撞危险时发出警告信息
18		前方交通穿行提示（front cross traffic alert, FCTA）	在车辆低速前进时，实时监测车辆前部横向接近的其他道路使用者，并在可能发生碰撞危险时发出警告信息
19		车门开启预警（door open warning, DOW）	在停车状态即将开启车门时，监测车辆侧方及侧后方的其他道路使用者，并在可能因车门开启而发生碰撞危险时发出警告信息
20		倒车辅助（reversing condition assist, RCA）	在车辆倒车时，实时监测车辆后方环境，并为驾驶员提供影像或警告信息
21		低速行车辅助（maneuvering aid for low speed operation, MALSO）	在车辆低速行驶时，探测其周围障碍物，并当车辆靠近障碍物时为驾驶员提供影像或警告信息

表 2-1-2 控制辅助类功能

序号	示意图	术语	定义
1		自动紧急制动（automatic emergency braking, AEB）	实时监测车辆前方行驶环境，并在可能发生碰撞危险时自动使车辆制动系统工作使车辆减速，以避免碰撞或减轻碰撞后果
2		紧急制动辅助（emergency braking assist, EBA）	实时监测车辆前方行驶环境，在可能发生碰撞危险时提前采取措施以减少制动响应时间并在驾驶员采取制动操作时辅助增加制动压力，以避免碰撞或减轻碰撞后果

（续）

序号	示意图	术语	定义
3		自动紧急转向（automatic emergency steering，AES）	实时监测车辆前方、侧方及侧后方行驶环境，在可能发生碰撞危险时自动控制车辆转向，以避免碰撞或减轻碰撞后果
4		紧急转向辅助（emergency steering assist，ESA）	实时监测车辆前方、侧方及侧后方行驶环境，在可能发生碰撞危险且驾驶员有明确的转向意图时辅助驾驶员进行转向操作
5		智能限速控制（intelligent speed limit control，ISLC）	自动获取车辆当前条件下所应遵守的限速信息，实时监测并辅助控制车辆行驶速度，以使其保持在限速范围之内
6		车道保持辅助（lane keeping assist，LKA）	实时监测车辆与车道线的相对位置，持续或在必要情况下控制车辆横向运动，使车辆保持在原车道内行驶
7		车道居中控制（lane centering control，LCC）	实时监测车辆与车道线的相对位置，持续自动控制车辆横向运动，使车辆始终在车道中央区域行驶
8		车道偏离抑制（lane departure prevention，LDP）	实时监测车辆与车道线的相对位置，在车辆将发生车道偏离时控制车辆横向运动，辅助驾驶员将车辆保持在原车道内行驶
9		智能泊车辅助（intelligent parking assist，IPA）	在车辆泊车时，自动检测泊车空间并为驾驶员提供泊车指示和/或方向控制等辅助功能

（续）

序号	示意图	术语	定义
10		自适应巡航控制 （adaptive cruise control，ACC）	实时监测车辆前方行驶环境，在设定的速度范围内自动调整行驶速度，以适应前方车辆和/或道路条件等引起的驾驶环境变化
11		全速自适应巡航控制 （full speed range adaptive cruise control，FSRA）	实时监测车辆前方行驶环境，在设定的速度范围内自动调整行驶速度并具有减速至停止及从停止状态自动起步的功能，以适应前方车辆和/或道路条件等引起的驾驶环境变化
12		交通拥堵辅助 （traffic jam assist，TJA）	在车辆低速通过交通拥堵路段时，实时监测车辆前方及相邻车道行驶环境，并自动对车辆进行横向和纵向控制，其中部分功能的使用需经过驾驶员的确认
13		加速踏板防误踩 （anti-maloperation for accelerator pedal，AMAP）	在车辆起步或低速行驶时，因驾驶员误踩加速踏板产生突然加速而可能与周边障碍物发生碰撞时，自动抑制车辆加速
14		自适应远光灯 （adaptive driving beam，ADB）	能够自动调整投射范围以减少对前方或对向其他车辆驾驶员眩目干扰的远光灯
15		自适应前照灯 （adaptive front light，AFL）	能够自动进行近光/远光切换或投射范围控制，从而为适应车辆各种使用环境提供不同类型光束的前照灯

（二）ADAS 应用相关标准

ADAS 在不同车型上的应用都是有相应标准规定的，具体内容见表 2-1-3。

表 2-1-3 ADAS 应用相关标准

标准名称	《营运客车安全技术条件》	《营运货车安全技术条件》		《机动车运行安全技术条件》
标准号	JT/T 1094—2016	JT/T 1178.1—2018	JT/T 1178.2—2019	GB 7258—2017
范围	M_2 类、M_3 类中的 B 级和 Ⅲ 级营运客车	N_1 类、N_2 类、N_3 类载货汽车	牵引货车和半挂牵引车	适用于在我国道路上行驶的所有机动车，但不适用于有轨电车及并非为在道路上行驶和使用而设计和制造、主要用于封闭道路和场所作业施工的轮式专用机械车
原文摘录	4.1.5 车长大于 9m 的营运客车应装备符合 JT/T 883 规定的车道偏离预警系统（LDWS），还应装备自动紧急制动系统（AEBS）。AEBS 的前向碰撞预警功能应符合 JT/T 883 的规定，其他功能应符合相关标准规定	8.1 总质量大于 18000kg 且最高车速大于 90km/h 的载货汽车，应具备车道偏离预警功能和车辆前向碰撞预警功能，车道偏离预警功能应符合 JT/T 883 的规定，车辆前向碰撞预警功能应符合 GB/T 33577 的规定	5.10 总质量大于或等于 12000kg 且最高车速大于 90km/h 的载货汽车，应安装自动紧急制动系统（AEBS）	4.17.3 车长大于 11m 的公路客车和旅游客车应装备符合标准规定的车道保持辅助系统和自动紧急制动系统 7.2.12 所有汽车（三轮汽车、五轴及五轴以上专项作业车除外）及总质量大于 3500kg 的挂车应装备符合规定的防抱制动装置。总质量大于或等于 12000kg 的危险货物运输货车还应装备电控制动系统（EBS）
车道偏离预警（LDW）	√	√	√	√
前向碰撞预警（FCW）	√	√	√	√
自动紧急制动（AEB）			√	√
标准实施日期	2017-04-01	2018-05-01	2019-07-01	2018-01-01

❓ 引导问题 4

请查阅相关资料，简述 ADAS 发展趋势。

_____

_____

_____

ADAS 的发展现状和趋势

近年来，随着消费者对车辆安全性能关注度的提升，各大车企调整新车技术路线，为新车装备辅助驾驶功能，ADAS 的国内市场渗透率得到了较大提升，与欧美国家的差距逐渐缩小。如果消费者的消费取向决定车企的技术改革动力，那国家政策就是一剂强心剂。为进一步通过技术手段提升交通安全，国家各部委先后推出多项政策规范，推动辅助驾驶技术的落地。2015 年 5 月国务院发布《中国制造 2025》，将智能网联汽车作为一项重点发展内容，将自动驾驶技术作为核心攻关目标。国标《机动车运行安全技术条件》（GB 7258—2017）中规定，车长大于 11m 的客车必须装备前向碰撞预警（FCW）系统和车道偏离预警（LDW）系统。国家发展改革委、科技部、工业和信息化部于 2017 年 4 月联合发布《汽车产业中长期发展规划》，根据该规划重点工程实施方案，到 2025 年，汽车驾驶辅助（DA）、部分自动驾驶（PA）、有条件自动驾驶（CA）系统新车装配率达到 80%，高度自动驾驶（HA）和完全自动驾驶（FA）汽车开始进入市场。中国新车评价规程（C-NCAP）2018 版中主动安全的评分权重占到了 15%，并增加了关于自动紧急制动（AEB）系统与车身电子稳定性控制系统（ESC）的评分项目；C-NCAP 2021 版中主动安全权重增加到 25%。

综合国家政策刺激、消费者需求度以及技术成熟度三方面因素，未来 ADAS 设备厂商不缺乏持续进行研发投入和技术升级的动力，随着各项技术的不断迭代更新，设备成本不断降低。单一功能 ADAS 设备的均价会随着普及率的提升而逐步下降，消费者将占据市场主导地位，选配主动性将得到加强。在 ADAS 的细分功能模块中，碰撞预警和盲区监测（BSD）系统装车率将持续保持最高，但所占比例有所下滑，而诸如自动紧急制动（AEB）、驾驶员疲劳监测（DFM）、智能泊车辅助（IPA）等功能装车率将有所提升。中国汽车市场对 ADAS 的需求量将保持持续增长的趋势，预计到 2025 年，高阶自动驾驶汽车量产后，ADAS 市场会逐渐进入平稳发展期。

拓展阅读

作为自动驾驶赛道的一个重要分支，ADAS 是自动驾驶"渐进式"路线的簇拥者和践行者。有测算显示，2021 年，中国 ADAS 市场规模达到约 985 亿元，随着更多整车厂推出搭载 ADAS 功能的新车型，ADAS 各功能渗透率将加速提升，到 2025 年，ADAS 市场规模预计将达到 1600 亿元，亦有分析称届时这一规模将超过 2200 亿元。

ADAS 供应商们也正在从幕后走向台前。除了特斯拉、蔚来、小鹏、理想等坚持自研的车企，绝大多数车企的 ADAS 都由供应商提供。最近两年，自动驾驶领域的明星，从原来"仰望星空"的完全自动驾驶研发企业，变为了现在"脚踏实地"的 ADAS 供应商，新兴的科技公司如 Momenta、文远知行、轻舟智航、小米等先后踏入这一领域，而老牌科技公司如华为、百度等也纷纷不遑多让，这个细分赛道足够大，也足够热闹。

自 2015 年《中国制造 2025》政策出台后，我国制定了一系列推动智能网联汽车发展的鼓励政策。其中，2018 年发布的《车联网（智能网联汽车）产业发展行动计划》提出了到 2020 年车联网用户渗透率达到 30% 以上，新车驾驶辅助系统（L2）搭载率达到 30% 以上，联网车载信息服务终端的新车装配率达到 60% 以上的行动目标。政策的频频出台展现了我国对于自动驾驶行业及相关企业的重视和支持，为我国自动驾驶相关产业的发展提供了良好的政策支持和相关保障，也有助于整个汽车行业智能化的转型升级。同时，《中华人民共和国道路交通安全法》近十年未曾修订，而 2021 年公安部起草的《道路交通安全法（修订建议稿）》中加入了自动驾驶相关责任认定的描述，为消费者权益和交通安全提供了强有力保障。

随着科技的进步和产业发展，自动驾驶将为人类社会带来更多的可能，但目前面临着一个尴尬的现状，即人才匮乏。根据中国汽车工程学会对智能网联汽车 91 家上下游企业的调查结果，智能网联汽车的研发人员多来自计算机类、机械工程、车辆工程等专业。而目前，精通汽车及人工智能领域知识的研发人员数量稀少。在产业发展的迫切需求驱动下，我们要提升自身技能本领，为实现智能网联汽车创新发展贡献一份力量。

小组分工

学生任务分配表

班级		组号		指导教师	
组长		学号			
组员角色分配					
信息员		学号			
操作员		学号			
记录员		学号			
安全员		学号			
任务分工					

（就组织讨论、工具准备、数据采集、数据记录、安全监督、成果展示等工作内容进行任务分工）

工作计划

按照前面所了解的知识内容和小组内部讨论的结果，制订工作方案，落实各项工作负责人，如任务实施前的准备工作、实施中的主要操作及协助支持工作、实施过程中相关要点及数据的记录工作等，并将结果填入工作计划表中。

工作计划表

步骤	工作内容	负责人
1		
2		
3		
4		
5		
6		
7		
8		

进行决策

1）各组派代表阐述资料查询结果。
2）各组就各自的查询结果进行交流，并分享技巧。
3）教师结合各组完成的情况进行点评，选出最佳方案。

任务实施

了解 ADAS 功能	
记录	完成情况
1. 简述 ADAS 发展历史。 2. 简述 ADAS 相关的政策、标准和法规。 	已完成□ 未完成□

评价反馈

1）各组代表展示汇报 PPT，介绍任务的完成过程。

2）请以小组为单位，对各组的操作过程与操作结果进行自评和互评，并将结果填入综合评价表中的小组评价部分。

3）教师对学生工作过程与工作结果进行评价，并将评价结果填入综合评价表中的教师评价部分。

综合评价表

班级		组别		姓名		学号	
实训任务							
评价项目		评价标准			分值		得分
小组评价	计划决策	制订的工作方案合理可行，小组成员分工明确			10		
	任务实施	简述 ADAS 发展历史			30		
		简述 ADAS 相关的政策、标准和法规			30		
	任务达成	能按照工作方案操作，按计划完成工作任务			10		
	工作态度	认真严谨、积极主动			10		
	团队合作	小组组员积极配合、主动交流、协调工作			5		
	6S 管理	将鼠标、键盘、桌椅进行归位			5		
		小计			100		
教师评价	实训纪律	不出现无故迟到、早退、旷课现象，不违反课堂纪律			10		
	方案实施	严格按照工作方案完成任务实施			20		
	团队协作	任务实施过程互相配合，协作度高			20		
	工作质量	能准确完成任务实施的内容			20		
	工作规范	操作规范，三不落地，无意外事故发生			10		
	汇报展示	能准确表达、总结到位、改进措施可行			20		
		小计			100		
综合评分		小组评分 ×50%+ 教师评分 ×50%					
总结与反思							

（如：学习过程中遇到什么问题→如何解决的 / 解决不了的原因→心得体会）

车辆自动驾驶系统应用

任务二　完成 ADAS 的标定

学习目标

- 知道 ADAS 标准制定
- 了解 ADAS 标定的定义
- 了解 ADAS 标定系统的重要组成部分
- 能描述 ADAS 标定系统的组成
- 了解 ADAS 标准，熟悉标定原因，努力提升自身专业知识水平
- 掌握 ADAS 标定系统操作，学会如何标定 ADAS，提升自身专业技能水平

知识索引

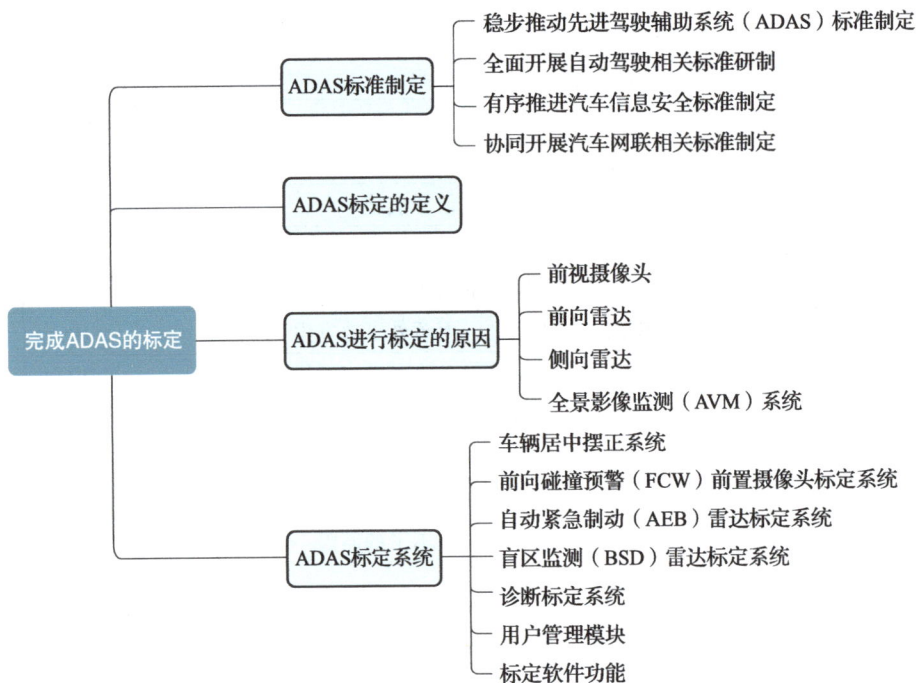

情境导入

某企业生产一款自动驾驶汽车，进行整车测试前需要对该车搭载的 ADAS 进行标定，你是一名 ADAS 工程师，现在你接到了对上述车辆的 ADAS 进行标定的任务。

获取信息

引导问题 1

请查阅相关资料，简述 ADAS 标准。

_____
_____
_____

ADAS 标准制定

为了贯彻落实《国家车联网产业标准体系建设指南（智能网联汽车）》，加快基础通用和行业急需标准制定，推进车联网标准体系建设，工业和信息化部装备工业司组织全国汽车标准化技术委员会编制了 2019 年智能网联汽车标准化工作要点，内容摘录如下。

（一）稳步推动先进驾驶辅助系统（ADAS）标准制定

完成乘用车和商用车辆自动紧急制动（AEB）、商用车辆电子稳定性控制系统（ESC）等标准制定，组织开展先进驾驶辅助系统术语及定义、盲区监测、车道保持辅助等标准的研制工作，积极推动全景影像监测、夜视系统、信号提示优先度等标准立项，全面推进全速自适应巡航控制、交通拥堵辅助及自动紧急转向等自动控制系统标准的预研工作。

（二）全面开展自动驾驶相关标准研制

完成驾驶自动化分级等基础通用类标准的制定，组织开展特定条件下自动驾驶功能测试方法及要求等标准的立项，启动自动驾驶数据记录、驾驶员接管能力识别及驾驶任务接管等行业急需标准的预研，积极组织开展商用车辆列队跟驰（图 2-2-1）等重要标准的测试验证，组织编制智能网联汽车功能和性能评价指南等指导性文件。

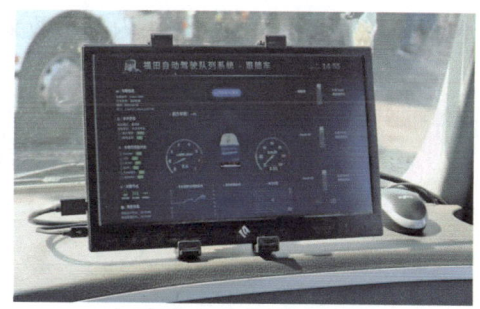

图 2-2-1　福田汽车自动驾驶队列系统

（三）有序推进汽车信息安全标准制定

完成汽车信息安全通用技术、车载网关、信息交互系统、电动汽车远程管理与服务、电动汽车充电等基础通用及行业急需标准的制定，研究提出汽车软件升级、信息安全风险评估等应用类标准的立项，系统开展汽车整车及零部件信息安全测试评价体系研究，启动车载硬件环境及操作系统相关标准体系规划及预研。

（四）协同开展汽车网联相关标准制定

完成网联车辆方法论标准制定工作，推动智能网联汽车无线通信应用层技术要求、信息交互系统技术要求等标准立项，启动交叉口碰撞预警等系统应用类标准的预研，完成智能网联汽车通信需求、自动驾驶高精度地图标准化需求等研究项目，提出智能网联汽车相关基础设施与服务标准项目建议。

> **引导问题 2**
>
> 请查阅相关资料，简述 ADAS 标定的定义。
>
> _____
> _____
> _____

ADAS 标定的定义

先进驾驶辅助系统（ADAS）已经成为当前汽车安全最重要的辅助手段，其在感知获取外部环境数据时所使用的包括视觉传感器在内的多种传感器需要进行标定以完成误差消除，而 ADAS 标定实际上就是系统中所包含的传感器标定的过程。ADAS 标定系统示例如图 2-2-2 所示。

图 2-2-2　ADAS 标定系统示例

在 ADAS 标定中，我们需要获得传感器的内部参数和外部参数来对传感器乃至系统的误差进行消除，内部参数与传感器的设计和构造相关，外部参数与安装相关。以视觉传感器为例，由于摄像头在实际使用中会产生"畸变"，也就是我们常说的失真，进而导致成像误差，在摄像头的标定中我们需要获得包括畸变系数在内的摄像头内部参数来矫正畸变。

> **引导问题 3**
>
> 请查阅相关资料，简述 ADAS 进行标定的原因。
>
> _____
> _____
> _____

ADAS 进行标定的原因

（一）前视摄像头

前视摄像头主要用于前方数据采集，目前市场上主流产品由 Mobileye 公司开发。由于摄像头成像和安装是有误差的，所以需要对摄像头进行标定。

（二）前向雷达

前向雷达通过毫米波探测前向物体的位置、速度、轮廓，目前前向雷达以博世（Bosch）公司和大陆集团（Continental AG）开发的产品为主。由于雷达安装误差会导致前向距离、速度运算的误差，所以在安装完成后必须使用校准技术对前向雷达进行标定。

（三）侧向雷达

侧向雷达用于探测侧后方物体，以判断是否具备并线和转向条件，因此为了提高侧向的探测精度，在安装过程中也需要对侧向雷达进行标定。

（四）全景影像监测（AVM）系统

由于涉及摄像头图像融合技术，各个摄像头又都存在着安装误差，需要经过图像修正后才能实现图像的完美融合，因此需要对 AVM 系统进行标定。

> **引导问题 4**
> 请查阅相关资料，简述 ADAS 标定系统功能。
> _____
> _____
> _____

ADAS 标定系统

ADAS 标定系统包含：车辆摆正器、摄像头标定板（棋盘格）、雷达标定角反射器、上位机、标定架及移动小车、盲区监测（BSD）雷达校准模拟器及照明装置、控制系统、诊断通信设备、标定软件等。其架构如图 2-2-3 所示。

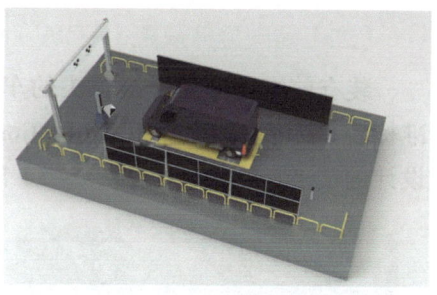

图 2-2-3　ADAS 标定系统 3D 示意图

（一）车辆居中摆正系统

对被标定车辆的车身进行居中摆正，以便进行 ADAS 的标定。应可满足整车长度不大于 6000mm、车宽不大于 2200mm、轴距不大于 3600mm 的车辆的定位，定位基准为车辆中心线与前轮中心线。某车辆居中摆正系统具体参数见表 2-2-1。

表 2-2-1　某车辆居中摆正系统具体参数

项目	内容	备注
最大适应车型（长 × 宽）/mm	6100 × 2300	
轴距 /mm	2900~3800	
轴荷 /kg	6000	
前轴尺寸（长 × 宽 × 高）/mm	1200 × 2600 × 400	
后轴尺寸（长 × 宽 × 高）/mm	2600 × 2600 × 400	
摆杆移动范围 /mm	0~400	
摆正器适应轮胎内侧最小尺寸 /mm	820	

（续）

项目	内容	备注
摆正器适应车辆最小离地间隙 /mm	140	
车轮移动方式	滚轮组	
移动机构	丝杠机构	
推动方式	电机推动	
对中精度 /mm	0 ± 5	
对中时间 /s	≤ 10	
车轮定位	V 形结构	前轮定位
防护装置	导向轨	内导向轨
校准方式	校准尺	

车辆居中摆正系统的工作流程为：第一步，车辆到位，且超过连续到位时间，提示"到位"；第二步，系统控制电机工作，电机带动丝杠推动推杆向外移动，直到完全推到左右两车轮内侧面为止；第三步，推动力超过设定值后，电机自动停止；第四步，检测完毕，上位机系统发送归位命令，摆正器自动归位；第五步，摆正器到达初始位置，摆正结束；第六步，系统提示，车辆可以前行。车辆摆正器如图 2-2-4 所示。

（二）前向碰撞预警（FCW）前置摄像头标定系统

装有前视主动安全摄像头的车辆在驶下生产线前需要对摄像头进行标定。目标校准标定（target alignment calibration，TAC）是针对前视主动安全摄像头生产线标定而设计的基于目标标靶（图 2-2-5）的标定方案。

图 2-2-4　车辆摆正器

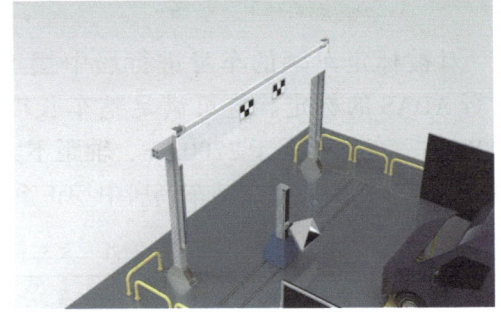

图 2-2-5　FCW 标靶安装结构

（三）自动紧急制动（AEB）雷达标定系统

AEB 雷达被动式校准是通过角反射器确定校准镜轴线与行驶轴线的偏差，再读取角反射器与雷达轴线的偏差角，通过诊断仪完成系统误差的校正。如果误差超过了一定幅度，那么需要通过调整水平方向和垂直方向的校准螺栓，使雷达轴线与行驶轴线重合或偏差在一个允许的范围内。其标定方案如图 2-2-6 所示。

（四）盲区监测（BSD）雷达标定系统

下面就 BSD 雷达系统安装下线后如何做检测校正及所需的环境、工具设备、软件流程介绍一种方案。标定场地需 11m×8m 的空旷场地，附近无较大的障碍物（金属、水泥柱等）；地面涂油漆，建议涂黄色油漆并区别工作区与行人区；标定区域需要用吸波墙分隔（图 2-2-7），吸波墙是将吸波材料贴在 PVC 框架上，吸波材料的工作频率范围应包含 77GHz。

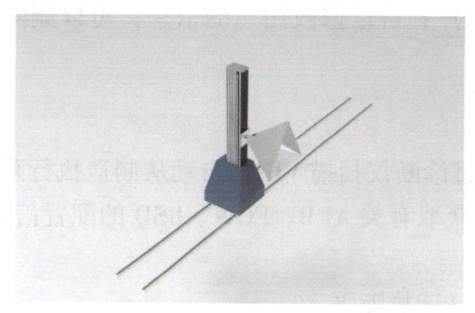

图 2-2-6　AEB 雷达标定方案

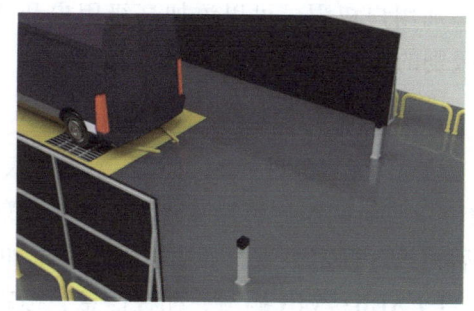

图 2-2-7　吸波墙

BSD 雷达标定系统软件流程图如图 2-2-8 所示。

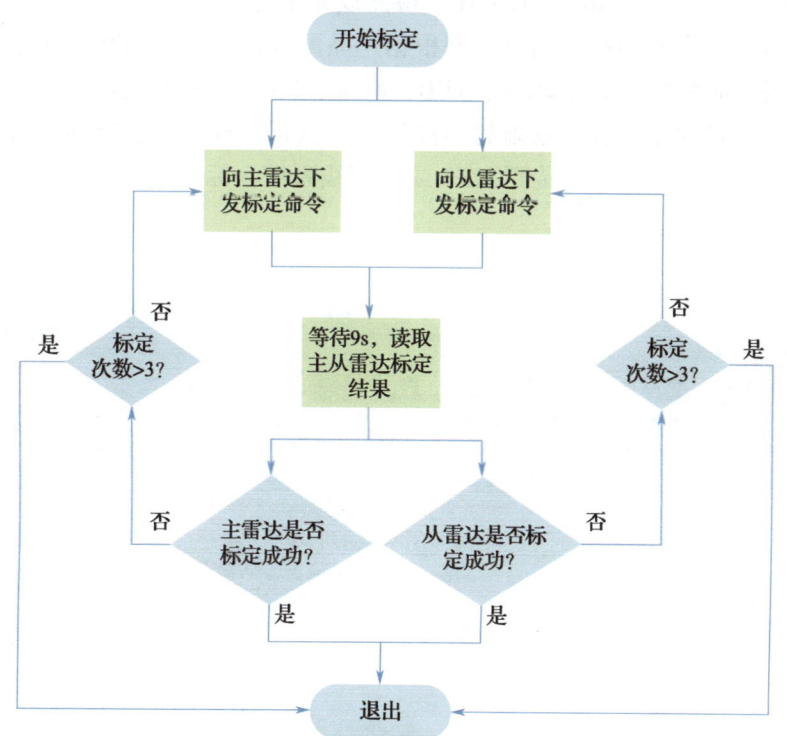

图 2-2-8　BSD 雷达标定系统软件流程图

（五）诊断标定系统

ADAS 标定系统采用一体式设计，通过设备内总线通信模块实现 ADAS 标定相关的功能。系统软件可实现 ADAS 标定、控制器诊断、车辆识别代号（VIN）自动录入、数据与整车快速查询匹配功能；同时含有对其他定制设备统一管理、数据处理、任务制订等功能。

（六）用户管理模块

不同的人员如设备操作员、管理员等具有不同的操作权限，设备操作员只能按照既定的检测配置文件进行检测，不能修改检测配置文件，不能添加、删改车型；而管理员既能按照既定的检测配置文件进行检测，又能修改检测配置文件等。系统管理员有添加用户权限，可以添加高级用户和普通用户；可以修改用户的信息；可以删除不同级别的用户。

（七）标定软件功能

ADAS 标定软件界面如图 2-2-9 所示。通过诊断仪扫描 VIN，自动从制造执行系统（MES）、协同制造管理平台（CMMP）等系统获取有关 AEB、FCW、BSD 的配置信息，然后写入各标定系统。各功能下线需求如下：

1）AEB：VIN 刷写、配置信息、标定、清/读故障码。
2）FCW：VIN 刷写、配置信息、标定、清/读故障码。
3）BSD：VIN 刷写、配置信息、标定、清/读故障码。

标定系统可以与工厂 MES、CMMP、检测线系统通信，从工厂 MES 或检测线系统获得产品配置信息和轮眉高度信息，并根据产品配置信息自动判断当前车辆是否需要标定；可根据产品配置信息自动进行 AEB、FCW、BSD 等系统的标定，标定 FCW 时从检测线系统（或四轮定位仪）获取轮眉高度测量数据。标定过程自动记录，完成后自动保存记录，并将相关记录上传到 MES 或检测线系统。标定流程参见上述各系统的标定流程。

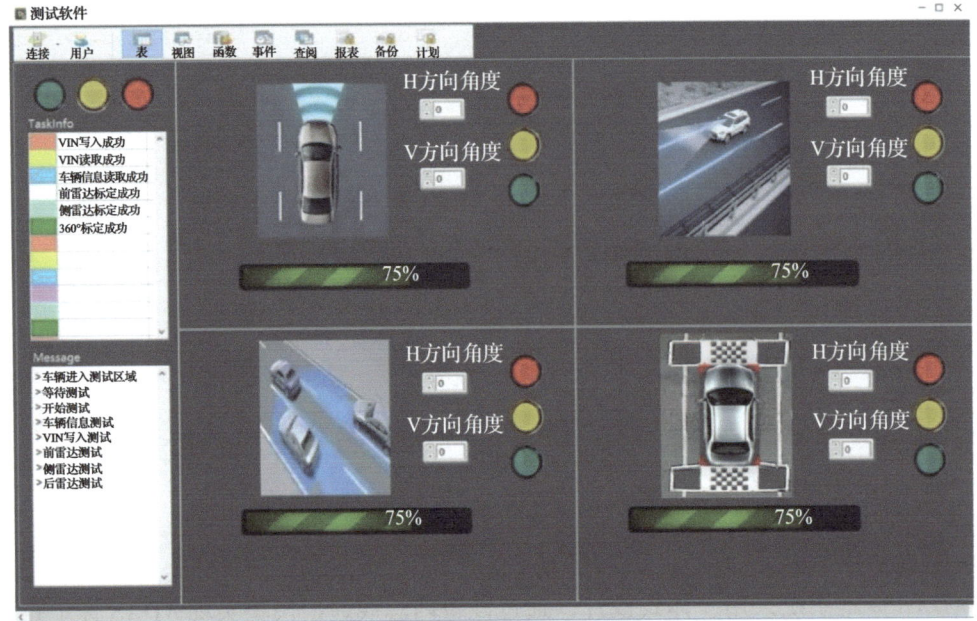

图 2-2-9　ADAS 标定软件界面

姓名　　　　班级　　　　日期　　　　　　　　能力模块二　对先进驾驶辅助系统（ADAS）的基本认知

小组分工

学生任务分配表

班级		组号		指导教师	
组长		学号			
组员角色分配					
信息员		学号			
操作员		学号			
记录员		学号			
安全员		学号			
任务分工					
（就组织讨论、工具准备、数据采集、数据记录、安全监督、成果展示等工作内容进行任务分工）					

工作计划

按照前面所了解的知识内容和小组内部讨论的结果，制订工作方案，落实各项工作负责人，如任务实施前的准备工作、实施中的主要操作及协助支持工作、实施过程中相关要点及数据的记录工作等，并将结果填入工作计划表中。

工作计划表

步骤	工作内容	负责人
1		
2		
3		
4		
5		
6		
7		
8		

进行决策

1）各组派代表阐述资料查询结果。

2）各组就各自的查询结果进行交流，并分享技巧。

3）教师结合各组完成的情况进行点评，选出最佳方案。

任务实施

在自动驾驶系统的应用中,为了使 ADAS 运行的数据正常有效,通常都会对 ADAS 进行标定,使系统获得最准确的数据,保证行车安全。扫描右侧二维码,了解 360°全景标定,并完成下方内容记录。

360°全景标定

参考操作视频,按照规范作业要求,完成 ADAS 标定的操作步骤,进行数据采集并记录。

360°全景标定			
序号	步骤	记录	完成情况
1	确认设备正常		已完成□ 未完成□
2	设备上电		已完成□ 未完成□
3	布置工位		已完成□ 未完成□
4	开始标定		已完成□ 未完成□
5	设置参数		已完成□ 未完成□
6	手动标定		已完成□ 未完成□
总结提升			已完成□ 未完成□

评价反馈

1)各组代表展示汇报 PPT,介绍任务的完成过程。

2)请以小组为单位,对各组的操作过程与操作结果进行自评和互评,并将结果填入综合评价表中的小组评价部分。

3)教师对学生工作过程与工作结果进行评价,并将评价结果填入综合评价表中的教师评价部分。

综合评价表

班级		组别		姓名		学号	
实训任务							
评价项目		评价标准			分值		得分
小组评价	计划决策	制订的工作方案合理可行,小组成员分工明确			10		
	任务实施	360°全景标定			60		
	任务达成	能按照工作方案操作,按计划完成工作任务			10		
	工作态度	认真严谨、积极主动			10		
	团队合作	小组组员积极配合、主动交流、协调工作			5		
	6S 管理	将鼠标、键盘、桌椅进行归位			5		
		小计			100		

(续)

评价项目		评价标准	分值	得分
教师评价	实训纪律	不出现无故迟到、早退、旷课现象，不违反课堂纪律	10	
	方案实施	严格按照工作方案完成任务实施	20	
	团队协作	任务实施过程互相配合，协作度高	20	
	工作质量	能准确完成任务实施的内容	20	
	工作规范	操作规范，三不落地，无意外事故发生	10	
	汇报展示	能准确表达、总结到位、改进措施可行	20	
		小计	100	
综合评分		小组评分×50%+教师评分×50%		
总结与反思				

（如：学习过程中遇到什么问题→如何解决的/解决不了的原因→心得体会）

任务三　了解 ADAS 评价方法

学习目标

- 了解自适应巡航控制（ACC）性能评价及其指标
- 了解自动紧急制动（AEB）和前向碰撞预警（FCW）性能评价及其指标
- 了解车道偏离预警（LDW）性能评价及其指标
- 了解盲区监测（BSD）性能评价及其指标
- 掌握 ADAS 性能评价及其指标，提升自身专业知识水平
- 了解 ADAS 体系下的子系统及其应用场景

知识索引

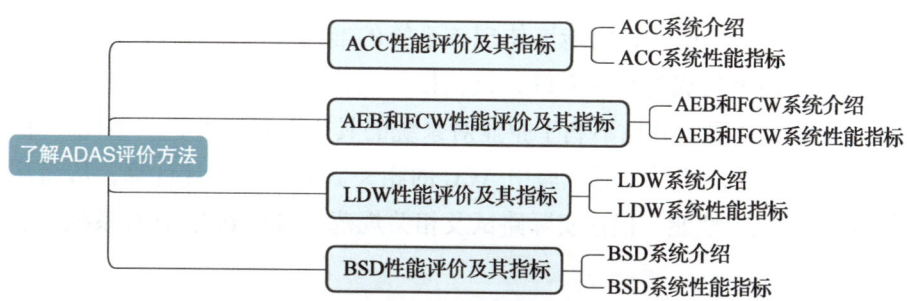

车辆自动驾驶系统应用

情境导入

某公司要对一款汽车上搭载的 ADAS 进行测试,主要是对 ADAS 的各子系统性能进行评价,你作为测试工程师需要测试出该车 ADAS 的参数,再与标准参数进行对比,并撰写测试报告。

获取信息

引导问题 1

ACC 系统的正确动作应满足哪些条件?

_____
_____
_____

ACC 性能评价及其指标

(一) ACC 系统介绍

自适应巡航控制(ACC)系统的功能是实时监测车辆前方行驶环境,在设定的速度范围内自动调整行驶速度,以适应前方车辆和/或道路条件等引起的驾驶环境变化,可以达到减轻驾驶员的操作负担的目的。当前方无车辆或车辆相距较远时,ACC 系统可以按照驾驶员设定的速度行驶,即定速巡航模式;当前方车辆距离较近时,ACC 系统可以根据驾驶员设定的跟车策略自动调整与前方车辆间的相对距离,即车距控制模式/跟车模式。

自适应巡航控制系统主要基于以下信息自适应地控制车辆速度:

1) 本车与周围车辆的相对距离。
2) 本车的行驶状态。
3) 驱动程序命令。

基于所获取的信息,控制器向执行器发送命令以执行其纵向控制策略(图 2-3-1),并且部分 ACC 系统还同时与驾驶员产生人机交互。由于 ACC 系统的目标是部分实现车辆纵向控制的自动化和减少驾驶员的工作量,因此,对 ACC 系统性能评价的直观反映就是其系统动作的正确率,它能够体现该系统的准确度与可靠性。但是另一方面,ACC 系统是一个高度集成的复杂系统,仅仅依靠动作正确率无法对系统进行全面的评价,同时,简单的数据评分也不利于企业对系统的具体分析与改进。因此,除 ACC 系统的动作正确率之外,还需要对试验中 ACC 的相关数据进行统计计算,从而从多个维度来分析 ACC 系统的性能。根据实际路试及相关规范,可得到对 ACC 系统性能进行评价测试所需的参数。这里将系统参数分为基本参数和动作参数两个部分，具体见表 2-3-1 和表 2-3-2。

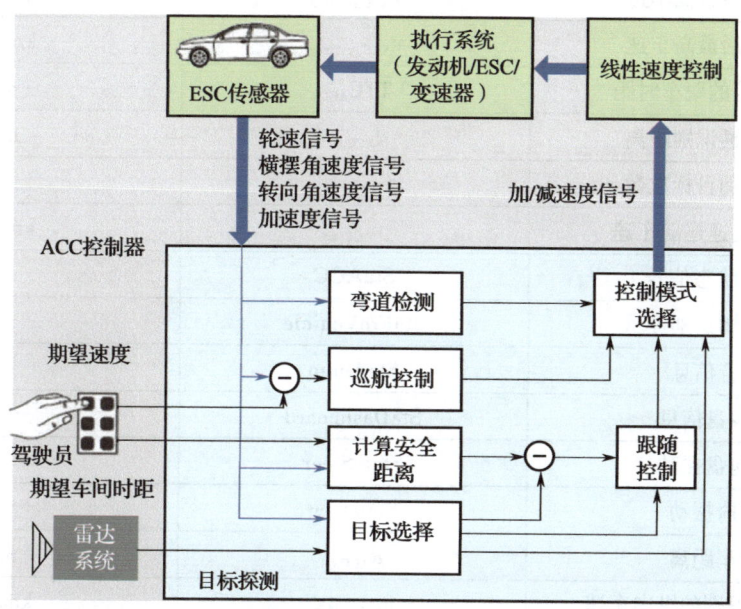

图 2-3-1　ACC 策略

表 2-3-1　ACC 系统基本参数

参数名称	参数符号	单位
行驶里程	s_{ACC}	km
行驶时间	t_{ACC}	h
车辆实际加速度	$a_{ACC,real,acc}$	m/s^2
车辆目标加速度	$a_{ACC,req,acc}$	m/s^2
车辆实际减速度	$a_{ACC,real,dec}$	m/s^2
车辆目标减速度	$a_{ACC,req,dec}$	m/s^2
相对车速	$v_{ACC,relat}$	km/h
上坡坡度	γ_{up}	%
下坡坡度	γ_{down}	%
前车车速	$v_{ACC,fro}$	km/h
横向车速	$v_{ACC,lat}$	km/h
纵向车速	$v_{ACC,lon}$	km/h
纵向加速度	$a_{ACC,lon,acc}$	m/s^2
横向加速度	$a_{ACC,lat,acc}$	m/s^2

表 2-3-2　ACC 系统动作参数

参数名称	参数符号	单位
系统激活最低车速	$v_{ACC,self,min}$	km/h
系统激活最高车速	$v_{ACC,self,max}$	km/h
系统设定的跟车时距	TTC_{ACC}	s
目标车辆识别距离	$d_{ACC,self}$	m
首次识别目标次数	$n_{ACC,self,rec}$	
设定的定速巡航车速	$v_{ACC,set}$	km/h
ACC 状态信号	StaACC	
前方车辆识别提示	StaFroVehicle	
声音信息	StaAudio	
仪表盘信息	StaDashboard	
转向盘振动	StateSteer	
座椅振动	StateSeat	
跟车距离	$d_{ACC,fol}$	m
车辆雷达识别的纵向车速	$v_{ACC,self,lon}$	km/h
测试雷达识别的横向车速	$v_{ACC,test,lat}$	km/h
车辆雷达识别的相对方位角	$\theta_{ACC,self}$	°
测试雷达识别的相对方位角	$\theta_{ACC,test}$	°

（二）ACC 系统性能指标

自适应巡航控制系统的性能指标反映在数据中就是该系统的动作正确率，唯有在这方面进行评价，才能反映出该系统是否能够满足其设计需求、能否适应复杂的道路环境、能否保证驾驶员的安全。通过分析相关规范和 ACC 系统的工作原理，得到 ACC 系统的正确动作与误动作的判断条件，如下所述：

1）ACC 系统的正确动作应满足以下条件：

① ACC 功能激活状态下，车辆能够与前车保持一定的车间时距，前方没有车辆时，以设定速度行驶，这两种状态可由 ACC 系统自动切换。

② 驾驶员踩制动踏板或加速踏板时，自动退出 ACC。

③ 车辆的减速度小于设定的最大减速度（$a_{ACC,max,dec}$）。

④ 车辆的加速度小于设定的最大加速度（$a_{ACC,max,acc}$）。

⑤ 车辆速度达到自适应巡航控制门限车速以上。

⑥ 车辆速度不超过自适应巡航控制的最高车速。

⑦ 跟车时，车间时距不超过设定值。

2）满足以下条件时，ACC 系统即为误动作：

① 车辆的减速度大于设定的最大减速度（$a_{ACC,max,dec}$）。

② 车辆的加速度大于设定的最大加速度（$a_{ACC,max,acc}$）。

③跟车时，车间时距超过设定值。

④转弯时，横向加速度超过设定值。

根据以上条件，分析统计数据，可以得到ACC系统的正确动作与误动作的相关数据。为了直观反馈，同时结合实际路况，对ACC系统的动作场景按照目标车辆的不同状态进行分类，分为静止、低速、减速、重叠4个场景。针对每个场景，从安全性和平顺性两个维度来进行评价。目标车辆静止场景，试验车辆的速度分别为30km/h、40km/h、50km/h和60km/h；目标车辆低速场景，试验车辆速度分别为90km/h、100km/h、110km/h和120km/h；目标车辆减速场景中，使目标车辆速度恒定为70km/h，然后分别以$3m/s^2$和$4m/s^2$的减速度制动到停止；横向重叠场景则是使目标车辆与试验车辆在横向上以±50%的相互重叠率进行减速跟车。可得到ACC系统的评价表，见表2-3-3，这里的平顺性评价指标主要采用了减速度以及减速度的变化率作为参考项。根据国际标准化组织（ISO）的规定，试验车辆的速度大于72km/h时，制动的减速度不应超过$3.5m/s^2$；试验车辆的速度小于18km/h时，减速度不应超过$5m/s^2$；试验车辆的速度介于18km/h与72km/h之间时，最大减速度线性变化，如图2-3-2所示。同时，试验车辆的速度大于72km/h时，减速度变化率不应超过$2.5m/s^3$；试验车辆的速度小于18km/h时，减速度变化率不应超过$5m/s^3$；试验车辆的速度介于18km/h与72km/h之间时，最大减速度变化率线性变化，如图2-3-3所示。因此，若试验车辆的减速度和减速度变化率分别低于图2-3-2和图2-3-3所示值，则认为平顺性指标在可接受范围内。

表2-3-3　ACC系统评价表

试验场景	试验工况		评价指标	
	目标车辆车速	试验车辆车速	安全性	平顺性
目标车辆静止	0km/h	30km/h	识别目标车辆并制动至速度为零	减速度及减速度变化率
		40km/h		
		50km/h		
		60km/h		
目标车辆低速	30km/h	90km/h	制动并跟车行驶	
		100km/h		
		110km/h		
		120km/h		
目标车辆减速	70km/h（减速度为$3m/s^2$）	120km/h	制动跟停	
	70km/h（减速度为$4m/s^2$）			
横向重叠	30km/h（重叠率为-50%）	70km/h	识别目标车辆并减速，稳定跟车	
	30km/h（重叠率为50%）			

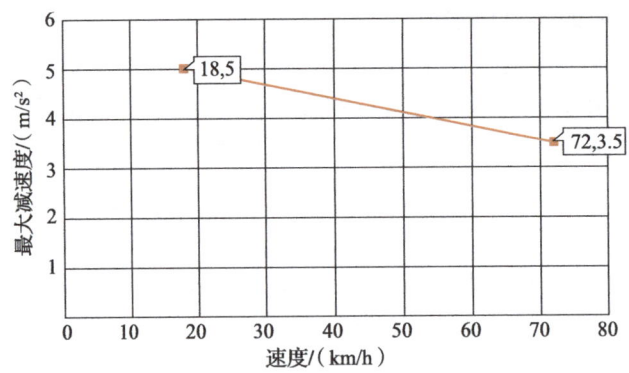

图 2-3-2　试验车辆最大减速度与速度的关系

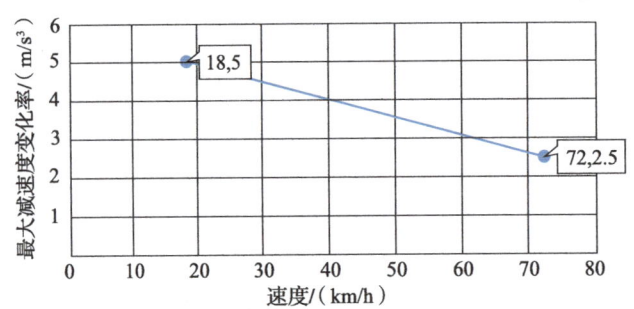

图 2-3-3　试验车辆最大减速度变化率与速度的关系

引导问题 2

AEB 系统的正确动作应满足哪些条件？

_____
_____
_____

AEB 和 FCW 性能评价及其指标

（一）AEB 和 FCW 系统介绍

前向碰撞预警（FCW）系统是一种预测型汽车安全保护系统，该系统通过车载传感器来实时监测车辆前方行驶环境，当系统判断有潜在的碰撞摩擦危险时及时有效地向驾驶员进行预警。自动紧急制动（AEB）系统在一定程度上是基于 FCW 系统的更进一步的主动安全技术，即装有 AEB 系统的车辆在行驶过程中检测到可能存在的碰撞后，对驾驶员进行预警，当与前方车辆距离达到系统设定的动作红线后，直接对车辆进行主动控制。AEB 与 FCW 系统的监测原理是一样的，不同的是 AEB 系统还包含一套基于监测的控制系统，从而在必要的时刻接管驾驶员的部分操作，完成对车辆的制动控制以避免伤害和损失。根据相关规范，可得到对 AEB 和 FCW 系统性能进行评价测试所需的参数，见表 2-3-4~表 2-3-7。

表 2-3-4 AEB 系统基本参数

参数名称	参数符号	单位
行驶里程	s_{AEB}	km
行驶时间	t_{AEB}	h
车辆雷达识别的纵向相对车速	$v_{AEB,self,lon}$	km/h
车辆雷达识别的相对方位角	$\theta_{AEB,self}$	°
车辆雷达识别的纵向车距	$d_{AEB,self,lon}$	m
实际减速度	$a_{AEB,real,lat}$	m/s²
目标减速度	$a_{AEB,req,lat}$	m/s²

表 2-3-5 FCW 系统基本参数

参数名称	参数符号	单位
行驶里程	s_{FCW}	km
行驶时间	t_{FCW}	h
转向盘转角	α	°
车辆雷达识别的纵向相对车速	$v_{FCW,self,lon}$	km/h
车辆雷达识别的相对方位角	$\theta_{FCW,self}$	°
车辆雷达识别的纵向车距	$d_{FCW,self,lon}$	m

表 2-3-6 AEB 系统动作参数

参数名称	参数符号	单位
系统激活最低车速	$v_{AEB,self,min}$	km/h
系统激活最高车速	$v_{AEB,self,max}$	km/h
系统设定的车间时距	TTC_{AEB}	s
目标车辆识别距离	$d_{AEB,self}$	m
首次识别目标次数	$n_{AEB,self,rec}$	
相对纵向车速	$v_{AEB,relat,lon}$	km/h
AEB 状态信号	StaAEB	
前方车辆识别提示	StaFroVehicle	
声音信息	StaAudio	
仪表盘信息	StaDashboard	
转向盘振动	StateSteer	
座椅振动	StateSeat	
测试雷达识别的纵向相对车速	$v_{AEB,test,lon}$	km/h
测试雷达识别的相对方位角	$\theta_{AEB,test}$	°
测试雷达识别的纵向车距	$d_{AEB,test,lon}$	m

表 2-3-7　FCW 系统动作参数

参数名称	参数符号	单位
系统激活最低车速	$v_{\text{FCW,self,min}}$	km/h
系统激活最高车速	$v_{\text{FCW,self,max}}$	km/h
系统设定的车间时距	TTC_{FCW}	s
目标车辆识别距离	$d_{\text{FCW,self}}$	m
首次识别目标次数	$n_{\text{FCW,self,rec}}$	
相对纵向车速	$v_{\text{FCW,relat,lon}}$	km/h
FCW 状态信号	StaFCW	
前方车辆识别提示	StaFroVehicle	
声音信息	StaAudio	
仪表盘信息	StaDashboard	
转向盘振动	StateSteer	
座椅振动	StateSeat	
测试雷达识别的纵向相对车速	$v_{\text{FCW,test,lon}}$	km/h
测试雷达识别的相对方位角	$\theta_{\text{FCW,test}}$	°
测试雷达识别的纵向车距	$d_{\text{FCW,test,lon}}$	m

（二）AEB 和 FCW 系统性能指标

AEB 和 FCW 系统的性能指标反映在数据中就是该系统的动作正确率。通过分析相关规范和 AEB 和 FCW 系统的工作原理，得到其正确动作的判断条件，如下所述：

1）AEB 系统的正确动作应满足以下条件：

①车辆速度不超过车道偏离预警（LDW）系统设定的最高车速。

②车辆纵向减速度小于设定的最大减速度（$a_{\text{AEB,dec,max}}$）。

③车辆速度达到车道保持辅助（LKA）系统门限车速以上。

④车辆速度不超过车道保持辅助（LKA）系统设定的最高车速。

⑤车间时距不超过设定值。

2）FCW 系统的正确动作应满足以下条件：

①车辆速度达到前向碰撞预警（FCW）系统门限车速以上。

②车辆速度不超过前向碰撞预警（FCW）系统设定的最高车速。

③跟车时距小于 4s 时发出警告信息。

④驾驶员踩制动踏板、加速踏板和转动转向盘时不发出警告信息。

同样，为了便于试验和直观评分，FCW 的路试场景按照目标车辆的行驶状态分为静止、减速和低速 3 种场景，这里引入碰撞时间（Time to Collision，TTC）来进行客观评价。AEB 功能试验不同于 FCW，这里只设置了目标车辆静止和低速两种场景；并且由于 AEB 系统还具有主动控制的功能，因此这里不采用警告时刻进行评价，而是直接根据碰撞避免或减轻效果进行评价。由此可得到整个防碰撞系统的评价表，见表 2-3-8。

表 2-3-8　防碰撞系统评价表

评价项目	试验场景	试验车辆速度/（km/h）	目标车辆速度/（km/h）	评价方法
FCW 性能	目标车辆静止	72	0	警告时刻：$2.1s \leqslant TTC < 4.0s$
FCW 性能	目标车辆减速	72	72	警告时刻：$2.1s \leqslant TTC < 4.0s$
FCW 性能	目标车辆低速	72	32	警告时刻：$2.1s \leqslant TTC < 4.0s$
AEB 性能	目标车辆静止	20	0	避免或减轻碰撞
AEB 性能	目标车辆静止	40	0	避免或减轻碰撞
AEB 性能	目标车辆低速	40	20	避免或减轻碰撞
AEB 性能	目标车辆低速	60	20	避免或减轻碰撞

AEB 系统虽然参与了系统的紧急制动，但是由于不同系统的控制算法和效果不尽相同，因此除了避免碰撞外，还可能存在只是减轻碰撞的情况，也能够达到减小损失和伤害的目的。因此针对 AEB 系统的评价方法仍需要进行进一步的明确，这里可采用制动减速量来进行衡量。由试验车辆速度 v_1 和碰撞时速度 v_2 计算制动减速量 v_3。相同速度点的试验工况取 v_3 的平均值进行评价。v_3 的具体计算方式为：AEB 激活前 0.1s 时本车的速度记为 v_1，其中纵向减速度达到 $0.5m/s^2$ 时认为 AEB 已经激活；试验车辆最前端接触目标车辆车尾时本车的速度记为 v_2，目标车辆静止工况，如果两车未发生碰撞，则 $v_2=0$，目标车辆低速工况，如果两车未发生碰撞，则 v_2 与目标车辆速度相同；制动减速量 $v_3=v_1-v_2$。

> **引导问题 3**
> LDW 系统的正确动作应满足哪些条件？
> _____
> _____
> _____

LDW 性能评价及其指标

（一）LDW 系统介绍

车道偏离预警（LDW）系统是为了避免由于驾驶员的疏忽导致车辆偏离行车车道的情况发生。该系统同样通过车载雷达等传感器采集数据并分析行驶过程中车辆是否偏离车道，如果发现车辆在非人为转向的情况下发生了车道偏离，则及时地发出警告信息，部分车辆还具有自动控制车辆行驶方向以使车辆保持在原车道内行驶的功能（即车道保持辅助）。根据相关规范，可得到对 LDW 系统性能进行评价测试所需的参数，见表 2-3-9 和表 2-3-10。

表2-3-9　LDW系统基本参数

参数名称	参数符号	单位
行驶里程	s_{LDW}	km
行驶时间	t_{LDW}	h
左侧转向灯状态	$StaSignalLDW_{left}$	
右侧转向灯状态	$StaSignalLDW_{right}$	
横向车速	$v_{LDW,lat}$	km/h
纵向车速	$v_{LDW,lon}$	km/h
转向盘转角	$\alpha_{LDW,self}$	°

表2-3-10　LDW系统动作参数

参数名称	参数符号	单位
系统激活最低车速	$v_{LDW,self,min}$	km/h
系统激活最高车速	$v_{LDW,self,max}$	km/h
目标车辆识别距离	$d_{LDW,self}$	m
左侧车道边线距离	$d_{LDW,lat,left}$	m
右侧车道边线距离	$d_{LDW,lat,right}$	m
LDW状态信号	StaLDW	
两侧车道边线识别提示	StaLaneVehicle	
声音信息	StaAudio	
仪表盘信息	StaDashboard	
座椅振动	StateSeat	
车辆识别的纵向车速	$v_{LDW,self,lon}$	km/h

（二）LDW系统性能指标

车道偏离预警（LDW）系统的正确动作应满足以下条件：

1）车辆速度不超过LDW系统设定的最高车速。

2）LDW系统警告线示意图如图2-3-4所示。最迟警告线要求为车道边线外0.3m处。

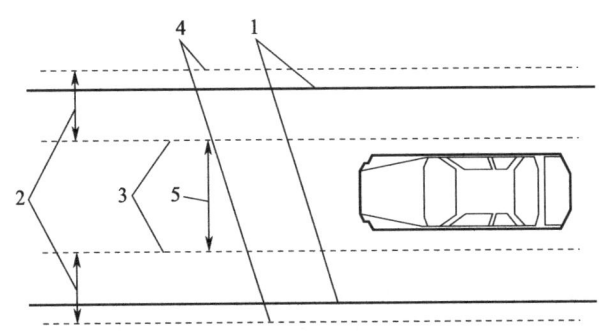

图2-3-4　LDW系统警告线示意图

1—车道边线　2—警告阈值　3—最早警告线　4—最迟警告线　5—非警告区域

这里将性能评价的试验场景分为两个部分：直道和弯道（半径 $R=250m$），可得到相关评价指标，见表 2-3-11。

表 2-3-11 LDW 系统评价表

试验场景	偏离速度 /（m/s）	偏离方向	评价指标
直道	>0.1~0.4	左 / 右偏离	每个工况重复四次，警告位置不超过最迟警告线
直道	>0.6~0.8	左 / 右偏离	每个工况重复四次，警告位置不超过最迟警告线
弯道	>0~0.4	左 / 右偏离	警告位置不超过最迟警告线
弯道	>0.4~0.8	左 / 右偏离	警告位置不超过最迟警告线

岗位指南

ADAS 工程师最基本也是最重要的任务之一就是需求分析和管理。作为项目的"中场队员"，系统工程师需要协助销售和市场一线团队承接和分析来自客户的需求、来自法规和标准的需求，将外部的需求转化为内部的需求，使用规范的格式和语言形成系统需求并管理需求。

引导问题 4

BSD 系统的正确动作应满足哪些条件？

_____

_____

BSD 性能评价及其指标

（一）BSD 系统介绍

盲区监测（BSD）系统是为了辅助驾驶员识别其视觉盲区内是否存在其他道路使用者，若存在，则通过振动或者声音等信息来提醒驾驶员，从而保证驾驶安全。其基本参数和动作参数分别见表 2-3-12 和表 2-3-13。

表 2-3-12 BSD 系统基本参数

参数名称	参数符号	单位
行驶里程	s_{BSD}	km
行驶时间	t_{BSD}	h
车辆雷达识别的纵向相对车速	$v_{BSD,self,lon}$	km/h
车辆雷达识别的相对方位角	$\theta_{BSD,self}$	°
车辆雷达识别的纵向车距	$d_{BSD,self,lon}$	m
车辆雷达识别的横向车距	$d_{BSD,self,lat}$	m
95% 驾驶员眼椭圆中心位置	Eyellipse	

表 2-3-13 BSD 系统动作参数

参数名称	参数符号	单位
系统激活最低车速	$v_{BSD,self,min}$	km/h
系统激活最高车速	$v_{BSD,self,max}$	km/h
目标车辆识别距离	$d_{BSD,self}$	m
首次识别目标次数	$n_{BSD,self,rec}$	
相对纵向车速	$v_{BSD,relat,lon}$	km/h
BSD 状态信号	StaBSD	
两侧车辆识别提示	StaLatVehicle	
声音信息	StaAudio	
仪表盘信息	StaDashboard	
座椅振动	StateSeat	
测试雷达识别的纵向相对车速	$v_{BSD,test,lon}$	km/h
测试雷达识别的相对方位角	$\theta_{BSD,test}$	°
测试雷达识别的纵向车距	$d_{BSD,test,lon}$	m
测试雷达识别的横向车距	$d_{BSD,test,lat}$	m

（二）BSD 系统性能指标

盲区监测（BSD）系统的正确动作应满足以下条件：

①车辆速度不超过 BSD 系统设定的最高车速。

②BSD 系统警告要求分为 3 类，即必须警告、可以警告、不警告。当有多个目标车辆进入监测区域时，若至少 1 个车辆必须进行警告，则 BSD 系统必须发出警告信息；若无车辆必须进行警告，且至少 1 个车辆可以警告，则 BSD 系统可以警告；若所有目标车辆均不用警告，则不警告。以 2 个目标车辆（车辆 1、车辆 2）为例，警告关系见表 2-3-14。

表 2-3-14 BSD 系统警告关系

目标车辆 1	目标车辆 2		
	必须警告	可以警告	不警告
必须警告	必须警告	必须警告	必须警告
可以警告	必须警告	可以警告	可以警告
不警告	必须警告	可以警告	不警告

必须警告、可以警告和不警告的监测区域要求如下：

1）同时满足以下 2 个条件时，必须警告：

①纵向位置：目标车辆在 95% 驾驶员眼椭圆中心之后，且车后间距不大于 3m。

②横向位置：试验车辆与目标车辆的横向距离小于 3m。

2）满足以下条件之一时，不警告：

①纵向位置：目标车辆在试验车辆车头前方超过 30m 或目标车辆在试验车辆车尾

后方超过 30m。

②横向位置：试验车辆与目标车辆的横向距离大于 6m。

3）不满足必须警告和不警告条件的，即为可以警告。

4）满足表 2-3-15 中相对车速与车间时距警告关系的，必须警告。

BSD 系统的响应时间要求为，系统开启后，由待机到激活警告的反应时长不大于 300ms；不满足警告要求时，由激活到待机的反应时长不大于 1s。

BSD 系统监测区域示意图如图 2-3-5 所示。

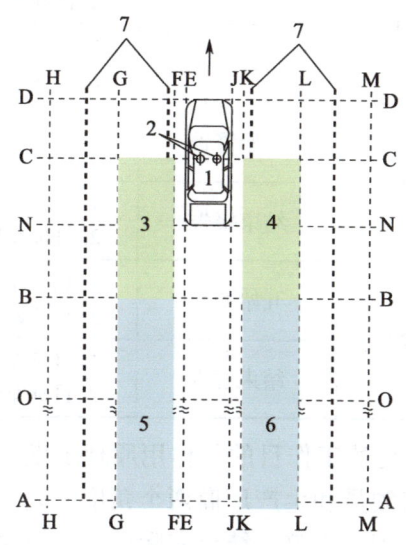

图 2-3-5　BSD 系统监测区域示意图

1—试验车辆　2—95% 驾驶员眼椭圆中心　3—左侧监测区域
4—右侧监测区域　5—左侧接近监测区域　6—右侧接近监测区域　7—车道线

图 2-3-5 中各直线位置如下：

A 线——平行于试验车辆后缘，并位于其后 30m 处；

B 线——平行于试验车辆后缘，并位于其后 3m 处；

C 线——平行于试验车辆后缘，并穿过 95% 驾驶员眼椭圆中心；

D 线——平行于试验车辆前缘，并位于其延长线上；

E 线——平行于试验车辆纵轴中心线，并位于车身左侧（除去后视镜）的最外边缘；

F 线——平行于试验车辆纵轴中心线，在 E 线左侧 0.5m 处；

G 线——平行于试验车辆纵轴中心线，在 E 线左侧 3m 处；

H 线——平行于试验车辆纵轴中心线，在 E 线左侧 6m 处；

J 线——平行于试验车辆纵轴中心线，并位于车身右侧（除去后视镜）的最外边缘；

K 线——平行于试验车辆纵轴中心线，在 J 线右侧 0.5m 处；

L 线——平行于试验车辆纵轴中心线，在 J 线右侧 3m 处；

M 线——平行于试验车辆纵轴中心线，在 J 线右侧 6m 处；

N 线——平行于试验车辆横轴中心线，并位于车辆后缘；

O 线——平行于试验车辆横轴中心线，在 N 线后方 10m 处。

试验车辆速度为 60km/h，目标车辆分别以 70km/h、90km/h、120km/h 的速度超越试验车辆，用于评价 BSD 系统的警告性能，左/右侧盲区试验场景一致，评价标准见表 2-3-15。

表 2-3-15　BSD 系统评价表

盲区	车速/（km/h）		评价时刻	评价标准
	试验车辆	目标车辆		
左侧盲区/右侧盲区	60	70	开始警告	1. 目标车辆车头穿过 A 线后 2. 目标车辆车头穿过 B 线之后 0.3s 内
			结束警告	1. 目标车辆车头穿过 C 线后 2. 目标车辆车尾穿过 D 线之后 1s 内
		90	开始警告	1. TTC 小于 7.5s 后 2. TTC 减小至 3s 后 0.3s 内
			结束警告	1. 目标车辆车头穿过 C 线后 2. 目标车辆车尾穿过 D 线之后 1s 内
		120	开始警告	1. TTC 小于 7.5s 后 2. TTC 减小至 3.5s 后 0.3s 内
			结束警告	1. 目标车辆车头穿过 C 线后 2. 目标车辆车尾穿过 D 线之后 1s 内

本任务从 ADAS 各子系统的工作目的与作用原理出发，分析了不同子系统所需要涉及的相关试验参数。从驾驶员和生产厂商两个角度，确定了对系统参数进行分析评价的策略。通过对参数的梳理、规整，结合实际试验的方法，确定了不同子系统的性能评价方法。

小组分工

学生任务分配表

班级		组号		指导教师	
组长		学号			
组员角色分配					
信息员		学号			
操作员		学号			
记录员		学号			
安全员		学号			
任务分工					
（就组织讨论、工具准备、数据采集、数据记录、安全监督、成果展示等工作内容进行任务分工）					

姓名　　　班级　　　日期　　　　　　能力模块二　对先进驾驶辅助系统（ADAS）的基本认知

工作计划

按照前面所了解的知识内容和小组内部讨论的结果，制订工作方案，落实各项工作负责人，如任务实施前的准备工作、实施中的主要操作及协助支持工作、实施过程中相关要点及数据的记录工作等，并将结果填入工作计划表中。

工作计划表

步骤	工作内容	负责人
1		
2		
3		
4		
5		
6		
7		
8		

进行决策

1）各组派代表阐述资料查询结果。
2）各组就各自的查询结果进行交流，并分享技巧。
3）教师结合各组完成的情况进行点评，选出最佳方案。

任务实施

了解 ADAS 评价方法	
记录	完成情况
1. 简要介绍 ACC 系统。 2. 简述 AEB 系统基本参数。 	已完成□ 未完成□

评价反馈

1)各组代表展示汇报 PPT,介绍任务的完成过程。

2)请以小组为单位,对各组的操作过程与操作结果进行自评和互评,并将结果填入综合评价表中的小组评价部分。

3)教师对学生工作过程与工作结果进行评价,并将评价结果填入综合评价表中的教师评价部分。

综合评价表

班级			组别		姓名		学号	
实训任务								
评价项目			评价标准			分值		得分
小组评价	计划决策		制订的工作方案合理可行,小组成员分工明确			10		
	任务实施		简要介绍 ACC 系统			30		
			简述 AEB 系统基本参数			30		
	任务达成		能按照工作方案操作,按计划完成工作任务			10		
	工作态度		认真严谨、积极主动			10		
	团队合作		小组组员积极配合、主动交流、协调工作			5		
	6S 管理		将鼠标、键盘、桌椅进行归位			5		
			小计			100		
教师评价	实训纪律		不出现无故迟到、早退、旷课现象,不违反课堂纪律			10		
	方案实施		严格按照工作方案完成任务实施			20		
	团队协作		任务实施过程互相配合,协作度高			20		
	工作质量		能准确完成任务实施的内容			20		
	工作规范		操作规范,三不落地,无意外事故发生			10		
	汇报展示		能准确表达、总结到位、改进措施可行			20		
			小计			100		
综合评分			小组评分 ×50%+ 教师评分 ×50%					
总结与反思								

(如:学习过程中遇到什么问题→如何解决的/解决不了的原因→心得体会)

能力模块三
对自动驾驶软件架构的基本认知

任务一　了解自动驾驶软件分类

学习目标

- 了解车控操作系统的研究背景
- 了解目前主流的自动驾驶软件架构
- 掌握自动驾驶软件架构的组成
- 理解架构中不同类别的软件的功能
- 了解自动驾驶软件，学习先进科学技术，提升自身专业技能水平
- 了解自动驾驶仿真软件，努力提升自身专业技能水平

知识索引

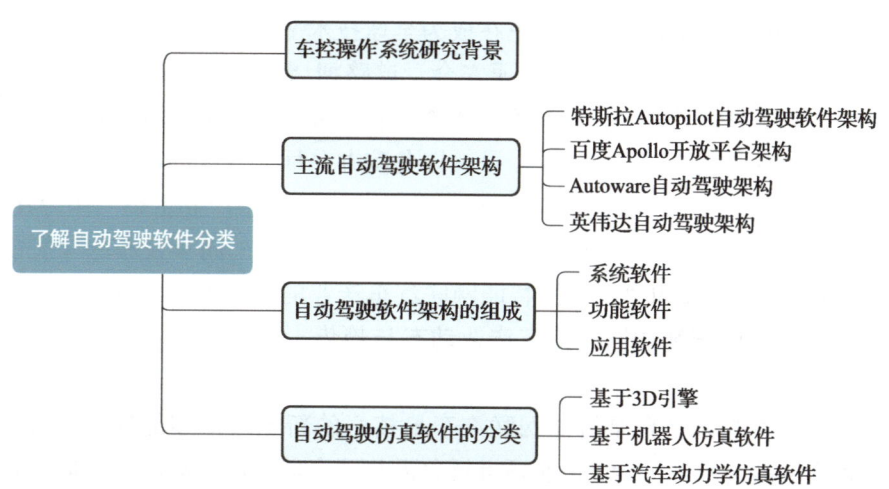

情境导入

小组学习时，针对"自动驾驶软件分类"这个话题进行讨论，你作为小组成员被选为代表介绍自动驾驶软件架构的内容，你需要学习自动驾驶软件相关知识，包括自动驾驶软件架构的组成和自动驾驶仿真软件的分类。

获取信息

引导问题 1

请查阅相关资料，简述车控操作系统研究背景。

_____

_____

竞赛指南

在全国职业院校技能大赛中，有智能网联汽车技术赛项，其中就包括虚拟仿真测试系统的实践操作。

车控操作系统研究背景

汽车产业是国民经济的重要支柱产业，带动庞大的制造业上下游，代表国家工业水平，是"制造强国"重大战略部署的重要支撑和融合载体。当前，世界汽车产业正在经历一场以"电动化、智能化、网联化、共享化"为特征的"新四化"技术革命和行业变革，随着新一代能源技术和人工智能、大数据等信息技术与汽车"新四化"的加速融合，以汽车为代表的运载工具正在成为全球技术变革和科技创新的竞争制高点。发展智能网联汽车是解决汽车社会交通安全、道路拥堵、能源消耗、污染排放等问题的重要手段，也是构建智慧出行服务产业生态的核心要素和推进交通强国、数字中国、智慧城市建设的重要载体。2020年11月，国务院办公厅印发《新能源汽车产业发展规划（2021—2035年）》，部署了5项战略任务，"构建新型产业生态"作为其中一项，鼓励打造生态主导型企业，加快车控操作系统开发与应用。同年发布的《智能网联汽车技术路线图2.0》支撑构建了中国智能网联汽车产业的技术发展体系，为产业技术发展指明了方向，对中国智能网联汽车产业动态与趋势、出现的技术新特征与趋势进行了研判。

车载智能计算基础平台是智能网联汽车最核心的新型增量零部件，是智能网联汽车产业互联网下的最基础平台，是兼顾市场急需与国家监管的"软硬"一体高科技产品。2019年5月，在工业和信息化部指导下，赛迪研究院、工业和信息化部装备工业发展中心和国汽智联联合业内优势单位发布《车载智能计算基础平台参考架构1.0》，涵盖网联、云控、数据通信、地图、信息安全等功能模块，初步形成车控操作系统中国共识。

引导问题 2

请查阅相关资料，简述百度 Apollo 开放平台架构内容。

_____

_____

_____

主流自动驾驶软件架构

（一）特斯拉 Autopilot 自动驾驶软件架构

特斯拉公司是自动驾驶技术和产业化的领跑者，其优势在于以计算平台为核心的自研芯片硬件、操作系统平台软件等。其自动驾驶演示如图 3-1-1 所示。

特斯拉汽车的 Autopilot 系统搭载了 8 个摄像头，这 8 个摄像头可以实现超过 1000 种不同的感知预测功能。在特斯拉自研的完全自动驾驶（full self-driving，FSD）计算平台上，这些

图 3-1-1　特斯拉的自动驾驶演示

感知功能包括检测移动物体（例如行人、机动车辆、非机动车辆、动物等）、静止物体（例如车道线、道路标识、道路边缘、交通信号灯等）和行驶环境建筑物（例如学校区域、住宅区、收费站等）。其中每个功能下面还有若干附属功能，例如车辆检测还包括车辆的行驶状态、车门开启状态等子任务的检测，道路标识检测还包括如右转无需停车等细分类检测。

（二）百度 Apollo 开放平台架构

百度公司开放的 Apollo 平台（图 3-1-2）是一套完整的软硬件和服务系统，包括车辆平台、硬件平台、软件平台、云端数据服务四大部分。

百度还开放了环境感知、路径规划、车辆控制、车载操作系统等功能的代码或能力，并

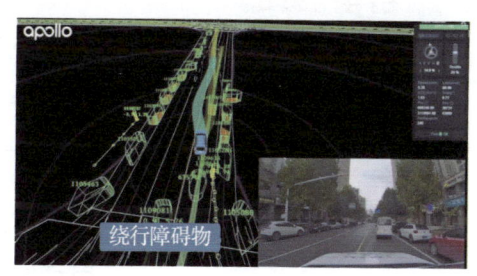

图 3-1-2　Apollo 平台演示图

且提供了完整的开发测试工具。同时，百度在车辆和传感器等领域选择了协同度和兼容性最好的合作伙伴，推荐给接入 Apollo 平台的项目参与方使用，进一步降低了自动驾驶汽车的研发门槛。百度公司前总裁兼首席运营官陆奇对此表示，百度把自己所拥有的最强、最成熟、最安全的自动驾驶技术开放给业界，旨在建立一个以合作为中心的生态体系，发挥百度在人工智能领域的技术优势，为合作伙伴赋能，共同促进自动驾驶技术的发展和普及。

（三）Autoware 自动驾驶架构

Autoware（图 3-1-3）由名古屋大学研究小组在加藤伸平（Shinpei Kato）教授的领导下于 2015 年 8 月正式发布。2015 年 12 月下旬，加藤伸平教授将 Autoware 应用于自动驾驶汽车实车。Autoware 也是世界上第一个用于自动驾驶技术的"多合一"开源软件。Autoware 的功能主要适合市区道路，但也可以覆盖高速公路。它支持路径规划、路径跟随、驱动/制动/转向控制、数据记录、汽车/行人/物体检测、3D 本地化、3D 映射、道路标识检测、交通信号灯识别、车道线检测、对象跟踪、传感器校准、传感器融合、面向云的地图连接自动化、智能手机导航、软件仿真、虚拟现实等功能。

（四）英伟达自动驾驶架构

英伟达（NVIDIA）是全球领先的人工智能计算公司，利用其先进的硬件芯片开发优势，以行业较领先的高性能安全芯片为核心，提供完整的硬件平台和基础软件平台。NVIDIA DRIVE（图 3-1-4）是英伟达利用其自身在高性能计算、影像以及 AI 领域的经验，为交通运输业构建出的软件定义的端到端开放式自动驾驶开发平台，可通过无线更新实现持续改进和持续部署，可满足大规模开发自动驾驶汽车的需求。

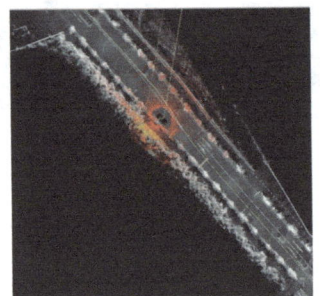

图 3-1-3　Autoware 示意图

图 3-1-4　NVIDIA DRIVE 示意图

> **引导问题 3**
>
> 自动驾驶软件架构由哪些部分组成？
> _____
> _____
> _____

自动驾驶软件架构的组成

自动驾驶软件架构由三部分组成：系统软件、功能软件和应用软件。

（一）系统软件

系统软件是车控操作系统中支撑自动驾驶功能实现的复杂大规模嵌入式系统运行环境。车控操作系统的系统软件架构如图 3-1-5 所示。

车控操作系统的系统软件包含自动驾驶系统软件和安全车控系统软件，以及配套的工具链和相关的网络安全措施。自动驾驶车控操作系统平台的具体要求如下：

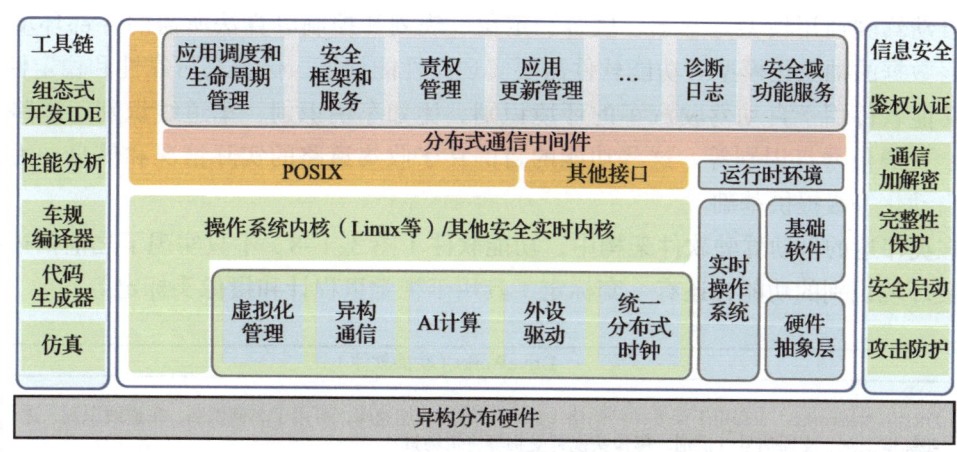

图 3-1-5 车控操作系统的系统软件架构

1）强大的计算能力，以满足图像识别和决策计算的要求。

2）强大的数据输入和输出能力，以满足多传感器数据的实时接入和处理。

3）高度的灵活性、扩展性、可编程性，以满足先进驾驶辅助系统（ADAS）和自动驾驶算法所需的调试。

在英伟达的自动驾驶软件架构中，系统软件（图 3-1-6）主要提供了处理多媒体视频流和图像的框架和进行计算加速的框架，即系统软件提供了各个传感器数据处理的基础。

DRIVE OS（系统软件）
· NvMedia：NVIDIA自研的处理多媒体视频流和图像的框架
· CUDA、TensorRT：NVIDIA自研的进行并行计算加速的框架
· 内核是实时操作系统（RTOS）和AUTOSAR，有Hypervisor层，均通过汽车安全完整性等级D级（ASIL D）

图 3-1-6 英伟达自动驾驶软件架构的系统软件

（二）功能软件

功能软件是从车控操作系统面向的服务出发，先提炼出在自动驾驶实现过程中的核心共性需求，再根据这些需求构建相应的服务功能模块，实现驾驶自动化功能开发的软件模块。车控操作系统的功能软件架构如图 3-1-7 所示。

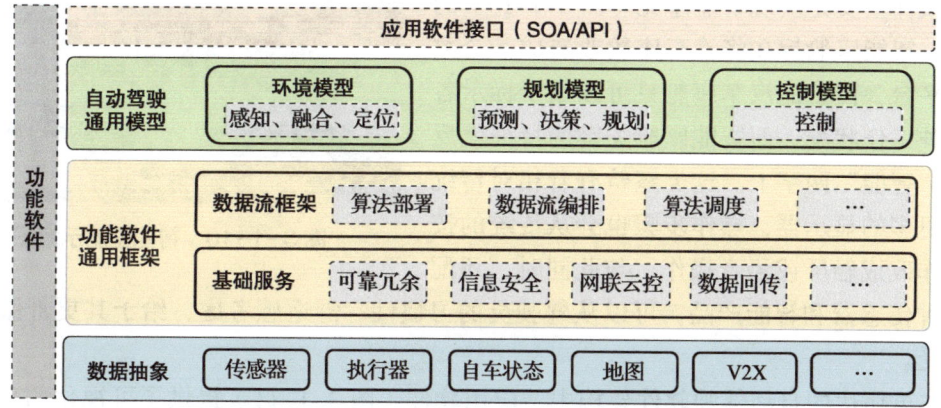

图 3-1-7 车控操作系统的功能软件架构

自动驾驶通用模型是感知、融合、定位、规划和控制等算法所需的外部环境和车辆自身数据的抽象化模型。功能软件需要实现高性能计算、保证高可靠性和稳定性。

功能软件用于自动驾驶汽车的环境识别，比如车辆识别、车道线识别、道路标识识别、交通信号灯识别等。这些功能的目的在于收集道路的实际情况和信息，为提高驾驶自动化等级提供基础。

在英伟达的自动驾驶软件架构中，功能软件（图3-1-8）不只实现了之前描述的自动驾驶环境识别的功能，还有一套标定工具用于视觉里程计和摄像头标定等。

DriveWorks（功能软件）
· DRIVE Networks：一套用于深度神经网络（DNN）算法的加速库，可用于车辆识别、车道线识别、道路标识识别、交通信号灯识别、摄像头视野受损等应用场景 · DRIVE Calibration：一套标定工具，用于视觉里程计、摄像头标定等应用场景 · DRIVE Core：一套核心库，包含传感器抽象层、车辆I/O支持、图像处理、点云处理、DNN框架等功能

图3-1-8 英伟达自动驾驶软件架构的功能软件

百度Apollo平台的自动驾驶软件架构（图3-1-9）中，功能软件还需实现感知、定位、预测、规划和控制功能。在该平台中，系统软件和功能软件结合就可以基本完成自动驾驶在软件层面上的任务。

软件架构（系统软件、功能软件）
· 操作系统：采用开源的Ubuntu 14.04（Trusty） · 系统中间件：百度自研Apollo Cyber RT运行时框架，是一个集中计算模型，具备高性能、高并发、低延迟和高吞吐量的优点 · 功能模块：感知、定位、预测、规划、控制 · 其他：地图引擎、人机交互（HMI）、V2X适配器

图3-1-9 Apollo平台的自动驾驶软件架构

（三）应用软件

应用软件主要面向用户，其目的在于让用户能够拥有更好的驾车体验，也是一种为了用户在驾车时能够更方便地获取车辆当前信息的途径。应用软件主要是实现智能座舱（图3-1-10）的功能。智能座舱旨在将汽车座舱改造成一个数字化平台，传统的汽车座舱只可以用于标示各种驾驶工作状况，而智能座舱关键的特征就反映在"智能"两字上。这类座舱有着相对传统座舱更多的显示器，操作步骤也会从传统的按钮操作改成触屏或语音操作。与此同时，还配备多种传感器和智能产品，可以从驾驶员的习惯性、舒适感考虑，给予其更舒服的驾驶感受。

图3-1-10 智能座舱示意图

在英伟达的自动驾驶软件架构中，应用软件（图3-1-11）提供了可视化的功能，即盲区可视化、自动驾驶可视化和驾驶员监控可视化;还提供了一些 AI 辅助功能,用于识别用户意图。

> **DRIVE IX(应用软件——智能座舱)**
> - 可视化:盲区可视化、自动驾驶可视化、驾驶员监控可视化
> - AI辅助驾驶:驾驶员监测系统(DMS)、神经网络、插件、摄像头标定
> - AI助手:语音识别、手势识别、面容识别

图 3-1-11　英伟达自动驾驶软件架构的应用软件——智能座舱

引导问题 4

请查阅相关资料,简述自动驾驶仿真软件的分类。

_____

_____

_____

自动驾驶仿真软件的分类

(一)基于 3D 引擎

3D 游戏开发引擎包括 Unity 和虚幻引擎(Unreal Engine)等,这类主要用于 3D 建模的引擎拥有强大的光影渲染能力,在仿真时拥有良好的视觉效果,但是对仿真时使用的设备有较高的要求。部分基于 3D 引擎的自动驾驶仿真软件见表 3-1-1,这类仿真软件的弱项在于传感器,目前还没有较好的激光雷达方案。

表 3-1-1　基于 3D 引擎的自动驾驶仿真软件

仿真软件	3D 引擎	版权	备注
Udacity's Self-Driving Car Simulator(图 3-1-12)	Unity	开源	Udacity 公司出品的基于 Unity 的自动驾驶仿真软件,功能比较简单,可以自行编辑地图和车辆模型,同时有不少在此基础上进行功能补充的项目
CARLA(图 3-1-13)	Unreal Engine 4	开源	开发者可以运行一个服务器和多个客户端来实现控制仿真中的多个不同交通参与者
AirSim	Unreal Engine	开源	由微软公司出品,除了车辆还能做四轴多旋翼飞行器的仿真,有效地利用了虚幻引擎强大的光影渲染能力,使得仿真效果很好

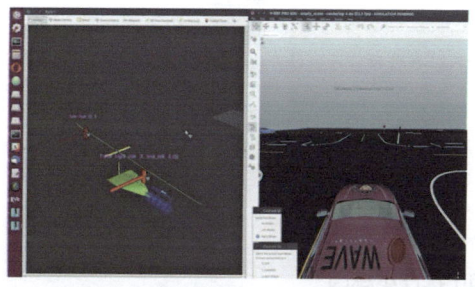

图 3-1-12　Udacity 自动驾驶仿真软件示意图

图 3-1-13　CARLA 示意图

（二）基于机器人仿真软件

机器人仿真软件当前已经比较成熟，在此基础上能够很轻松地作为自动驾驶的仿真软件使用，甚至一些机器人仿真软件直接提供自动驾驶的仿真接口。

Gazebo 软件（图 3-1-14）就是一个非常典型的例子，该软件最初作为搭配机器人操作系统（Robot Operating System，ROS）的机器人仿真软件，在各个方面都有出色的表现。该软件能够建立一个用来测试机器人的仿真场景，通过添加物体库，放入垃圾箱、道路，甚至是人偶等物体来模仿现实世界；同时，Gazebo 拥有一个很强大的传感器模型库，也可以自己从零创建一个新的传感器，添加它的具体参数，甚至还可以添加传感器噪声模型，让传感器更加真实；更进一步，还可以在模型中添加物理属性。

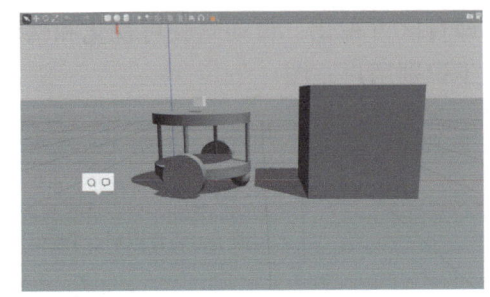

图 3-1-14　Gazebo 软件示意图

（三）基于汽车动力学仿真软件

也有老牌汽车设计厂商选用基于 ADAS 仿真软件改造的软件，这类软件相对基于 3D 引擎的软件渲染效果差一些，相对基于机器人仿真软件的软件，传感器较弱一点，但这类软件的优势在于对物理特性和汽车动力学特性的仿真。

Prescan 软件（图 3-1-15）早期通常作为一款 ADAS 测试仿真专用软件。近年来由于自动驾驶技术的兴起，越来越多的自动驾驶研发团队迫切地需要一款软件来实现对自动驾驶车辆的软件在环和硬件在环测试。Prescan 在做 ADAS 仿真的基础上，通过开发改进可以满足自动驾驶仿真的需求，虽然还有部分缺陷，比如物理传感器暂未提供，车辆动力学模型性能不够、自由度不高，但它的优势在于简单易上手、兼容性好。

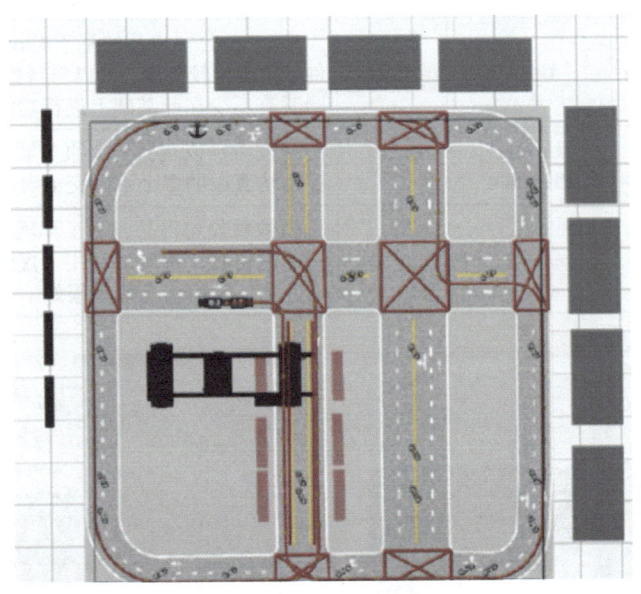

图 3-1-15　Prescan 软件示意图

📖 拓展阅读

在造车这件事上,百度公司很早之前就已布局。2013年,百度推出了自动驾驶项目,项目核心包括高精度地图、定位、感知、智能决策与控制四大模块;2015年正式成立百度自动驾驶事业部,计划三年实现自动驾驶汽车的商用化,五年实现量产;2017年,百度又推出了全球首个自动驾驶开放平台Apollo。如今,Apollo自动驾驶开放平台测试车队规模达500辆,获得专利3700余项,位居中国第一,测试总里程超过2700万km。

2021年3月,由百度组建、吉利控股集团战略投资的集度汽车有限公司正式成立。百度公司创始人李彦宏曾直言:"集度汽车存在的目的,就是要把百度积累多年的自动驾驶技术、智能座舱技术第一时间推广到市场上。"

集度ROBO-01探月限定版车型被寄予厚望。集度ROBO-01探月限定版搭载的第四代高通骁龙数字座舱平台8295芯片,是首个量产5nm制程的车规级芯片,AI算力达到30 TOPS,较上一代的性能提升约8倍。8295芯片的性能提升,给集度ROBO-01探月限定版的智能座舱带来了两个最显著的优势:一是可以基于Unity引擎制作3D自动驾驶地图,实现静态地图导航和动态感知数据的融合;二是首次实现了语音AI算法全量本地化,可以完全脱离网络使用,而且响应时间在0.5s左右,在山区、隧道等弱网或断网场景中也能流畅交互。

自动驾驶能力也是集度ROBO-01探月限定版的重头戏,该车型具备L4的驾驶自动化技术,在百度Robotaxi超过3600万km实际路测里程和Apollo数据闭环的支撑下,几乎难逢敌手。

除了智能座舱技术和自动驾驶技术外,吉利集团为集度ROBO-01探月限定版提供了最大程度的硬件支持,据悉,集度ROBO-01探月限定版基于吉利SEA浩瀚架构打造,与极氪001、雷达RD1出自同一架构,极大缩短了研发时间。还值得一提的是,集度ROBO-01探月限定版拥有自研高阶自动驾驶智能化架构JET,该系统融合了电子电气架构(EEA)和基于面向服务的架构(SOA)理念的操作系统,实现了自动驾驶域、智能座舱域、整车域、运动域的融合,各个域的算力、感知、服务都可以共享。

就目前国内自动驾驶技术而言,各方面都还有较大的发展空间,作为国内数一数二的自动驾驶汽车开发平台,百度Apollo无疑是走在了前沿。但自动驾驶还有很长的路要走,还需要无数从业者前赴后继的努力,风雨兼程,攻坚克难,最终才能实现技术突破,让自动驾驶愈发成熟。

小组分工

学生任务分配表

班级		组号		指导教师	
组长		学号			
组员角色分配					
信息员		学号			
操作员		学号			
记录员		学号			
安全员		学号			
任务分工					
（就组织讨论、工具准备、数据采集、数据记录、安全监督、成果展示等工作内容进行任务分工）					

工作计划

按照前面所了解的知识内容和小组内部讨论的结果，制订工作方案，落实各项工作负责人，如任务实施前的准备工作、实施中的主要操作及协助支持工作、实施过程中相关要点及数据的记录工作等，并将结果填入工作计划表中。

工作计划表

步骤	工作内容	负责人
1		
2		
3		
4		
5		
6		
7		
8		

进行决策

1）各组派代表阐述资料查询结果。

2）各组就各自的查询结果进行交流，并分享技巧。

3）教师结合各组完成的情况进行点评，选出最佳方案。

任务实施

了解自动驾驶软件分类	
记录	完成情况
1. 简述基于 3D 引擎的自动驾驶仿真软件。 2. 简述自动驾驶车控操作系统平台的具体要求。 	已完成□ 未完成□

评价反馈

1）各组代表展示汇报 PPT，介绍任务的完成过程。

2）请以小组为单位，对各组的操作过程与操作结果进行自评和互评，并将结果填入综合评价表中的小组评价部分。

3）教师对学生工作过程与工作结果进行评价，并将评价结果填入综合评价表中的教师评价部分。

综合评价表

班级		组别		姓名		学号	
实训任务							
	评价项目		评价标准			分值	得分
小组评价	计划决策		制订的工作方案合理可行，小组成员分工明确			10	
	任务实施		简述基于 3D 引擎的自动驾驶仿真软件			30	
			简述自动驾驶车控操作系统平台的具体要求			30	
	任务达成		能按照工作方案操作，按计划完成工作任务			10	
	工作态度		认真严谨、积极主动			10	
	团队合作		小组组员积极配合、主动交流、协调工作			5	
	6S 管理		将鼠标、键盘、桌椅进行归位			5	
			小计			100	

（续）

评价项目		评价标准	分值	得分
教师评价	实训纪律	不出现无故迟到、早退、旷课现象，不违反课堂纪律	10	
	方案实施	严格按照工作方案完成任务实施	20	
	团队协作	任务实施过程互相配合，协作度高	20	
	工作质量	能准确完成任务实施的内容	20	
	工作规范	操作规范，三不落地，无意外事故发生	10	
	汇报展示	能准确表达、总结到位、改进措施可行	20	
		小计	100	
综合评分		小组评分 ×50%+ 教师评分 ×50%		
总结与反思				

（如：学习过程中遇到什么问题→如何解决的/解决不了的原因→心得体会）

任务二　完成 Autoware 自动驾驶系统的模拟仿真

学习目标

- 知道 Autoware 的历史
- 了解 Autoware 的各个模块
- 能够描述 Autoware 各个模块的功能
- 能够使用 Autoware 进行仿真
- 提升自身专业技能水平，在学习过程中明确自身职业定位

知识索引

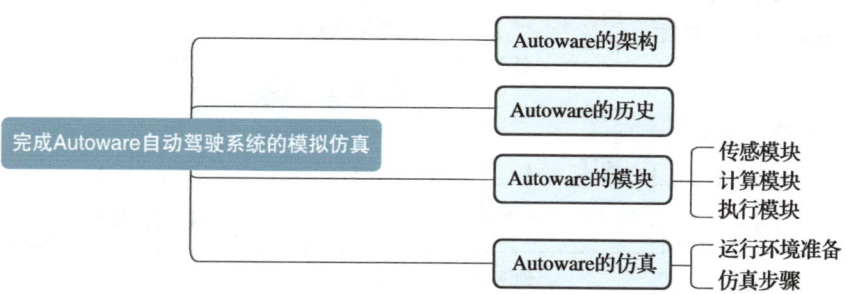

情境导入

某企业计划设计一套自动驾驶系统,你作为自动驾驶工程师,需要与上下游合作方进行技术对接,负责自动驾驶系统平台架构设计以及系统需求评估,可选用 X86 架构或 ARM 架构,并支持客户项目量产落地。

获取信息

引导问题 1

请查阅相关资料,简述 Autoware 的架构。

_____
_____
_____

Autoware 的架构

Autoware 的模块化架构(图 3-2-1)中包括自动驾驶所需的所有功能(即感知、规划、控制等),具有清晰定义的接口。Autoware 开源软件旨在实现各种自治应用程序的可扩展性,并应用良好的编程实践和标准进行开发,以在实际部署中保证高质量和安全性。

引导问题 2

请查阅相关资料,简述 Autoware 的历史。

_____
_____
_____

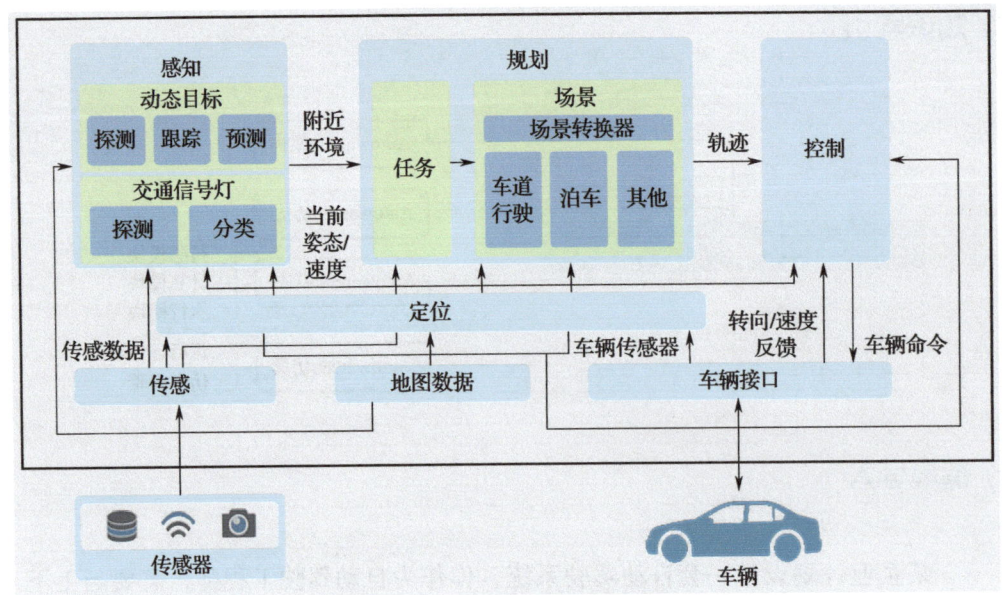

图 3-2-1　Autoware 架构图

Autoware 的历史

Autoware 由名古屋大学研究小组在加藤伸平教授的领导下于 2015 年 8 月正式发布。2015 年 12 月下旬，加藤伸平教授将 Autoware 应用于自动驾驶汽车实车，自 2017 年起，其被允许在日本公共道路上行驶的自动驾驶车辆上运行。Autoware 得到了来自知名自动驾驶开源社区的支持，截至 2018 年 12 月，其在 GitHub 上获得了 2300 多颗星，在 Slack 交流区中聚集了 500 多名开发人员，并被 100 多家公司使用，在 20 多个不同国家的 30 多种不同车辆上运行。

Autoware 发展路线图如图 3-2-2 所示，它是世界上第一个用于自动驾驶技术的"多合一"开源软件。

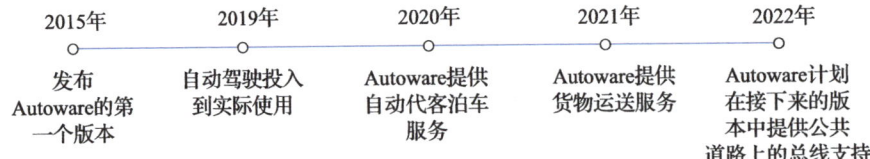

图 3-2-2　Autoware 发展路线图

> **引导问题 3**
>
> 请查阅相关资料，简述规划（planning）模块的作用。

Autoware 的模块

Autoware 主要包括传感（sensing）、计算（computing）、执行（actuation）等几个模块，如图 3-2-3 所示。

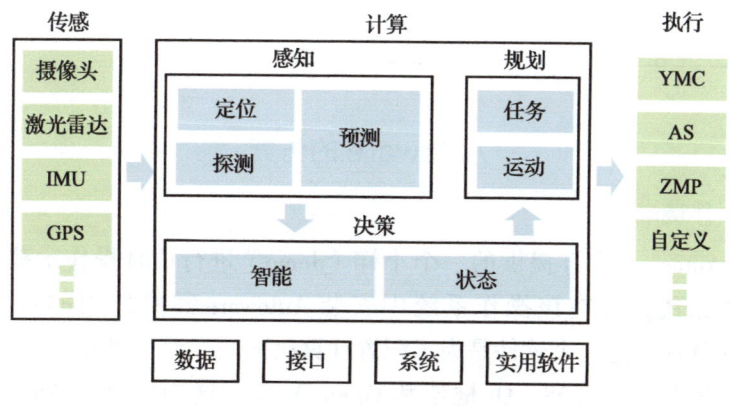

图 3-2-3　Autoware 模块架构

（一）传感模块

传感模块负责利用各类传感器对真实世界中的各类数据进行采样，例如摄像头采样图像、激光雷达采样激光点云等，采样数据属于未经处理的原始数据，需要输入到计算模块进行计算处理。

（二）计算模块

计算模块负责对传感器采样的原始数据进行加工处理，最后以实现安全高效的导航为目的，将规划结果输出给执行模块。计算模块主要分为三个小模块，即感知（perception）、决策（decision）和规划（planning）模块。

1）感知模块。首先通过车辆当前采集的传感器数据和已有地图进行自身定位（localization），若无地图则需要通过同时定位与建图（SLAM）技术构建地图；然后探测（detection）模块负责检测周围与自身车辆有场景交互的其他个体（车辆、行人等）；预测（prediction）模块会对检测出的物体进行未来状态估计，以便提前规划，防止碰撞。

2）决策模块。根据感知的结果，决策模块输出一个由有限状态机表示的驾驶行为，以便选择适当的规划功能。当前常用的决策方法是基于规则的系统。

3）规划模块。规划模块的作用是根据感知和决策模块的结果制订全局任务和局部（时间）运动的规划。根据决策、起始点和目标点，采用任务（mission）和运动（motion）规划子模块可以计算出一条动力学（kinodynamic）运动路径。通常，在执行车辆启动或重新启动时确定全局任务，而根据状态变化更新局部运动。

（三）执行模块

执行模块包含各种驱动器（如 YMC 驱动器等），接收规划模块输出的规划结果，利用驱动器实现车辆驱动控制。

> **引导问题 4**
>
> 请查阅相关资料,简述 Autoware 的仿真运行环境准备。
>
> _____
> _____
> _____

Autoware 的仿真

(一)运行环境准备

这里使用 Autoware 官方提供的一个小样(demo)进行仿真操作示范。首先需要准备 Ubuntu 操作系统,并在该操作系统中安装 Autoware 需要使用的 CUDA、Docker、NVIDIA Docker 软件,这几个软件是为了配置计算机的图形处理单元(graphics processing unit,GPU)。接着安装 ROS、Qt 框架和 OpenCV 库,这些项目给 Autoware 正常运行提供软件支持。最后可以直接从 GitHub 网站下载 Autoware 的项目源码和官方提供的 demo。

(二)仿真步骤

首先在 Autoware 安装目录下启动 Autoware,打开 Runtime Manager 对话框(图 3-2-4)。

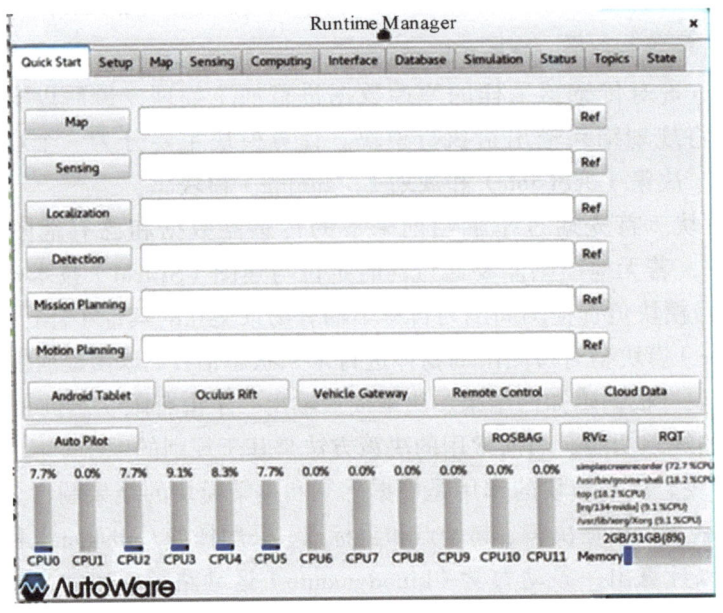

图 3-2-4　Autoware Runtime Manager 对话框

点击 Runtime Manager 对话框中的 Simulation 选项设置仿真参数,选择需要仿真的项目并设置仿真的时间,如图 3-2-5 所示。

设置好后,点击 RViz 按钮或者 Gazebo 按钮进入到仿真软件中。这里选用 RViz 进行仿真,如图 3-2-6 所示。

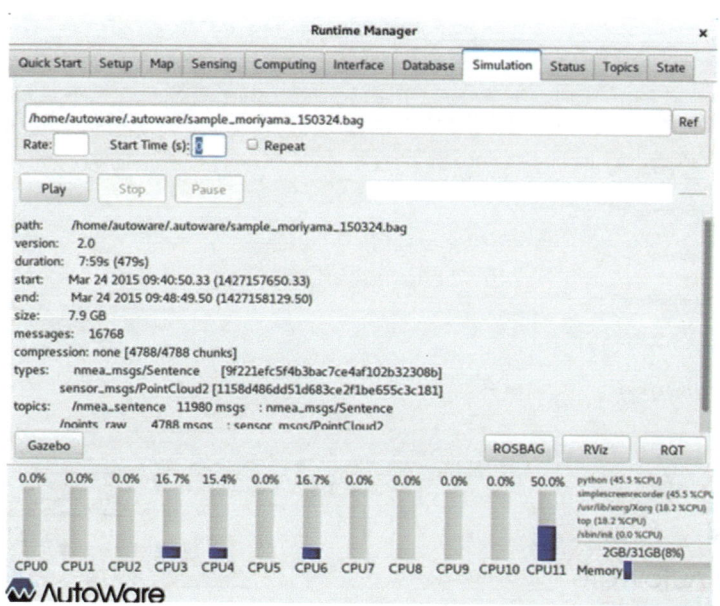

图 3-2-5　Runtime Manager 对话框的 Simulation 选项

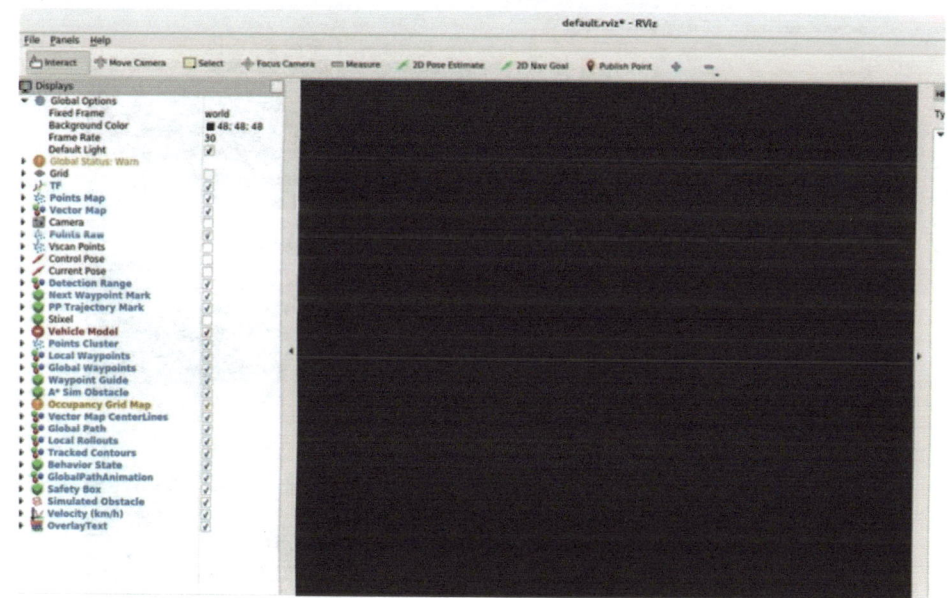

图 3-2-6　RViz 仿真软件界面

接下来返回 Runtime Manager 对话框，点击 Quick Start 选项。其中，Map 按钮用于加载预设的地图，Sensing 按钮用于加载预设的传感器，Localization、Detection、Mission Planning、Motion Planning 按钮分别对应开启定位、目标检测、任务规划、运动规划功能。

在 Runtime Manager 对话框中添加地图路径，如图 3-2-7 所示，并开始在 Simulation 选项中进行仿真。加载好地图后打开 RViz，可以看到仿真软件中相应地出现了地图模型，如图 3-2-8 所示。

图 3-2-7　Runtime Manager 对话框中地图的添加

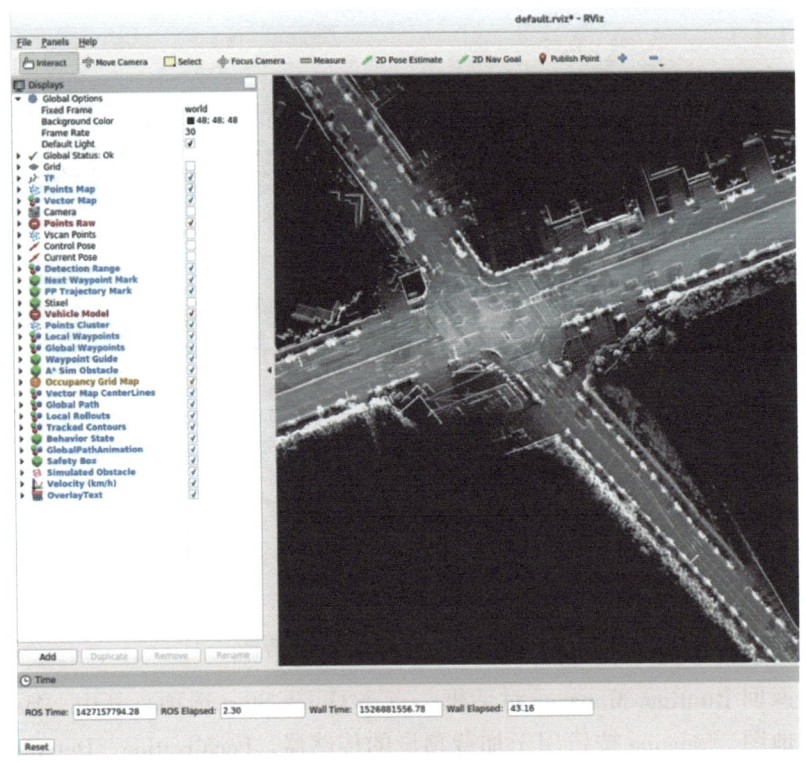

图 3-2-8　添加地图后的 RViz 界面

在 Runtime Manager 对话框中添加传感器和定位功能的路径，如图 3-2-9 所示，之后在 Simulation 选项中进行仿真。在开启传感器和定位后，就可以在 RViz 仿真界面中看到在道路中有了当前车辆的位置，并且在车辆周围有一圈圈的红线，这些红线就是传感器收集到的环境信息，如图 3-2-10 所示。

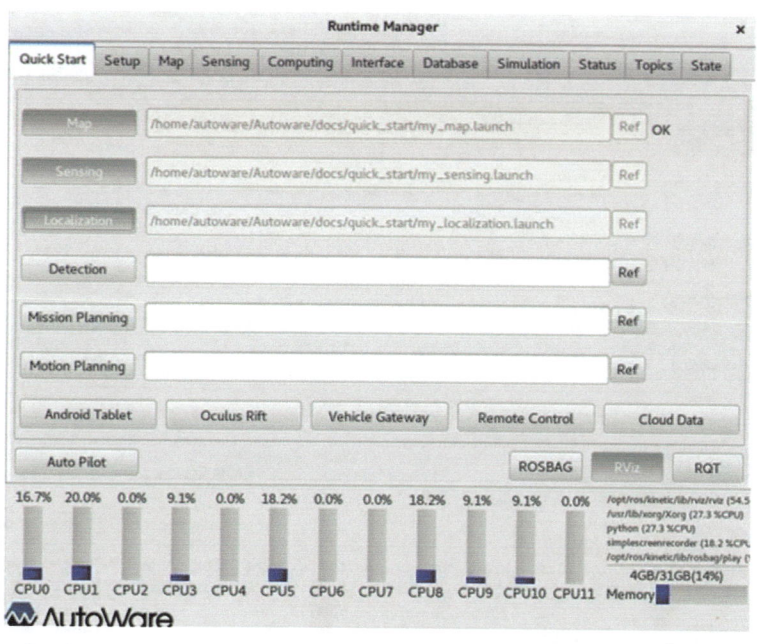

图 3-2-9　Runtime Manager 对话框中传感器和定位功能的添加

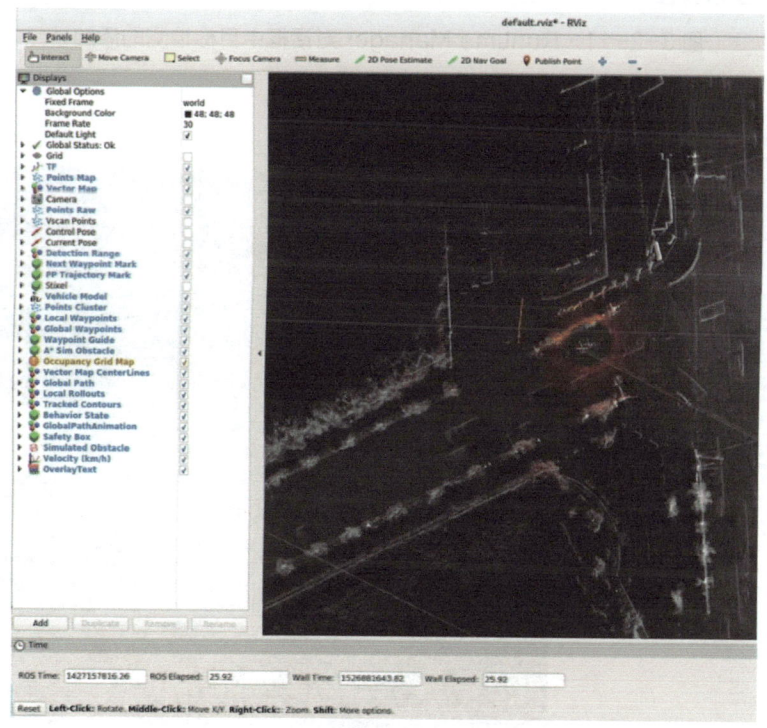

图 3-2-10　添加传感器和定位后的 RViz 界面

在 Runtime Manager 对话框中添加目标检测的路径，如图 3-2-11 所示，之后在 Simulation 选项中进行仿真。打开 RViz 仿真软件，可以看到仿真画面中车辆周围的障碍物被特殊颜色标记出来了，如图 3-2-12 所示。

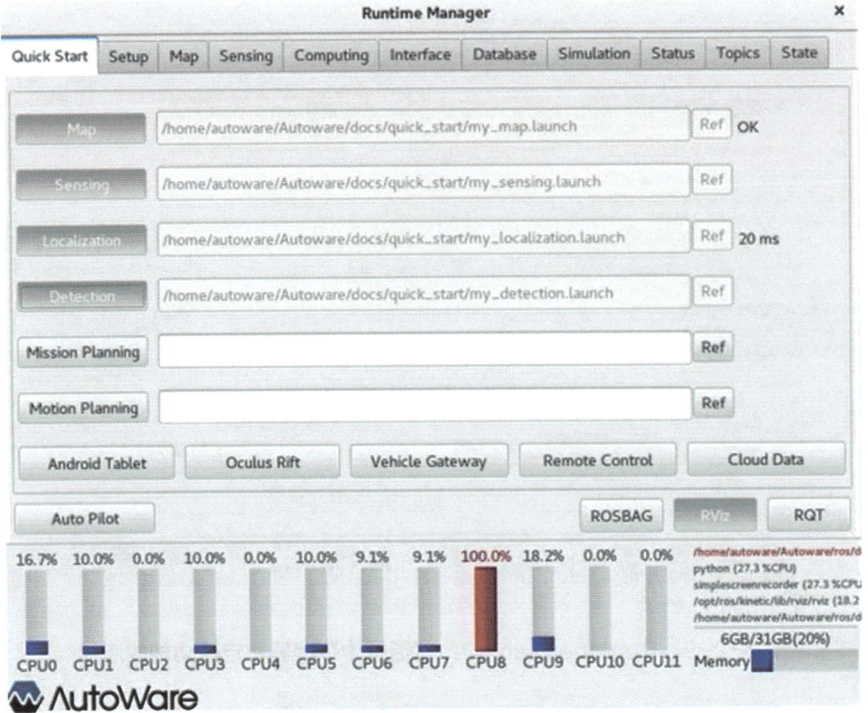

图 3-2-11　Runtime Manager 对话框中目标检测的添加

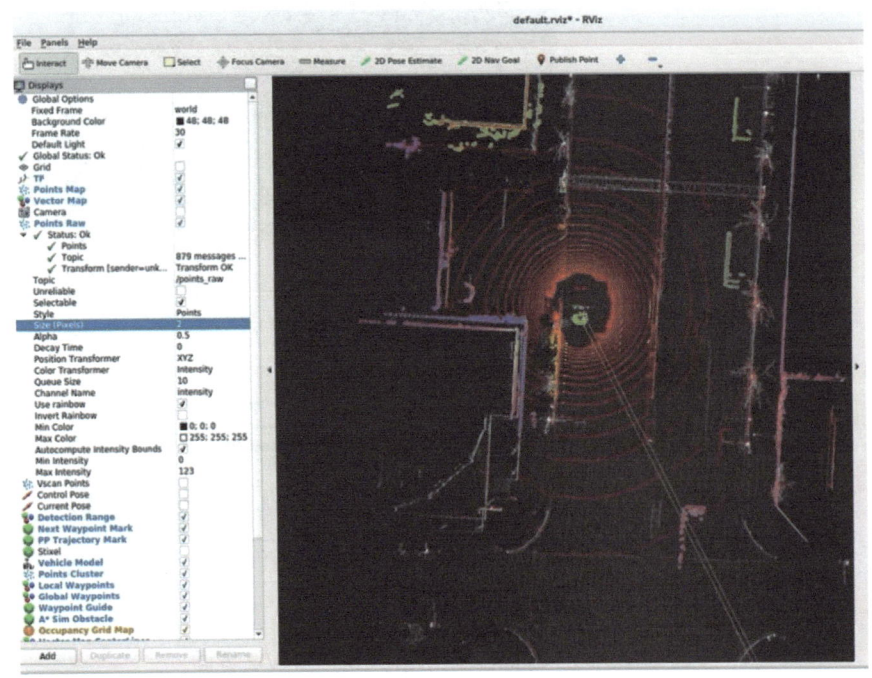

图 3-2-12　添加目标检测后的 RViz 界面

在 Runtime Manager 对话框中添加任务规划和运动规划功能的路径，如图 3-2-13 所示，之后在 Simulation 对话框中进行仿真。打开 RViz 仿真软件后，可以看到绿色的线条就是系统规划的汽车运动路径,如图 3-2-14 所示。规划好路径后,在整个仿真过程中,可以看到汽车一直沿着这条路径运动。

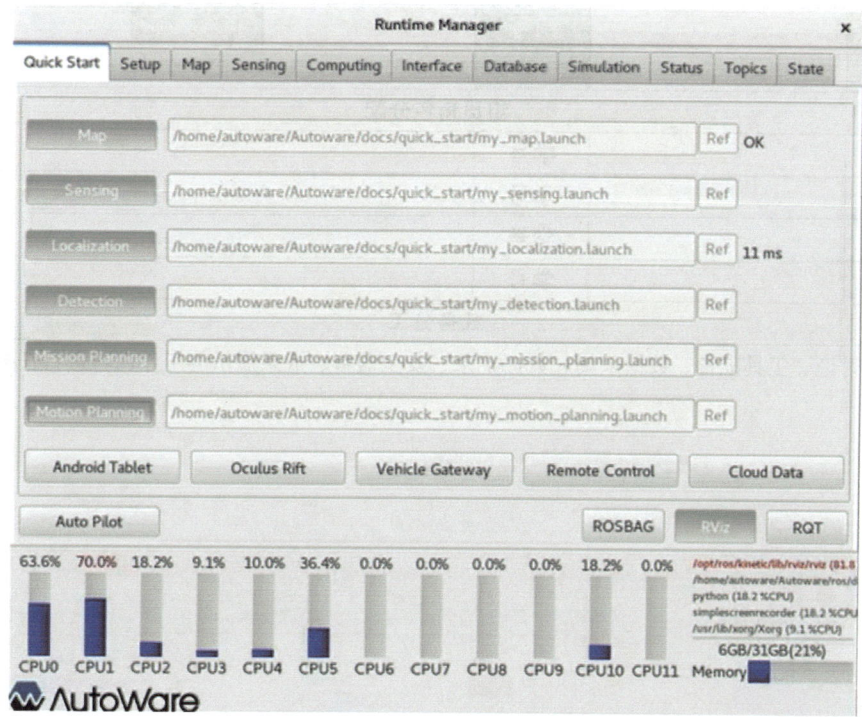

图 3-2-13　Runtime Manager 对话框中任务规划和运动规划的添加

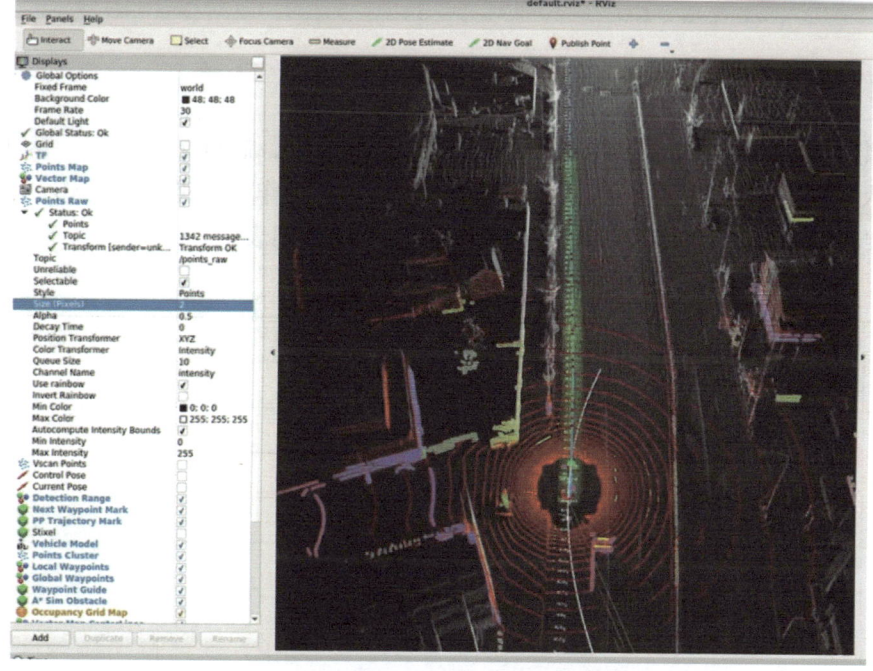

图 3-2-14　添加任务规划和运动规划后的 RViz 界面

小组分工

学生任务分配表

班级		组号		指导教师	
组长		学号			
组员角色分配					
信息员		学号			
操作员		学号			
记录员		学号			
安全员		学号			
任务分工					
（就组织讨论、工具准备、数据采集、数据记录、安全监督、成果展示等工作内容进行任务分工）					

工作计划

按照前面所了解的知识内容和小组内部讨论的结果，制订工作方案，落实各项工作负责人，如任务实施前的准备工作、实施中的主要操作及协助支持工作、实施过程中相关要点及数据的记录工作等，并将结果填入工作计划表中。

工作计划表

步骤	工作内容	负责人
1		
2		
3		
4		
5		
6		
7		
8		

进行决策

1）各组派代表阐述资料查询结果。
2）各组就各自的查询结果进行交流，并分享技巧。
3）教师结合各组完成的情况进行点评，选出最佳方案。

任务实施

对于自动驾驶技术研发，最核心的痛点就是成本，而仿真测试可以通过软件模拟和复现现实中车辆的运行状态，不需要真实的行驶环境和硬件，可以极大减少研发成本和时间。扫描右侧二维码，获取 Autoware 与 Carla 仿真联调的操作视频，并完成下方内容记录。

Autoware 与 Carla 仿真联调

参考操作视频，按照规范作业要求，完成 Autoware 与 Carla 仿真联调的操作步骤，进行数据采集并记录。

Autoware 与 Carla 仿真联调			
序号	步骤	记录	完成情况
1	前置环境安装		已完成□ 未完成□
2	启动 Carla		已完成□ 未完成□
3	启动 Carla ROS bridge		已完成□ 未完成□
4	启动 Autoware		已完成□ 未完成□
5	启动 Carla Autoware bridge		已完成□ 未完成□
6	实现 Autoware 与 Carla 仿真联调		已完成□ 未完成□
总结提升			已完成□ 未完成□

评价反馈

1）各组代表展示汇报 PPT，介绍任务的完成过程。
2）请以小组为单位，对各组的操作过程与操作结果进行自评和互评，并将结果填入综合评价表中的小组评价部分。
3）教师对学生工作过程与工作结果进行评价，并将评价结果填入综合评价表中的教师评价部分。

综合评价表

班级		组别		姓名		学号	
实训任务							
	评价项目		评价标准			分值	得分
小组评价	计划决策		制订的工作方案合理可行,小组成员分工明确			10	
	任务实施		Autoware 与 Carla 仿真联调			60	
	任务达成		能按照工作方案操作,按计划完成工作任务			10	
	工作态度		认真严谨、积极主动			10	
	团队合作		小组组员积极配合、主动交流、协调工作			5	
	6S 管理		将鼠标、键盘、桌椅进行归位			5	
			小计			100	
教师评价	实训纪律		不出现无故迟到、早退、旷课现象,不违反课堂纪律			10	
	方案实施		严格按照工作方案完成任务实施			20	
	团队协作		任务实施过程互相配合,协作度高			20	
	工作质量		能准确完成任务实施的内容			20	
	工作规范		操作规范,三不落地,无意外事故发生			10	
	汇报展示		能准确表达、总结到位、改进措施可行			20	
			小计			100	
综合评分			小组评分 ×50%+ 教师评分 ×50%				
总结与反思							

(如:学习过程中遇到什么问题→如何解决的 / 解决不了的原因→心得体会)

任务三 完成 Apollo 自动驾驶系统的模拟仿真

学习目标

- 了解 Apollo 的自动驾驶架构
- 掌握 Apollo ROS 的原理
- 掌握 Apollo 软件使用过程
- 了解 Apollo ROS 的优点与不足
- 掌握 Apollo 自动驾驶系统模拟仿真,努力提升自身专业技能水平
- 了解 Apollo 自动驾驶系统的更新,与时俱进,不断学习新的知识

知识索引

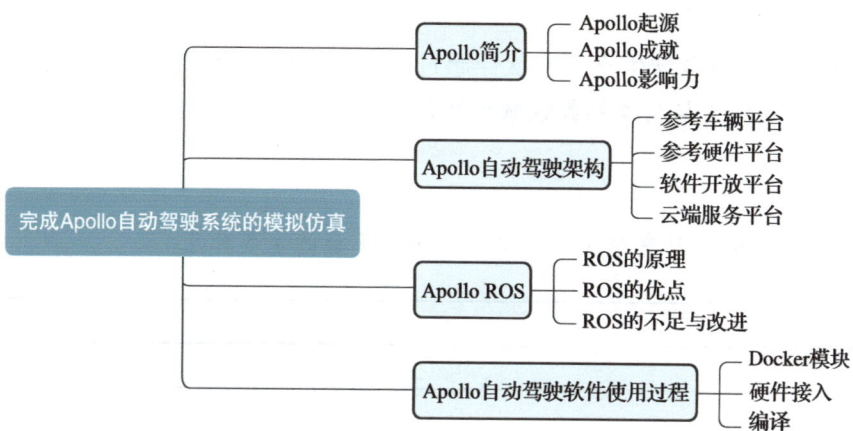

情境导入

Apollo 是百度公司发布的面向汽车行业及自动驾驶领域的软件平台。作为自动驾驶测试工程师，你了解如何利用 Apollo 进行自动驾驶系统模拟仿真吗？

获取信息

引导问题 1

请查阅相关资料，简述 Apollo 的起源。

_____

_____

_____

Apollo 简介

随着 5G 和人工智能技术的不断进步，我国自动驾驶技术的发展势不可挡，百度公司自 2013 年开始研发自动驾驶技术，如今已是全球自动驾驶产业的领跑者。

（一）Apollo 起源

百度公司于 2013 年开始布局自动驾驶，2017 年推出全球首个自动驾驶开放平台 Apollo。目前百度 Apollo 已经在自动驾驶、智能汽车、智能交通三大领域拥有业内领先的解决方案。

（二）Apollo 成就

截至 2021 年上半年，百度 Apollo 旗下自动驾驶出行服务平台——萝卜快跑累计接待乘客超过 40 万名。计划至 2023 年底将萝卜快跑自动驾驶出行服务开放至 30 个城市，部署至少 3000 辆自动驾驶汽车，为 3000 万用户提供服务。

（三）Apollo 影响力

百度 Apollo 拥有全球生态合作伙伴超过 135 家，汇聚全球开发者 8 万名，开源代码数 70 万行，影响力从自动驾驶领域扩展到整个智能交通体系。

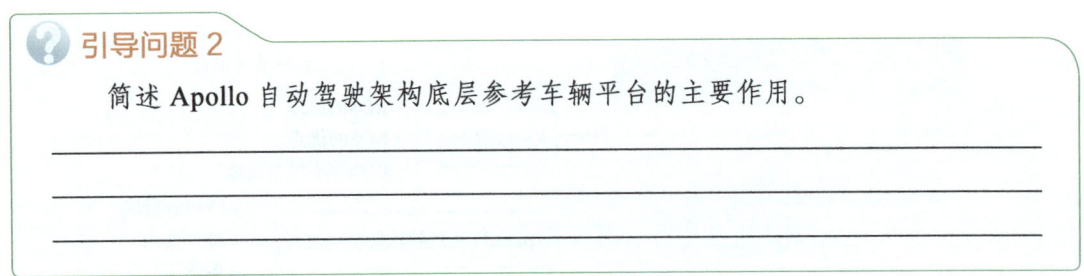

引导问题 2

简述 Apollo 自动驾驶架构底层参考车辆平台的主要作用。

Apollo 自动驾驶架构

百度 Apollo 的技术架构包括四层：参考车辆平台（reference vehicle platform）、参考硬件平台（reference hardware platform）、软件开放平台（open software platform）、云端服务平台（cloud service platform），如图 3-3-1 所示。

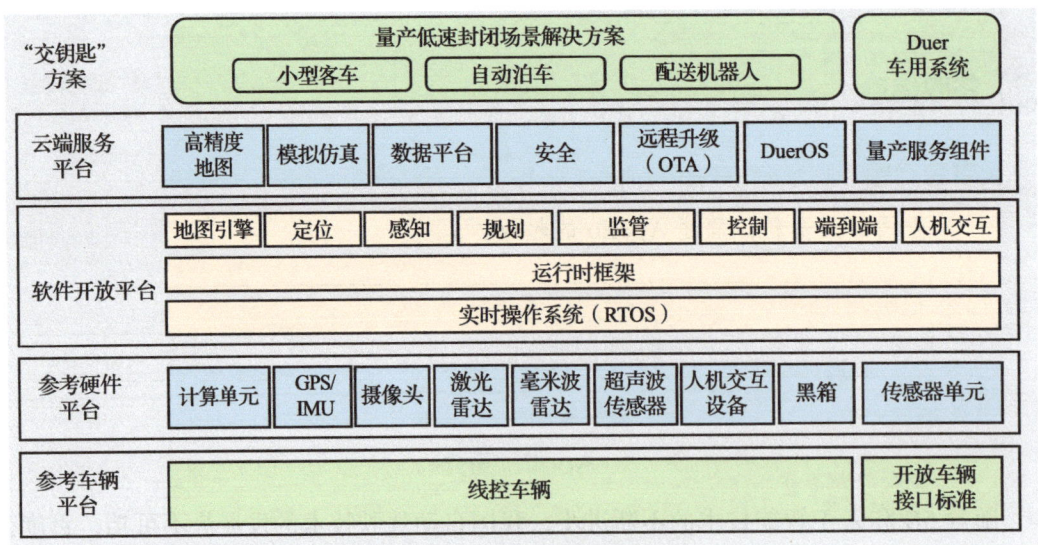

图 3-3-1　Apollo 技术架构图

（一）参考车辆平台

底层参考车辆平台又称开放车辆认证平台，其主要特点如下：

1）参考车辆平台执行 Apollo 自动驾驶平台生成的车辆控制指令。

2）为了能够执行 Apollo 平台生成的指令，车辆必须是线控的，可以接受一定的指令，比如换档、加减速、转向，完成对应的操作。

3）只要把车辆改装成具备对应条件之后，就可以运行 Apollo。

（二）参考硬件平台

参考硬件平台主要包括的硬件如下：

1）高性能的计算单元，即 Apollo 的工控机（IPC）。
2）GPS/IMU，主要用于自车定位。
3）摄像头，主要用于交通信号灯识别。
4）主传感器激光雷达，主要用来感知车辆周围环境。
5）人机交互（HMI）设备，是用户实现对车辆发送指令的媒介。
6）黑箱（black box），是百度开放的一个商业化硬件，记录关键时刻的执行操作。

（三）软件开放平台

软件开放平台主要包括的软件如下：

1）最下面一层是实时操作系统（RTOS）。
2）中间层是运行时框架（runtime framework），基于 RTOS 为上层的模块提供数据层支持。
3）最上面一层是 Apollo 各个功能的实现部分，包括地图引擎、定位、感知、规划、监管、控制等模块。

（四）云端服务平台

云端服务平台主要提供高精度地图服务、模拟仿真、数据平台（data platform）、安全、远程升级、DuerOS 等功能。

其中，模拟仿真主要用来对自动驾驶的相关算法进行验证；数据平台开放了交通信号灯数据、一些典型的障碍物数据、像素级的标注数据。

> **引导问题 3**
>
> 请查阅相关资料，简述 ROS 的原理。
> _____
> _____
> _____

Apollo ROS

（一）ROS 的原理

在 ROS 开发过程中，基于功能把整个自动驾驶系统分成多个模块，每个模块负责自己消息的接收、处理、发布。当模块需要联调时，通过框架可以把各个模块快速地集成到一起。

（二）ROS 的优点

在自动驾驶系统底层通信框架选择 ROS，主要有三个方面的原因：

1）ROS 是一个比较强大、灵活的机器人编程框架。从软件架构的层面来说，它是一个基于消息传递的分布式多进程框架,很早就被机器人行业广泛使用。很多著名的机器人开发算法,如基于四元数的坐标转换、3D点预处理驱动、定位算法、SLAM等都是基于ROS开发的开源的现成方案。

2)ROS基于消息机制,开发者可以根据功能把软件拆分成独立的子模块,子模块通过不断地组合能够建立起比较复杂的系统来完成复杂的功能。

3)ROS是学术界广泛使用的一个框架,对试验各种新算法提供了一些支持。

基于以上三点,在初期选择ROS作为自动驾驶底层框架,用于快速验证顶层算法和技术方案。

(三)ROS的不足与改进

1. ROS的不足

(1)大数据量传输性能瓶颈　试验性项目里面采用的topic是message,数据量是比较小的,可能只有几KB或者最大1~2MB,但在实际自动驾驶场景里面数据量非常大。例如激光雷达一帧数据大概是7MB,1s传输10帧,就会产生70MB/s的流量;一个摄像头按5MB计算,四个摄像头就是20MB,如果按10Hz计算,1s会产生200MB左右的数据。ROS框架对大数据传输存在很大的性能瓶颈,一种直接后果是时延非常高,这对于整个自动驾驶系统非常危险。

(2)单中心的网络存在单点风险　中心化的网络存在明显的单点风险,整个ROS虽然是一个松耦合的框架,它包含一个节点管理器,节点管理器介入的时候,只是在节点建立通信之前有一个简单的拓扑映射,这种关系虽说极大程度释放了各个节点之间开发的耦合,但同时也带来了比较大的风险。如果roscore存在一些故障退出,而节点之间使用了需要不定时的交互方式,那么像service、param进行数据交互的时候就会存在一定的风险。如果是分布式系统,roscore只存在于一台机器上,roscore如果出现故障,两台机器之间的通信就处于一个不可信的状态。

(3)数据格式缺乏后向兼容　ROS是基于message的分发和订阅的消息通信框架,使用message需要提前设置message包含哪些类型的数据。把某一模块放到一个更复杂的系统里面的时候,要格外注意message之间的数据兼容。根据实际的场景需求,在定义的obstacle信息里面加一段文字,相应的下游所有订阅此obstacle的节点都要去做对应的适配;同时,基于之前的message所录制的一些试验数据,想在新的框架下使用也都需要进行批量转化。ROS现有的数据格式缺乏后向兼容,此问题在Apollo ROS里面得到解决。

2. ROS的改进

(1)通信性能优化　进行通信优化有如下两点原因:

1)自动驾驶大量使用传感器引发很大的传输带宽需求。自动驾驶使用大量的传感器,这些传感器的数据量非常庞大。大量数据在目前ROS的通信框架里面会带来比较高的延迟或是丢帧。节点之间通信是一帧一帧进行的,如果上一帧消息高延迟,下一帧消息的发送就需要等待。ROS提供了消息丢弃的机制,即如果等待时间长,会丢弃一些数据,而数据丢弃在实际自动驾驶系统中会造成比较大的风险。

2)单路传感器消息有多个消费者时负载成倍增长。自动驾驶系统发送传感器数据是一对一进行的。例如激光雷达向自动驾驶系统发送数据时,如果只有一个订阅节点,传输的数据量是 7MB 乘以 10Hz,也就是 70MB/s。而自动驾驶系统是一个比较复杂的拓扑结构,一个传感器数据可能会有很多的下游订阅节点。例如障碍物检测、视觉定位模块、交通信号灯识别等都会订阅摄像头信息。在单点订阅的情况下是一对一传输,如果是一对多传输,传输的数据会被复制多次,造成网络负载成倍增加。

  针对这一问题,Apollo ROS 做了一个基于共享内存的通信机制以减少数据的复制次数,从而提升这种通信模式的效率。

  在 ROS 原生的通信框架(图 3-3-2)中,一个数据从发送方到接收方需经历四次数据复制:第一次是从发送节点到用户内存的数据复制;第二次是从发送方到内核的数据复制;第三次是经过 TCP 连接,从内核再向接收节点(用户空间状态)的复制;第四次是接收节点接收到这个信息之后,通过反序列化把信息读取出来组成一个结构变化的信息。

  Apollo ROS 优化后的通信框架(图 3-3-3)基于共享内存改进,可以减少两次数据复制。第一次是发送节点把消息序列化成流式数据;第二次是接收节点直接从共享内存里面取相应的消息指针,把共享内存消息读取出来并反序列化成结构化信息进行使用。优化后的框架减少了从用户到内核态以及从内核态到用户的两次数据复制。

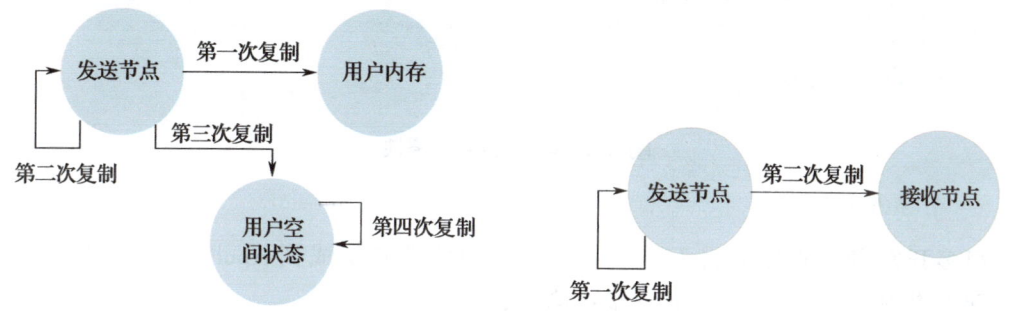

图 3-3-2　ROS 原生的通信框架图　　图 3-3-3　Apollo ROS 优化后的通信框架图

  (2)去中心化网络拓扑　去中心化网络拓扑 ROS 是以 rosmaster 节点管理器建立起来的一个对等(P2P)拓扑网络,这种拓扑网络有很明显的优势,包括:

  1)节点之间相互独立,容错性比较强。

  2)不同语言模块隔离。每个模块用不同的程序设计语言去开发,对其他的模块是透明的,其他模块不用关注和它通信的数据节点以及模块使用什么语言来开发。

  3)模块开发之间耦合比较低,只需要定义好使用 topic/service/param 的信息,然后按照这个格式去开发自己的模块。

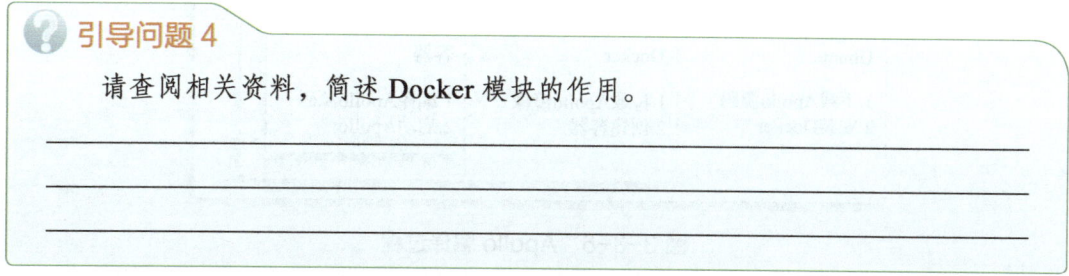

引导问题 4

请查阅相关资料,简述 Docker 模块的作用。

Apollo 自动驾驶软件使用过程

（一）Docker 模块

Docker 是一种容器技术，它在 Linux 内核的基础上做了一些轻量级和隔离机制的优化，让运行环境更小，部署起来更快，如图 3-3-4 所示。利用 Docker 可以使整个工程的安装更加简单。Docker 镜像通常是一个配置好的运行环境，包括依赖的第三方库等，使得用户不需要对环境编译做过多复杂的操作。例如，在 Release 版本中，Apollo 各个模块是一个已经编译好的二进制文件，可以直接运行；如果是开发版本，通常已经加载了所需的第三方库，用户只需要执行对应的编译指令。

图 3-3-4　Docker 模块

（二）硬件接入

很多开发者关心如何将不同于参考硬件的传感器集成到 Apollo 平台。要完成自己的硬件集成，需要遵循以下三步：第一，需要原始的用户数据包（user data packet，UDP）；第二，做一个 ROS driver，把驱动编译到 Apollo 里面；第三，把数据发布出来。接入过程如图 3-3-5 所示。

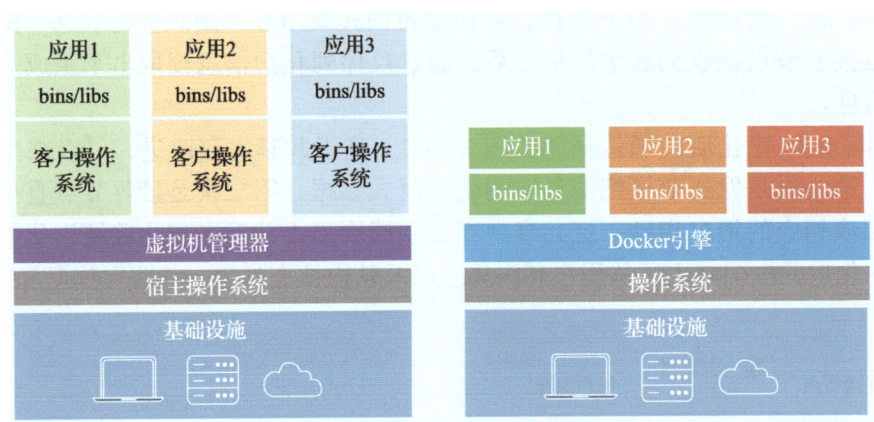

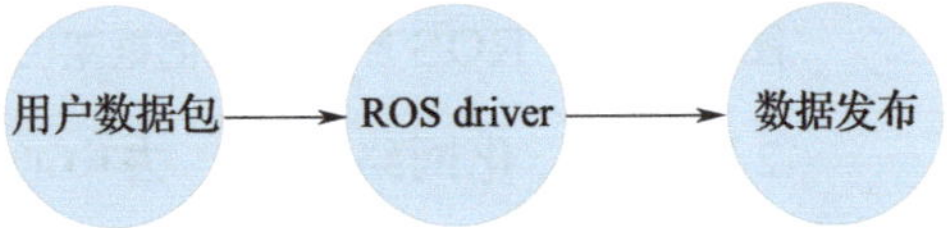

图 3-3-5　Apollo 环境中使用不同于参考硬件的传感器

（三）编译

编译安装 Apollo 的步骤大概分为三个阶段，如图 3-3-6 所示。第一阶段是在 Ubuntu 环境下进行操作，包括下载 Apollo 源码和安装 Docker。Docker 的安装方式有在

图 3-3-6　Apollo 编译过程

线和离线两种，可以根据网络环境选取合适的安装方式。第二阶段是进入 Docker，拉取 Apollo 镜像，并以此镜像创建容器。第三阶段是进入创建的容器，编译 Apollo 源码，之后便可启动 Apollo。

小组分工

学生任务分配表

班级		组号		指导教师	
组长		学号			
组员角色分配					
信息员		学号			
操作员		学号			
记录员		学号			
安全员		学号			
任务分工					
（就组织讨论、工具准备、数据采集、数据记录、安全监督、成果展示等工作内容进行任务分工）					

工作计划

按照前面所了解的知识内容和小组内部讨论的结果，制订工作方案，落实各项工作负责人，如任务实施前的准备工作、实施中的主要操作及协助支持工作、实施过程中相关要点及数据的记录工作等，并将结果填入工作计划表中。

工作计划表

步骤	工作内容	负责人
1		
2		
3		
4		
5		
6		
7		
8		

进行决策

1）各组派代表阐述资料查询结果。

2）各组就各自的查询结果进行交流，并分享技巧。

3）教师结合各组完成的情况进行点评，选出最佳方案。

任务实施

Apollo 本地仿真系统的安装与调试

相比 Autoware，Apollo 的架构更加丰富和复杂，可根据需求定制化，实现"千人千面"。接下来我们学习 Apollo 仿真并实现导航效果。扫描右侧二维码，获取 Apollo 本地仿真系统的安装与调试的操作视频，并完成下方内容记录。

参考操作视频，按照规范作业要求，完成 Apollo 本地仿真系统的安装与调试的操作步骤，进行数据采集并记录。

Apollo 本地仿真系统的安装与调试			
序号	步骤	记录	完成情况
1	前置环境安装		已完成□ 未完成□
2	添加 Apollo 官方软件源		已完成□ 未完成□
3	安装 Apollo 系统		已完成□ 未完成□
4	编译 Apollo		已完成□ 未完成□
5	本地安装 DreamView 插件		已完成□ 未完成□
6	调试本地仿真系统		已完成□ 未完成□
总结提升			已完成□ 未完成□

评价反馈

1）各组代表展示汇报 PPT，介绍任务的完成过程。

2）请以小组为单位，对各组的操作过程与操作结果进行自评和互评，并将结果填入综合评价表中的小组评价部分。

3）教师对学生工作过程与工作结果进行评价，并将评价结果填入综合评价表中的教师评价部分。

综合评价表

班级		组别		姓名		学号	
实训任务							
	评价项目		评价标准			分值	得分
小组评价	计划决策		制订的工作方案合理可行，小组成员分工明确			10	
	任务实施		Apollo 本地仿真系统的安装与调试			60	
	任务达成		能按照工作方案操作，按计划完成工作任务			10	
	工作态度		认真严谨、积极主动			10	
	团队合作		小组组员积极配合、主动交流、协调工作			5	
	6S 管理		将鼠标、键盘、桌椅进行归位			5	
			小计			100	

（续）

评价项目		评价标准	分值	得分
教师评价	实训纪律	不出现无故迟到、早退、旷课现象，不违反课堂纪律	10	
	方案实施	严格按照工作方案完成任务实施	20	
	团队协作	任务实施过程互相配合，协作度高	20	
	工作质量	能准确完成任务实施的内容	20	
	工作规范	操作规范，三不落地，无意外事故发生	10	
	汇报展示	能准确表达、总结到位、改进措施可行	20	
		小计	100	
综合评分		小组评分 ×50%+ 教师评分 ×50%		
总结与反思				

（如：学习过程中遇到什么问题→如何解决的 / 解决不了的原因→心得体会）

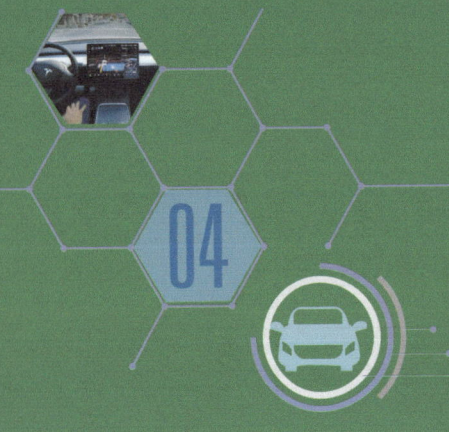

能力模块四
对高精度地图测绘的基本认知

任务一 了解高精度地图的特点与制作流程

学习目标

- 了解高精度地图的定义
- 理解高精度地图与标准精度地图的区别
- 了解高精度地图的作用
- 了解高精度地图的制作流程
- 能描述高精度地图的关键指标,努力提升专业知识水平
- 了解高精度地图的相关知识与技能,学习多途径检索知识以及多元化思考解决问题的方法,形成创新意识

知识索引

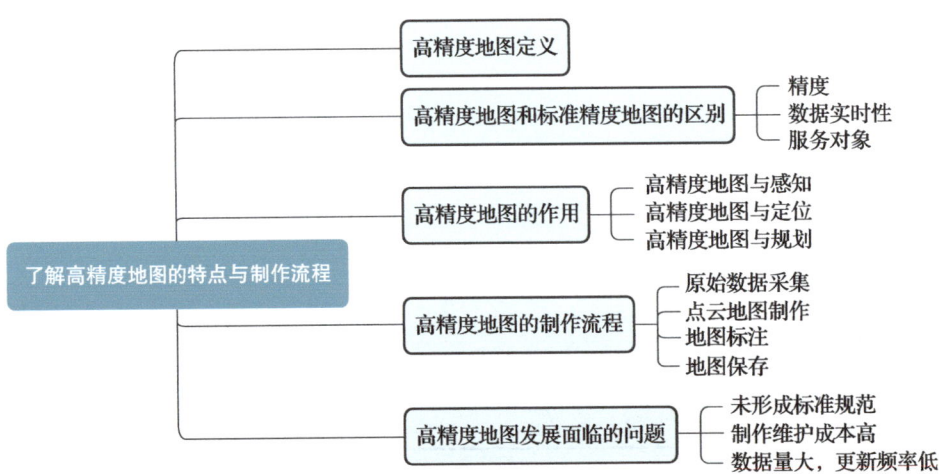

情境导入

公司计划完成新设计的汽车自动驾驶系统高精度地图的绘制项目,你作为高精度定位工程师,现在的工作是绘制高精度地图,你需要制订绘制高精度地图的流程、评估可能面临的问题、采集高精度地图的数据并完成该项目。

获取信息

引导问题 1

请查阅相关资料,简述高精度地图的定义。

_____
_____
_____

高精度地图定义

高精度地图(high-definition map,HD map)是指高精度、精细化定义的地图,在对精度的要求上,标准精度导航电子地图为米级,而高精度地图已经达到厘米级。高精度地图的使用者是自动驾驶系统,导航地图的使用者则是驾驶员。高精度地图是自动驾驶最核心的感知技术之一,目前已成为 L3 以上级别的自动驾驶系统必不可少的组成部分。此外,高精度地图记录驾驶行为的具体细节,包括典型驾驶行为、最佳加速点及制动点、路况复杂程度以及对不同路段信号接收情况的标注等,如图 4-1-1 所示。

认识高精度地图

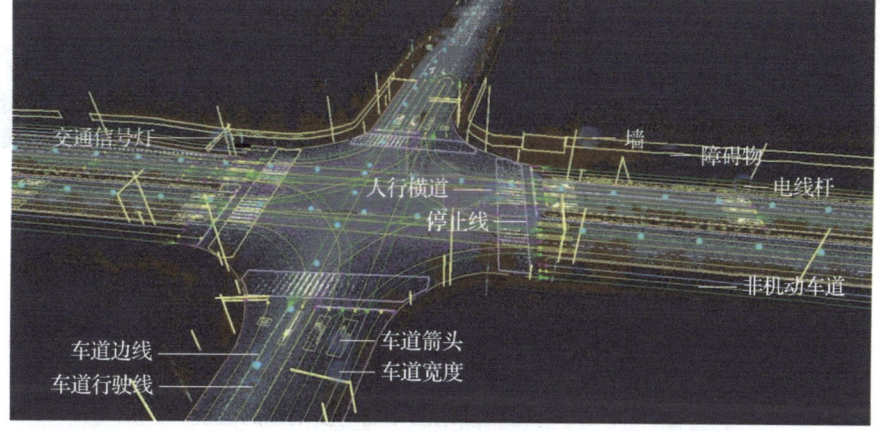

图 4-1-1　高精度地图

所谓高精度地图(又称高分辨率地图),实际上是相对标准精度导航电子地图而言的服务于自动驾驶系统的专题地图,是面向自动驾驶汽车的一种新的地图数据范式。高精度地图的绝对位置精度接近1m，相对位置精度在厘米级别，能够达到10～20cm。准确和全面地表征道路特征，并要求更高的实时性，是高精度地图最显著的特征。

> **引导问题 2**
>
> 请查阅相关资料，简述高精度地图和标准精度地图的区别。
>
> _____
> _____
> _____

高精度地图和标准精度地图的区别

高精度地图是相对于标准精度地图来说的，它提供了更高精度、内容更为丰富的地图信息，主要服务于自动驾驶。目前L3及以上自动驾驶方案普遍对高精度地图有明确依赖。

（一）精度

标准精度地图（standard-definition map，SD map）存储位置通常为智能座舱域的控制器，通常显示于中控大屏。导航地图主要是给驾驶员看的，拥有道路级的拓扑、10m级的精度、比较全面的地址名称信息以及实时的道路级交通流信息。导航地图的数据源和功能基本上跟手机上的地图应用是相同的。

高精度地图的精度多为10cm级，主要用于自动驾驶功能，通常存储在自动驾驶域的控制器中，也有单独储存的。高精度地图拥有车道级的拓扑、亚米级的精度，包含交通信息、先进驾驶辅助数据等信息。

标准精度地图和高精度地图的区别如图4-1-2所示。

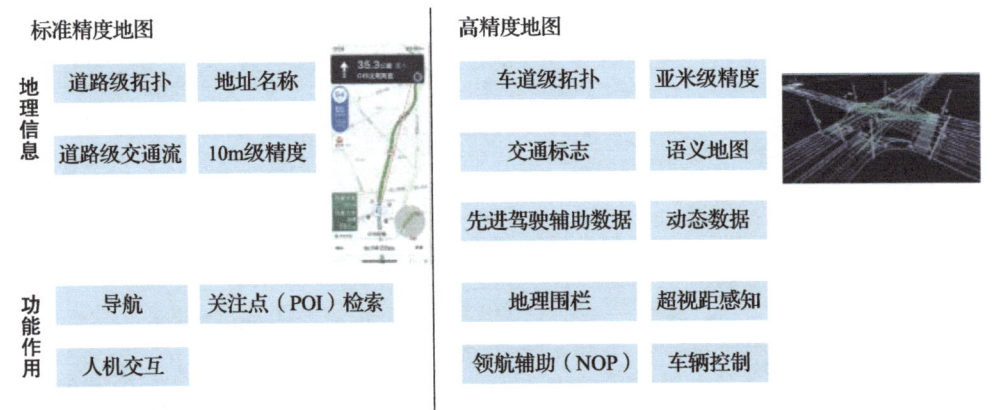

图4-1-2　标准精度地图和高精度地图的区别

另外，在标准精度地图中，道路经常被抽象成宽度无差别的线，然而高精度地图不仅要有准确的定位坐标，还需要采集包括车道边线、交通标志、护栏、路灯杆、龙门架在内的100多种路面属性要素，甚至每一条道路路缘石的材质和宽窄，都要精确记录在地图中。当自动驾驶汽车上路时，高精度地图的每一个属性都关乎自动驾驶的安全，如哪些路段周边有护栏，哪些障碍物的材质偏软、安全系数较高，都是行驶中甚至极端场景中做出判断的重要依据。

（二）数据实时性

标准精度导航电子地图通常为永久静态数据（更新频率约为 1 个月）或半永久静态数据（更新频率为 1h）。而高精度地图对数据的实时性要求较高，通常为半动态数据（更新频率为 1min）或动态数据（更新频率为 1s）。

（三）服务对象

高精度地图和标准精度地图的直接服务对象不同，标准精度地图的直接服务对象是人，高精度地图的直接服务对象是机器（目前多服务于 ADAS 应用，将来可为自动驾驶汽车提供服务）。

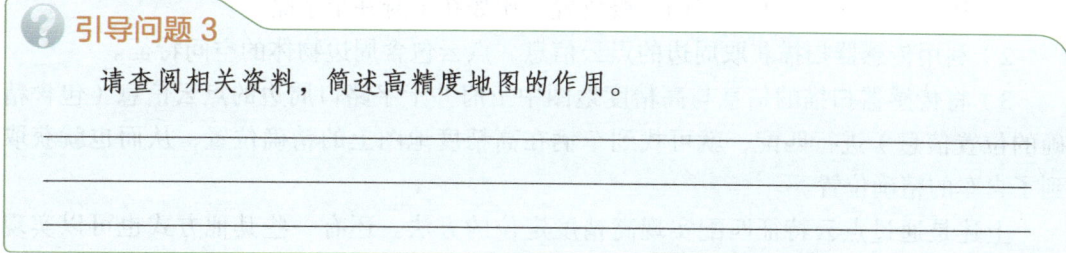

引导问题 3

请查阅相关资料，简述高精度地图的作用。

高精度地图的作用

在目前的主流解决方案中，L3、L4 级别的自动驾驶普遍依赖高精度地图，不同自动驾驶方案对高精度地图的依赖程度有所不同。下面从感知、定位、规划三个方面简述高精度地图的作用。

（一）高精度地图与感知

高精度地图可以提供超视距路况信息，扩展感知的边界。自动驾驶系统通过传感器获取周边信息，但是传感器的感知有距离限制，距离有限则反应时间有限，时间有限就可能导致决策错误或者控制不及时。比如摄像头可以获取 100km/h 速度下 9s 内的路况信息（直线道路），如果前方 500m 有个出口匝道，而且是只有某个车道可以通往这个匝道，那么车辆就应该提前进入这个车道，但是 9s 的时间很可能不足以进行变道，就容易错过出口。而具备高精度地图的超视距路况信息（前方出口匝道位置、弯道曲率、坡度等信息），自动驾驶车辆就可以提前进行变道并做好速度准备，从而不容易错过路口。特斯拉汽车没有采用高精度地图，所以其在自动辅助导航驾驶（NOA）启动时就很容易因为路况复杂而无法及时切换到正确车道，导致需要紧急制动甚至错过路口。

高精度地图还可以提供感知冗余。传感器在很多情况下无法获取全面信息，如光照复杂时无法识别交通信号灯状态、视野被遮挡时看不到车道线、雨天雷达噪点多等。这些时候，高精度地图都可以提供先验的参考，补充感知的能力。

另外，高精度地图还可以提升感知的效率。自动驾驶系统通过图像数据来识别交通信号灯，如果始终扫描全局图像进行图像分析，判断是否有交通信号灯，计算和时间消耗都比较大。而如果有高精度地图的先验数据，就可以根据定位信息，提前锁定某个区域，对感兴趣区域（ROI）进行图像分析，来识别交通信号灯及其状态，可以有效减小计算量，加速识别。

（二）高精度地图与定位

卫星定位的精确度是比较低的，但是自动驾驶对于自车定位精度要求是厘米级。而基于高精度地图的特征定位方式就可以达到厘米级的精度。下面通过一个场景演示（图4-1-3）来说明高精度地图是如何辅助系统进行精准定位的。

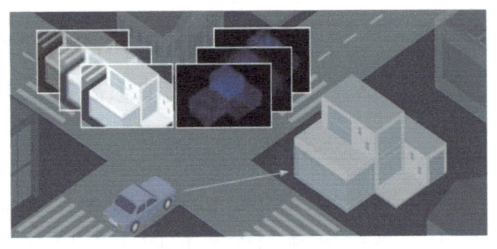

图4-1-3　高精度地图与定位

1）通过卫星定位获取自车的大概位置，比如在王府井十字路口。

2）利用传感器扫描获取周边的点云信息，点云包含周边物体的空间特征。

3）将传感器扫描的信息与高精度地图中王府井十字路口周边的点云信息（包含精确的位置信息）进行匹配，就可找到车辆在高精度地图上的精确位置，从而也就获取到了自车的精确位置。

上述是通过点云特征匹配实现高精度定位的方法。还有一些其他方式也可以实现高精度定位，比如通过图像识别到前方5m有一个路牌，高精度地图存储了路牌的位置，通过相对位置推算，就可以获取到自车的精确位置。扫地机器人也是采用类似的方式来定位自己在房间中的位置，只是扫地机器人的高精度地图是通过SLAM算法扫描获取的。

（三）高精度地图与规划

高精度地图在规划中的作用体现在长距离路线规划和短距离轨迹规划两方面。

标准精度地图也可以进行路线规划，但是只提供路线，具体要在哪个车道行驶、什么时候该切换车道等信息是没有的。对于服务于人的导航来说，这就够了，而对于自动驾驶车辆来说，就不够了。高精度地图则可以赋能系统实现车道级路线规划，提供车辆可以实际行驶的路线，如图4-1-4所示。

图4-1-4　高精度地图与规划

考证指南

在"百度 1+X 自动驾驶软件系统应用职业技能等级证书"的考核中,涉及高精度地图制作,其中原始数据采集、点云地图的制作都是考试重点,通过考试后,根据报考等级获取相对应的职业技能证书。

引导问题 4

请查阅相关资料,简述高精度地图的制作流程。

_____
_____
_____

高精度地图的制作流程

高精度地图的制作方式可以分为两种,一种是专业集中制图,另一种是众包制图。专业集中制图就是目前高德、四维图新这些公司采用的制图方式,由专业的人员,采用专业的方法,使用高精度设备,自主进行数据采集而后加工建图。专业集中制图采集成本较高,包括设备成本(一辆采集车就价值几百万元)和人力时间成本,优点是采集精度较高(绝对精度可小于 1m,相对精度可小于 20cm)。众包制图是将地图数据的采集工作分配给众多非专业人员及设备分别进行,然后收集合并数据并构建地图。众包的方式具备制图快速、成本低廉等显著优势,但精度相对较低。采用众包制图方式的方案商有 Tesla、Mobileye 和 Momenta,其他主流方案商都依赖专业制作的高精度地图数据。未来最可能普遍采用的方案是专业集中制图结合众包更新,可以同时满足精度和实时性的要求。

(一)原始数据采集

数据采集主要依赖硬件方案,采集硬件决定了采集的数据信息。例如 Apollo 地图数据采集的硬件方案(图 4-1-5)主要包含以下五种传感器:

1)64 线激光雷达。平装,用于偏低位置空间信息采集,生成点云地图。

2)16 线激光雷达。仰装,用于偏高位置空间信息采集,生成点云地图。

图 4-1-5 百度 Apollo 数据采集车

3)GPS 与 IMU。采用全球导航卫星系统(GNSS)+IMU+网络实时动态定位(RTK)的高精度定位方案,用于采集位置信息。

4)长焦摄像头。用于较远距离视觉图像获取。

5)短焦摄像头。用于较近距离视觉图像获取。

（二）点云地图制作

点云地图的制作主要是把采集好的数据进行加工，下面介绍采用激光雷达数据来进行某街道点云地图的制作。制作的过程简单地说就是通过激光雷达扫描整个街道，以建立整个街道的三维模型。因为激光雷达的扫描范围有限，因此需要逐帧把激光雷达的数据拼接起来，以获取整个街道的模型，这个过程又称点云配准。拼接好的点云地图如图 4-1-6 所示。

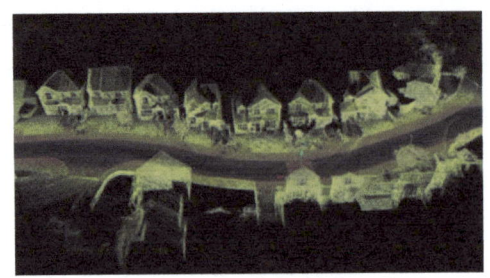

图 4-1-6　点云地图制作

（三）地图标注

地图标注是在点云地图的基础上，标注出车道线信息、交通标志信息、交通信号灯信息等，得到道路的结构化信息。自动驾驶规划控制模块会利用这些道路结构化信息完成路径规划。地图的标注目前主要依赖人工完成。当前地图标注主要面临以下两个挑战：

1）传感器融合。由于激光雷达采集的点云数据比较稀疏，并且没有颜色信息，因此需要把摄像头和激光雷达的信息做融合，之后可以获取更加清晰的信息来识别车道线、交通标志等。

2）自动化标注。采用人工标注的方式无法解决大规模高精度地图制作的问题，如何实现自动化标注是目前地图标注的主要问题。

通过地图标注工具可以标注出车道线、交通标志、路口、减速带等信息。在点云地图上人工标注好的高精度地图如图 4-1-7 所示。

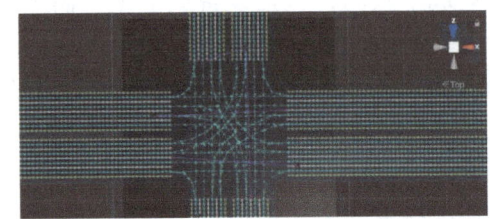

图 4-1-7　人工标注的高精度地图

（四）地图保存

地图保存主要是指把标注好的地图信息保存为固定的格式，目前百度 Apollo 平台采用的高精度地图格式是 OpenDRIVE，高精度地图应尽量采用统一的格式标准，以免地图不兼容。

> **引导问题 5**
>
> 请查阅相关资料，简述目前高精度地图发展面临的问题。
> _____
> _____
> _____

高精度地图发展面临的问题

高精度地图作为高等级自动驾驶必备的功能选项，重要性不言而喻，但当前我国高精度地图产业仍存在一些问题亟待解决。

（一）未形成标准规范

在地图内容、数据格式、发布传输、更新管理、安全性等方面还没有形成行业统一的技术标准和规范。高精度地图技术目前国际上以欧洲为主导，主要的地图数据格式有 NDS 和 OpenDRIVE，但是这些主流地图标准数据格式基于欧洲道路设计，难以完全覆盖我国复杂多变的交通环境与道路特征。

（二）制作维护成本高

高精度地图成本主要包括数据采集和编译制作成本。高精度地图制作需要使用激光雷达、摄像头、毫米波雷达等高成本的采集设备和采集车（图4-1-8），并配合大量人力投入地图的编译制作。

图4-1-8 可用于高精度地图数据采集的街景车

（三）数据量大，更新频率低

数据量大和更新频率低是高精度地图技术发展面临的主要问题。高精度地图数据采集员驾驶采集车以 60~80km/h 的速度行驶，每天至少采集 150km 的高精度地图数据，每天产生的数据量为 TB 级。值得注意的是，这些数据并不包含实时交通参与者等动态图层信息。在更新方面，因为我国的道路每天都在建设，所以业内普遍认为高精度地图后期的更新维护才是核心竞争点。相关政府部门的审核批示是无法跳过的环节，因此一般按照一年发布 4 版高精度地图的频率，按季度进行更新。

📖 拓展阅读

高精度地图已成为自动驾驶行业兵家必争之地。由于我国对高精度导航电子地图测绘实施严格的准入制度，能够参与高精度地图市场竞争的企业并不多。

从传统地图商依附初创的自动驾驶科技公司做数据测试开始，到 L3 自动驾驶汽车和一批造车新势力带来机遇，经过十几年的酝酿，随着车企不断攀升的自动驾驶能力，高精度地图迎来了发展黄金期。

当下，大部分人的感受是：没有高精度地图，我们的导航也很好用了，那我们为什么还需要高精度地图？目前，像智能手机这样的个人导航设备，导航精度为 3~5m。但如果用户需要知道车辆所处的车道、方向，定位精度必须提高到 1m 以内。如果要到自动驾驶这种等级，车辆的导航精度必须要提高到 0.5m 之内，相应的地图误差要保持在厘米级。高精度定位＋高精度地图，就是未来真实的使用场景。

那么制作一张高精度地图到底有多难呢？首先高精度地图要呈现出大量信息，它的建制和处理都非常复杂，地图商一般会使用精密的仪器（例如激光雷达、毫米波雷达等传感器），对道路上的数据进行采集；完成采集后，再将道路上的信息提取出来，建立完整的道路形态，一般做到这样需要厘米级的场景和数据。

高精度地图的制作过程中,需要按照更新频率的不同,将提取到的道路、建筑物、交通状况、意外事件等信息进行分层,如图4-1-9所示。

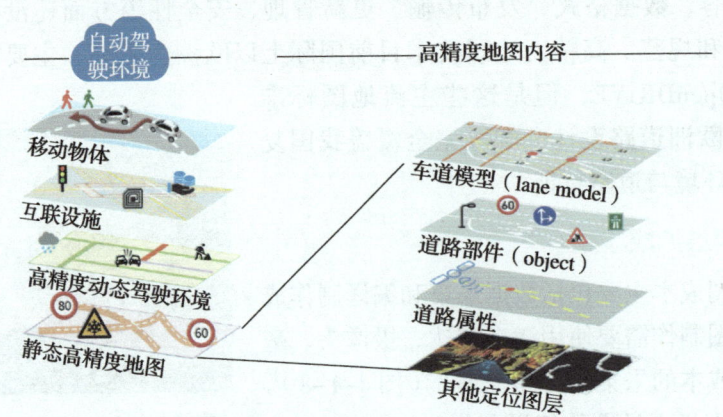

图 4-1-9 高精度地图分层

由此可知,高精度地图的制作需要大量的人力、物力等。相比传统地图,高精度地图需要做到对事故、天气等突发性事件的及时更新,同时我国的基础设施也在不断地更新,因此高精度地图的采集制作只是完成了 10% 的工作,另外的 90% 则在日后的更新上。

随着自动驾驶技术商用化加速,高精度地图市场逐渐进入收获期。但面对复杂的路况,地图商需要以更高的精度、更快的更新速度、更广泛的覆盖面和更多样的场景为目标,用匠人精神不断进行创新。只有真正符合用户需求、贴合行业应用的高精度地图,才能在市场竞争中获得优势。

小组分工

学生任务分配表

班级		组号		指导教师	
组长		学号			
组员角色分配					
信息员		学号			
操作员		学号			
记录员		学号			
安全员		学号			
任务分工					
(就组织讨论、工具准备、数据采集、数据记录、安全监督、成果展示等工作内容进行任务分工)					

姓名　　　班级　　　日期　　　　　　　能力模块四　　对高精度地图测绘的基本认知

工作计划

按照前面所了解的知识内容和小组内部讨论的结果，制订工作方案，落实各项工作负责人，如任务实施前的准备工作、实施中的主要操作及协助支持工作、实施过程中相关要点及数据的记录工作等，并将结果填入工作计划表中。

工作计划表

步骤	工作内容	负责人
1		
2		
3		
4		
5		
6		
7		
8		

进行决策

1）各组派代表阐述资料查询结果。
2）各组就各自的查询结果进行交流，并分享技巧。
3）教师结合各组完成的情况进行点评，选出最佳方案。

任务实施

了解高精度地图的特点与制作流程	
记录	完成情况
1.请查阅相关资料，简述高精度地图在生活中的应用场景，举例说明（1~2个）。	已完成□ 未完成□
2.请查阅相关资料，简述高精度地图的制作流程。	

评价反馈

1）各组代表展示汇报 PPT，介绍任务的完成过程。

2）请以小组为单位，对各组的操作过程与操作结果进行自评和互评，并将结果填入综合评价表中的小组评价部分。

3）教师对学生工作过程与工作结果进行评价，并将评价结果填入综合评价表中的教师评价部分。

综合评价表

班级		组别		姓名		学号	
实训任务							
评价项目		评价标准				分值	得分
小组评价	计划决策	制订的工作方案合理可行，小组成员分工明确				10	
	任务实施	简述高精度地图在生活中的应用场景，举例说明				30	
		简述高精度地图的制作流程				30	
	任务达成	能按照工作方案操作，按计划完成工作任务				10	
	工作态度	认真严谨、积极主动				10	
	团队合作	小组组员积极配合、主动交流、协调工作				5	
	6S 管理	将鼠标、键盘、桌椅进行归位				5	
		小计				100	
教师评价	实训纪律	不出现无故迟到、早退、旷课现象，不违反课堂纪律				10	
	方案实施	严格按照工作方案完成任务实施				20	
	团队协作	任务实施过程互相配合、协作度高				20	
	工作质量	能准确完成任务实施的内容				20	
	工作规范	操作规范，三不落地，无意外事故发生				10	
	汇报展示	能准确表达、总结到位、改进措施可行				20	
		小计				100	
综合评分		小组评分 ×50%+ 教师评分 ×50%					
总结与反思							

（如：学习过程中遇到什么问题→如何解决的/解决不了的原因→心得体会）

任务二　了解 OpenDRIVE 高精度地图的标准

学习目标

- 能描述 OpenDRIVE 高精度地图产生的背景、意义和定义
- 能描述 OpenDRIVE 文件结构及绘图流程
- 能分辨 OpenDRIVE 中的道路结构
- 能判断 OpenDRIVE 中的坐标系
- 掌握 OpenDRIVE 高精度地图标准相关知识，明确自身职业定位
- 了解 OpenDRIVE 与其他标准的关联，努力提升认知能力

知识索引

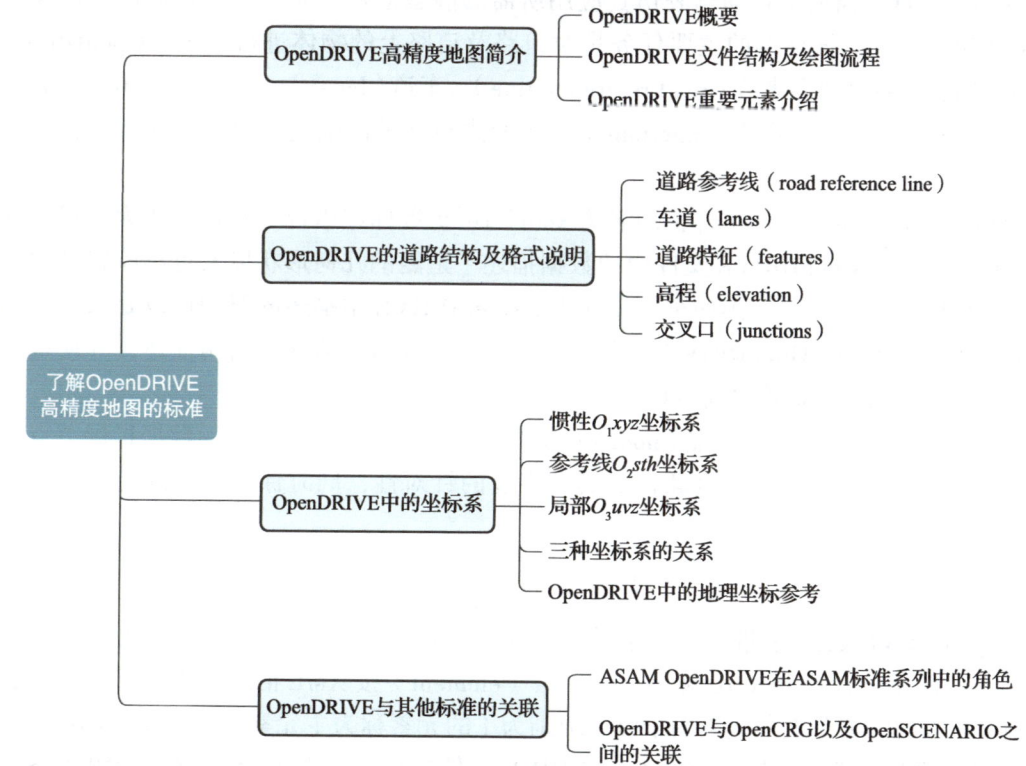

情境导入

公司安排你完成高精度地图设计的项目,你作为高精度地图算法工程师,负责与客户洽谈,需要根据客户提出的要求对项目实施方案进行修改,根据客户的需求使用特定的高精度地图标准。

获取信息

引导问题 1

请查阅相关资料,简要介绍 OpenDRIVE 高精度地图。

_____
_____
_____

OpenDRIVE 高精度地图简介

(一)OpenDRIVE 概要

OpenDRIVE 描述了自动驾驶仿真应用所需的静态道路交通网络,并提供了标准交换格式说明文档。该标准的主要任务是对道路及道路上的物体进行描述。OpenDRIVE 说明文档涵盖对道路参考线(road reference line)、车道(lanes)、道路特征(features)、高程(elevation)、交叉口(junctions)等内容进行建模的描述,但其中并不包含动态内容。

OpenDRIVE 格式使用文件扩展名为 xodr 的可扩展标记语言(XML)作为描述路网的基础。存储在 OpenDRIVE 文件中的数据描述了道路的几何形状以及可影响路网逻辑的相关特征(features),例如车道和标志。OpenDRIVE 中描述的路网可以是人工生成或来自真实世界的。OpenDRIVE 的主要目的是提供可用于仿真的路网描述,并使这些路网描述在不同的模拟器之间可以进行交换。

OpenDRIVE 格式通过节点(nodes)被构建,用户可通过自定义的数据扩展节点。这使得各类应用(通常为仿真软件)具有高度的针对性,同时保持了不同应用之间在交换数据时所需的互通性。

(二)OpenDRIVE 文件结构及绘图流程

OpenDRIVE 数据存储在扩展名为 xodr 的 XML 文件中。OpenDRIVE 文件结构如图 4-2-1 所示,其符合 XML 规则。各元素(element)按 XML 格式的等级进行排列,级别大于 0 的元素是上一级别的子级,级别为 1 的元素称为主元素。每个元素都可以由用户定义的数据进行扩展。每个 OpenDRIVE 文件都会有一个主元素 <OpenDRIVE>,所有描述道路的特征类都是它的子元素。

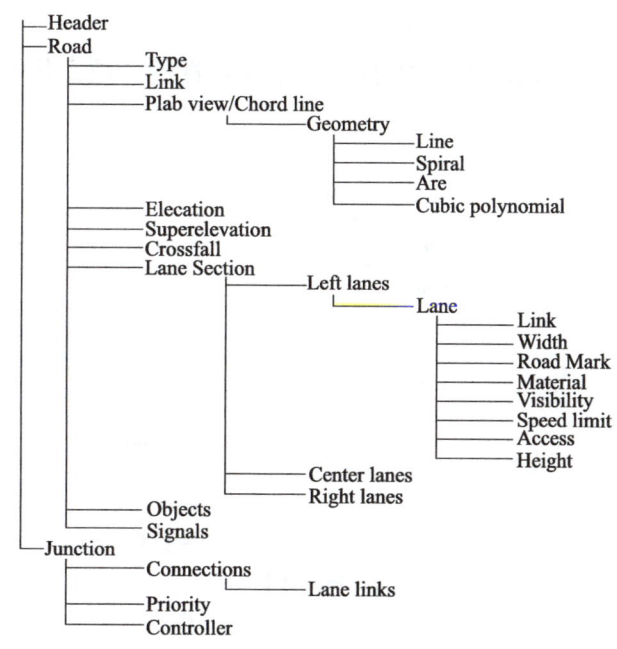

图 4-2-1　OpenDRIVE 文件结构示意图

绘制 OpenDRIVE 地图的一个简单流程如图 4-2-2 所示，首先读取 OpenDRIVE 文件（即地图数据），之后构造路网，最后通过渲染展示给用户。

OpenDRIVE 中使用的所有浮点数都是 IEEE 754 双精度浮点数。为了保证浮点数在 XML 中的准确表示，应该使用一个已知的正确精度来保存浮点数，一般保留 17 位十进制有效数字。

所有可以在 OpenDRIVE 文件中使用的属性都在统一建模语言（UML）模型中被完全注释，包括：

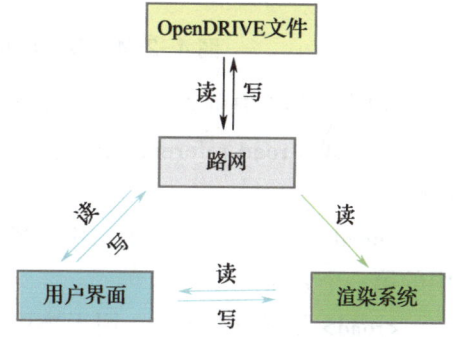

图 4-2-2　OpenDRIVE 绘图过程

1）单位（units）。说明道路长度或速度等的单位。

2）类型（type）。描述一个属性的数据类型，可以是一个原始数据类型，如字符串（string）、双精度浮点数（double）、单精度浮点数（float），也可以是指代对象的复杂数据类型。

3）值（value）。值决定了给定属性的值范围。例如图 4-2-3 所示的属性值，其中"geometry"（几何形状）代表了当前所要描述的元素，<geometry> 元素的属性有 s、x、y、hdg 和 length，它们的值跟随在后面。

```
<geometry s="0.0000000000000000e+0" x="3.8458999633789063e+2"
y="-1.9999999552965164e-2" hdg="3.1410614169049995e+0" length=
"3.6360177306314796e+1">
```

图 4-2-3　OpenDRIVE 文件属性值

（三）OpenDRIVE 重要元素介绍

图 4-2-4 所示是 OpenDRIVE XML 部分元素和属性的导图，其中"【】"表示这个元素一般有多个。

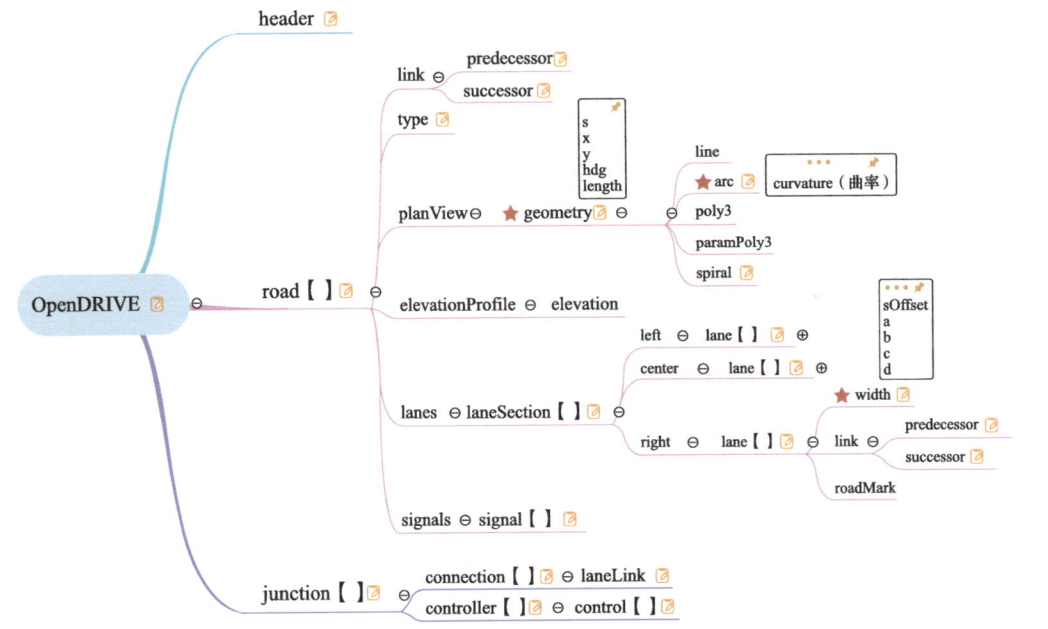

图 4-2-4　OpenDRIVE XML 部分元素和属性的导图

在图 4-2-4 中可以看到，<road> 元素是重要元素，其中 <geometry> 元素可以描述道路参考线（road reference line）的几何形状，而 <lanes> 元素重点用于描述各车道的属性。

<header> 元素仅有一个，用于描述文件整体属性，<header> 元素是 <OpenDRIVE> 中的第一个元素。

<road> 元素可有多个，用于描述道路属性。完整的道路表示方式包含道路参考线、一条道路上的单独车道、沿道路放置的道路特征（如交通标志）等。

在 OpenDRIVE 中，所有的道路都包含一条定义基本几何形状的参考线，如图 4-2-5 所示。几何形状包括直线（straight line）、螺旋线（spiral）、弧线（arc）等，其中螺

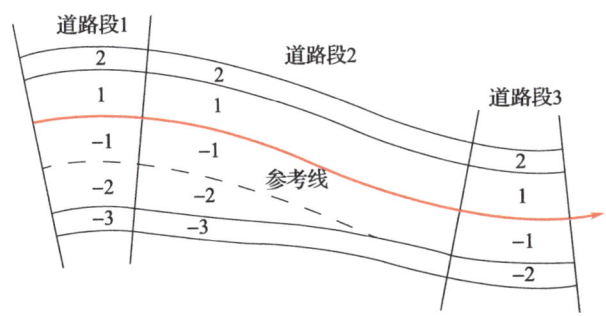

图 4-2-5　道路参考线

旋线是沿着弧形长度曲率线性变化的回旋线（clothoid）。沿着参考线，可以定义道路的各种属性，例如高程轮廓线、交通标志等。

通过指定与参考线的横向距离来创建单独的车道。参考线通过连接回旋线或多项式曲线来构建，如图 4-2-6 所示。

注意弧线和直线也是回旋线的特殊情况。直线、螺旋线和弧线沿路径长度（s）的曲率（κ）变化如图 4-2-7 所示。

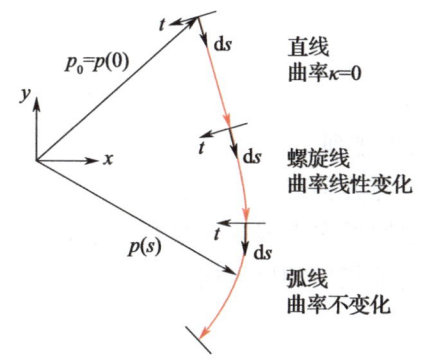

图 4-2-6　参考线的构建

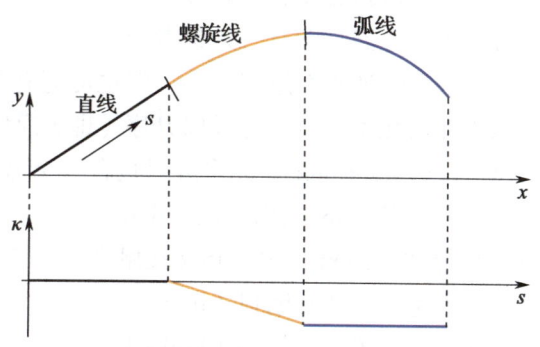

图 4-2-7　曲率变化图

<junction> 元素可有多个，用于描述交叉口属性。交叉口指的是三条或更多道路相聚的地方，与其相关的道路被分为两种类型：含有驶向交叉口车道的道路称为来路（incoming roads）；穿过交叉口的路径称为连接路（connecting roads）。

引导问题 2

请查阅相关资料，简述 OpenDRIVE 的道路结构有哪些。

_____
_____
_____

OpenDRIVE 的道路结构及格式说明

图 4-2-8 所示为 OpenDRIVE 中一条道路包含的三个部分：道路参考线（road reference line）、车道（lanes）和道路特征（features）。

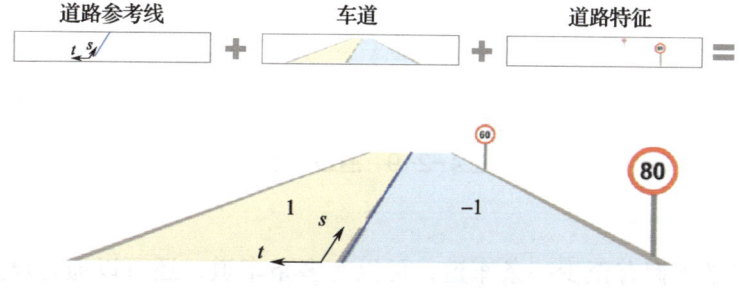

图 4-2-8　OpenDRIVE 的道路结构示意图

除此之外，还可以设置道路的高程（elevation），对于多条道路汇聚的位置，需要用交叉口（junctions）来描述。

（一）道路参考线（road reference line）

道路参考线可以理解为道路中心线在水平面的投影，也就是说道路参考线反映的是道路俯视的形状，而不包括坡度等特征。

以下规则适用于道路参考线：

1）每条道路必须有一条参考线。
2）每条道路只能有一条参考线。
3）参考线通常在道路中心，但也可能有侧向偏移。
4）几何元素应沿参考线以升序（即 s 递增的方向）排列。
5）一个 <geometry> 元素应只包含一个另外说明道路几何形状的元素。
6）若两条道路不使用交叉口来连接，那么新的道路的参考线应总是起始于其前驱或后继道路的 <contact Point>（接触点）。参考线有可能指向相反方向。
7）参考线不能有断口（leaps）。
8）参考线不应有扭结（kinks）。

每条道路有且仅有一条道路参考线，该参考线可以由多条线连接而成，这些线的形式包括：直线、螺旋线、弧线、三次多项式（cubic polynominal）曲线（弃用）和参数三次多项式（parametric cubic polynominal）曲线等，如图 4-2-9 所示。

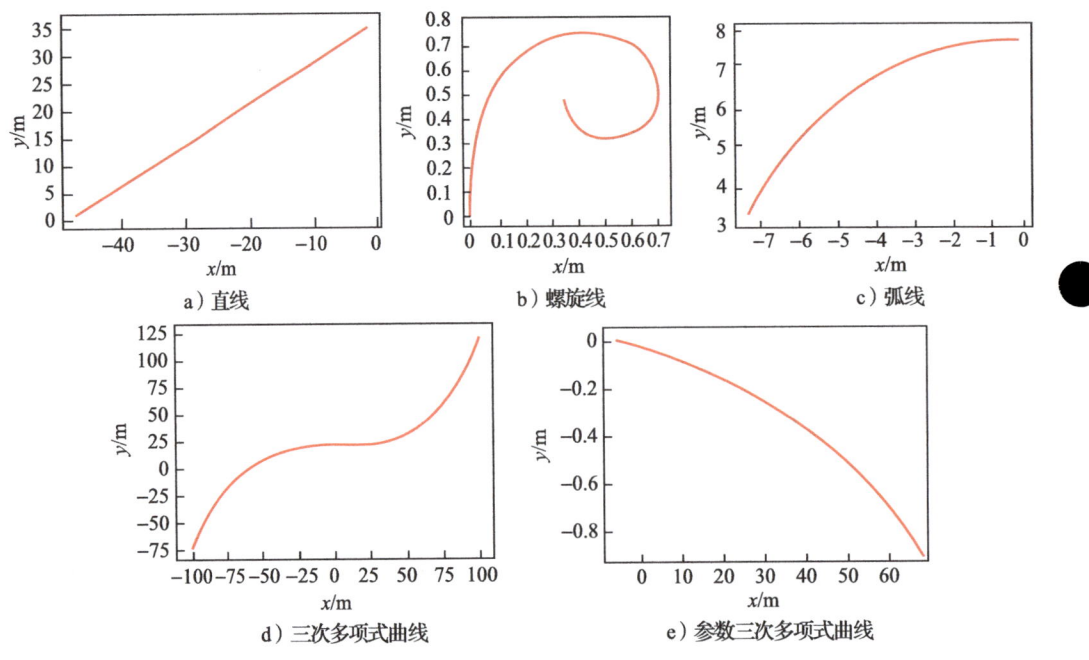

图 4-2-9　道路参考线

（二）车道（lanes）

每条道路必须拥有至少一条车道，可以有多条车道，还可以通过设置不同的车道段（lane section）来实现不同区域的车道数量和车道宽度的变化，如图 4-2-10 所示。

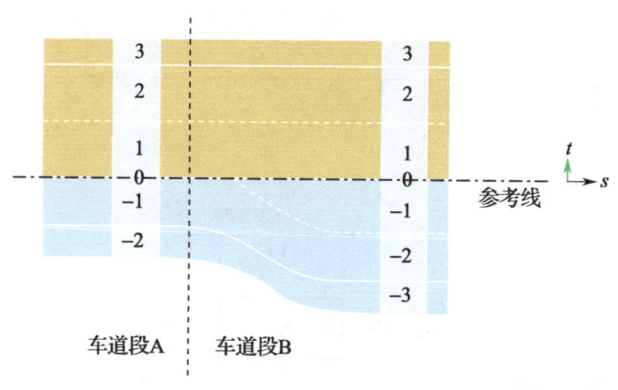

图 4-2-10　车道示意图

车道可以设置不同的属性，包括：宽度（可以用沿道路方向的三次多项式描述）、类型（如车行道、停车区域、人行道等）、材质（包括摩擦系数等）、限速、路权（可以设置公交专用车道）、车道线等。车道类型和车道线设置的示例分别如图 4-2-11a 和 b 所示。

图 4-2-11　车道类型和车道线设置的示例

（三）道路特征（features）

道路特征包括物体（objects）和标志（signals）两种。

物体包括停车位、隧道、桥梁、人行道和路障等类型，通过在道路 s-t 坐标系的位置、朝向和高度等属性进行定义。OpenDRIVE 不仅可以放置数量不同的多种物体，还提供了 <repeat> 元素用以放置多个重复的物体。对物体位置和轮廓的描述方式如图 4-2-12 所示。

标志包括交通信号灯和交通标志等可能会对交通产生影响的元素。标志既包括静态标志（如限速标志），也包括可以动态变化的标志（如交通信号灯）。

可以为标志指定其作用的车道，比如为不同车道设置不同的限速；也可以将一个标志在多个车道重复引用，方便设置。

可以将一个标志的物理位置和逻辑位置设置在不同地方，这很适用于交通信号灯的场景：交通信号灯的逻辑位置在交叉口这一侧的停止线，而物理位置在交叉口对面。同时，对于交通信号灯，可以使用一个相位控制器控制多个交通信号灯的状态，方便进行相位同步。

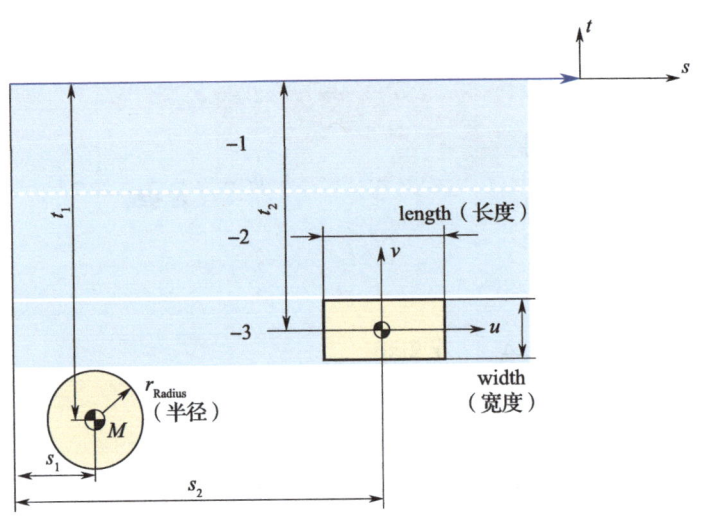

图 4-2-12　物体位置和轮廓描述方式

（四）高程（elevation）

道路的高程包括：道路高程（road elevation），即沿行驶方向（s 轴）的高低起伏；超高程（super elevation），即道路横向（t 轴）的坡度，例如转弯处外侧较高；甚至可以设置横向复杂的道路形状（road shape），如路面中间凸起以便于排水的形状。高程的类型如图 4-2-13 所示。

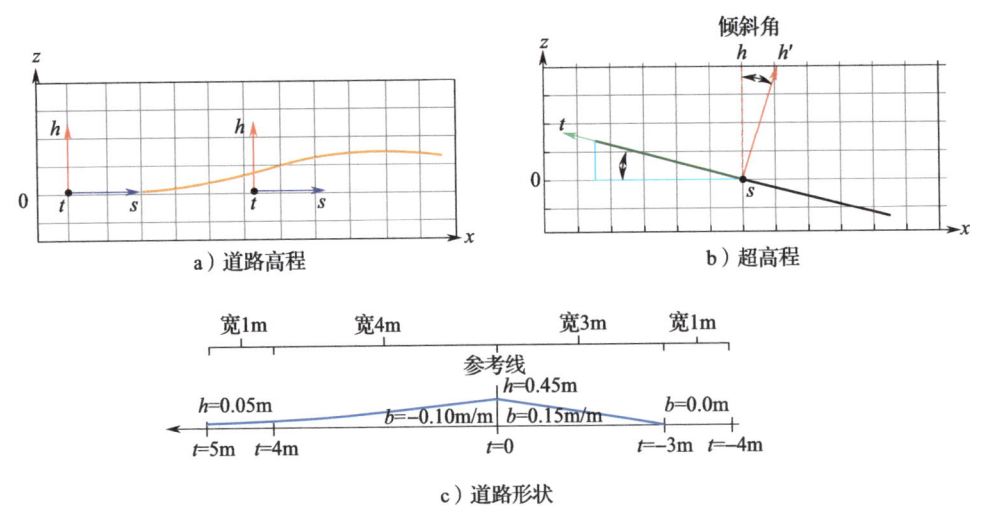

图 4-2-13　高程的类型

（五）交叉口（junctions）

当三条及以上道路相交、无法清楚描述道路的连接关系时，需要用到道路交叉口（俗称"路口"）。

交叉口由来路（incoming roads）和连接路（connecting roads）组成，其中，由于

OpenDRIVE 并未特意将去路（outgoing roads）定义为元素或属性，来路可同时作为去路，连接路作为来路和去路之间的连接。来路为进入交叉口的道路，可以有不止一条；去路为离开交叉口的道路，可以有不止一条。如图 4-2-14 所示，一条来路可以对应多条连接路，而每条连接路都只连接一条来路和一条去路，这样就明确了交叉口处道路的连接关系。

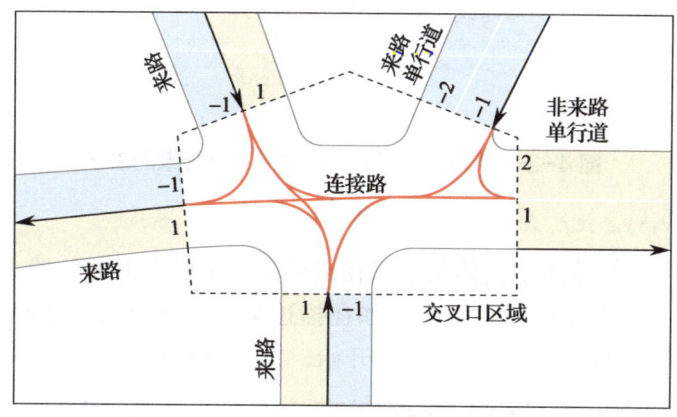

图 4-2-14　OpenDRIVE 交叉口模型图

引导问题 3

请查阅相关资料，阐述 OpenDRIVE 中三种坐标系的关系。

_____
_____
_____

OpenDRIVE 中的坐标系

OpenDRIVE 使用三种类型的坐标系，如图 4-2-15 所示。

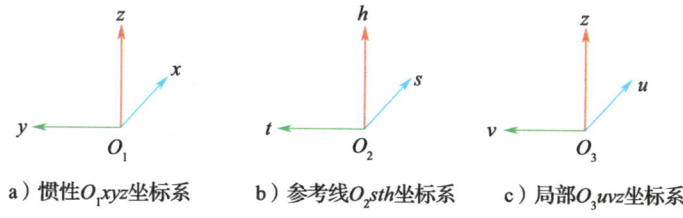

a) 惯性 O_1xyz 坐标系　　b) 参考线 O_2sth 坐标系　　c) 局部 O_3uvz 坐标系

图 4-2-15　OpenDRIVE 中的不同坐标系

若无另外说明，对局部坐标系的查找与定位将相对于参考线坐标系来进行，对参考线坐标系位置与方向的设定则相对于惯性坐标系来开展。具体方法为对原点、原点的航向角/偏航角（heading angle）、横摆角/翻滚角（roll angle）和俯仰角（pitch angle）的角度及它们之间的关系进行详细说明。

OpenDRIVE 中三种坐标系的表示如图 4-2-16 所示。

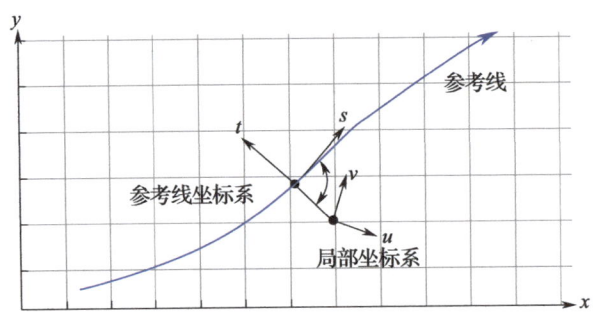

图 4-2-16　OpenDRIVE 中三种坐标系的表示

（一）惯性 O_1xyz 坐标系

惯性坐标描述的是地图中具体某个点在当前惯性坐标系下的位置，其中 x、y、z 坐标可以具体表示某一个点所在的位置。如在描述某一段道路时，道路起始点的位置就是由 x、y、z 坐标定义的，道路在这个点开始，按一定方向和一定长度延伸。

在图 4-2-17 所示例子中，"x="1.9862999999954269e+01""和"y="3.9978199999999987e+01""描述的是此段道路的起始点在惯性坐标系中的位置。

```
<geometry s="8.9999999999999893e+00" x="1.9862999999954269e+01" y="3.99781999999999
87e+01" hdg="1.5707963267987368e+00" length="1.0000000000000000e+01">
```

图 4-2-17　OpenDRIVE 惯性坐标系定义示例

根据 ISO 8855，惯性坐标系是右手坐标系，其各轴的指向方向如下：

x 轴——指向右方；

y 轴——指向上方；

z 轴——指向绘图平面外。

以下惯例适用于地理参考：

x 轴——指向东方；

y 轴——指向北方；

z 轴——指向上方。

通过依次设置航向角/偏航角、俯仰角和横摆角/翻滚角，元素（如物体、标志等）可被置于惯性坐标系中，如图 4-2-18 所示。

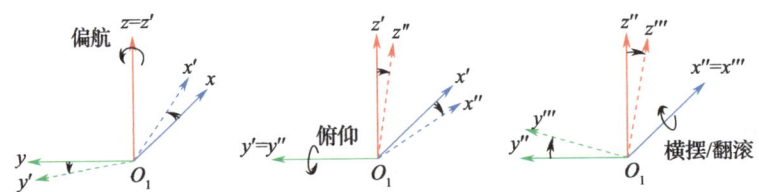

a）设置航向角/偏航角大于0　　b）设置俯仰角大于0　　c）设置横摆角/翻滚角大于0

图 4-2-18　含有旋转定义的惯性坐标系

（二）参考线 O_2sth 坐标系

参考线坐标系适用于沿道路的参考线。它是一个右手坐标系。s 轴方向沿参考线的切线。需要注意的是，参考线总是位于惯性坐标系定义的 xO_1y 平面内。t 轴与 s 轴正交。右手系统通过定义与 x 轴和 y 轴正交的上方向 h 来完成。

OpenDRIVE 中 O_2sth 坐标系的表示如图 4-2-19 所示。

参考线坐标系的三个轴描述如下：

s 轴——沿参考线的坐标，从道路起点开始测量，单位为 m，在 xO_1y 平面上计算（即不考虑道路高程剖面图）；

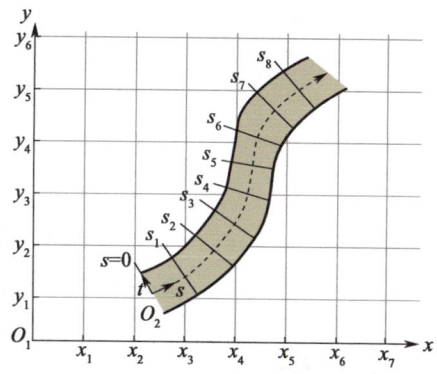

图 4-2-19　OpenDRIVE 中 O_2sth 坐标系的表示

t 轴——横向位置，从参考线出发，沿与 s 轴正交的方向，指向 s 轴左侧；

h 轴——在右手坐标系中与 sO_2t 平面正交。

在图 4-2-20 所示例子中，"s="1.8999999999999989e+01""描述的是此段道路的起始点在参考线坐标系中的位置。

```
<geometry s="1.8999999999999989e+01" x="1.9862999999915868e+01" y="4.9978199999999
87e+01" hdg="1.5707963267987368e+00" length="1.0000000000000000e+01">
```

图 4-2-20　OpenDRIVE 参考线坐标系定义示例

（三）局部 O_3uvz 坐标系

根据 ISO 8855，局部坐标系是右手坐标系，其各轴的指向方向如下：

u 轴——向前匹配 s 轴；

v 轴——向左匹配 t 轴；

z 轴——向上匹配 h 轴。

注意上述方向适用于非旋转坐标系。含有旋转定义的局部坐标系如图 4-2-21 所示。

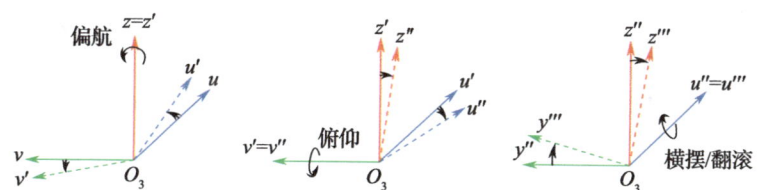

a）设置航向角/偏航角大于0　　b）设置俯仰角大于0　　c）设置横摆角/翻滚角大于0

图 4-2-21　含有旋转定义的局部坐标系

（四）三种坐标系的关系

三种坐标系的关系可通过图 4-2-22 清晰展示，惯性坐标系、参考线坐标系和局部坐标系在 OpenDRIVE 中同时被使用。图 4-2-22 描述了三种坐标系相对于彼此的位置与方向设定。

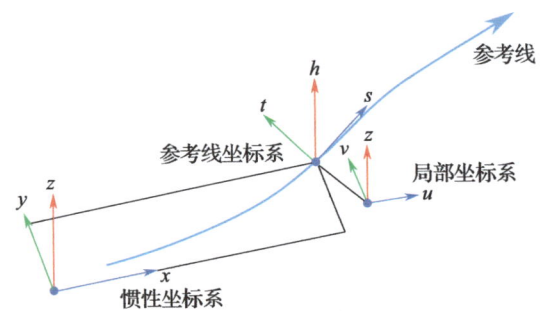

图 4-2-22　OpenDRIVE 中三种坐标系的关系

（五）OpenDRIVE 中的地理坐标参考

空间参考系的标准化由欧洲石油调查组织（EPSG）执行，该参考系由用于描述大地基准的参数来定义。大地基准是相对于地球的椭圆模型的位置合集所做的坐标参考系。

通过使用基于 PROJ（一种用于两个坐标系之间数据交换的格式）的投影字符串来完成对大地基准的描述。该数据应标为 CDATA(字符型数据)，因为其可能包含会干预元素属性 XML 语义的字符。

在 OpenDRIVE 中，关于数据集的地理参考信息在 \<header\> 元素的 \<geoReference\> 元素中得以呈现。proj 字符串（图 4-2-23）包含了所有定义已使用的空间参考系的参数。

```
<geoReference>
<![CDATA[+proj=utm +zone=32 +ellps=GRS80 +towgs84=0,0,0,0,0,0,0 +units=m +no_defs]]
>
</geoReference>
```

图 4-2-23　OpenDRIVE proj 字符串示例

可使用 \<offset\> 元素进行地理坐标参考偏移，如图 4-2-24 所示。

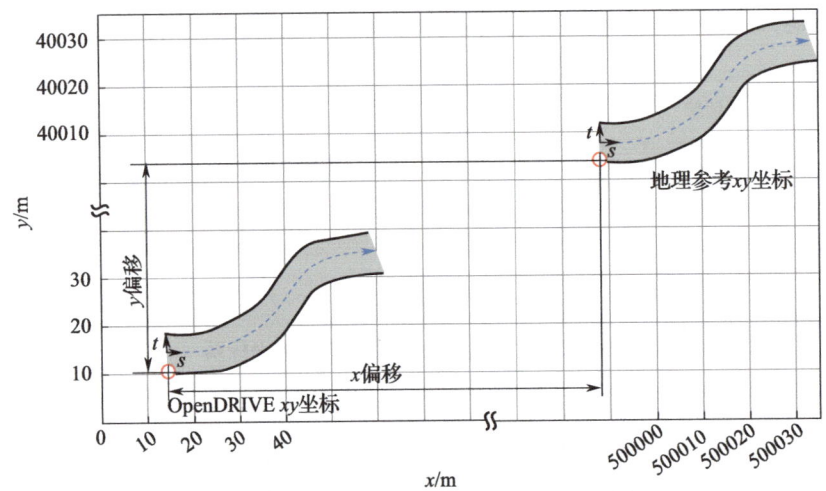

图 4-2-24　OpenDRIVE 地理坐标参考偏移

引导问题 4

请查阅相关资料,简述 OpenDRIVE 与其他标准的关联。

_____
_____
_____
_____
_____
_____

OpenDRIVE 与其他标准的关联

(一) ASAM OpenDRIVE 在 ASAM 标准系列中的角色

ASAM OpenDRIVE 是 ASAM(自动化及测量系统标准协会)仿真标准的一部分,该标准专注于车辆环境的仿真数据。除了 ASAM OpenDRIVE,ASAM 还提供其他仿真领域的标准,例如 ASAM OpenSCENARIO 和 ASAM OpenCRG。

(二) OpenDRIVE 与 OpenCRG 以及 OpenSCENARIO 之间的关联

ASAM OpenDRIVE 为路网的静态描述定义了一种存储格式。通过与 ASAM OpenCRG 结合使用,可以将非常详细的路面描述添加至路网当中。ASAM OpenDRIVE 和 ASAM OpenCRG 仅包含静态内容,若要添加动态内容,则需要使用 ASAM OpenSCENARIO。三个标准的结合则提供包含静态和动态内容、由场景驱动的对交通模拟的描述,如图 4-2-25 所示。

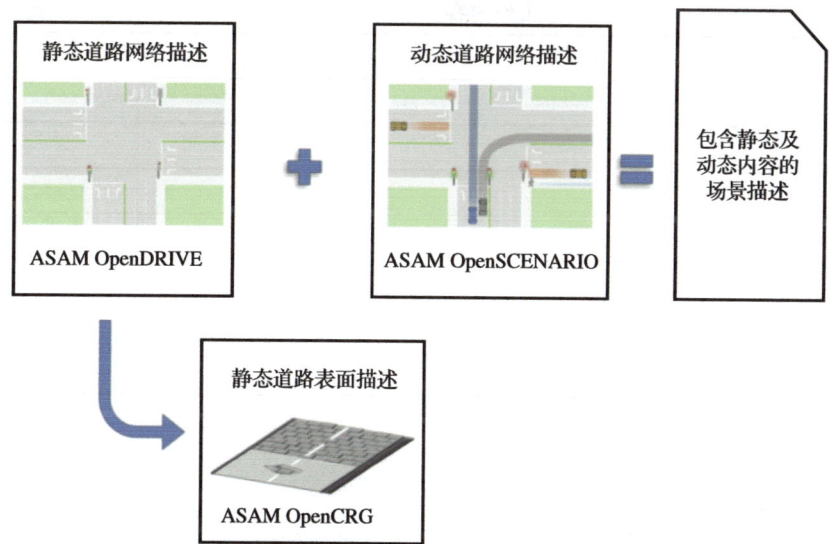

图 4-2-25 OpenDRIVE 与 OpenCRG 以及 OpenSCENARIO 之间的关联

小组分工

学生任务分配表

班级		组号		指导教师	
组长		学号			
组员角色分配					
信息员		学号			
操作员		学号			
记录员		学号			
安全员		学号			
任务分工					
（就组织讨论、工具准备、数据采集、数据记录、安全监督、成果展示等工作内容进行任务分工）					

工作计划

按照前面所了解的知识内容和小组内部讨论的结果，制订工作方案，落实各项工作负责人，如任务实施前的准备工作、实施中的主要操作及协助支持工作、实施过程中相关要点及数据的记录工作等，并将结果填入工作计划表中。

工作计划表

步骤	工作内容	负责人
1		
2		
3		
4		
5		
6		
7		
8		

进行决策

1）各组派代表阐述资料查询结果。

2）各组就各自的查询结果进行交流，并分享技巧。

3）教师结合各组完成的情况进行点评，选出最佳方案。

任务实施

了解 OpenDRIVE 高精度地图的标准	
记录	完成情况
1. 通过互联网搜寻 OpenDRIVE 文件，解析 OpenDRIVE 高精度地图的基本结构。 2. 查阅相关资料，简述 OpenDRIVE 与 OpenCRG 以及 OpenSCENARIO 之间的关联。 	已完成□ 未完成□

评价反馈

1）各组代表展示汇报 PPT，介绍任务的完成过程。
2）请以小组为单位，对各组的操作过程与操作结果进行自评和互评，并将结果填入综合评价表中的小组评价部分。
3）教师对学生工作过程与工作结果进行评价，并将评价结果填入综合评价表中的教师评价部分。

综合评价表

班级		组别		姓名		学号	
实训任务							
评价项目		评价标准				分值	得分
小组评价	计划决策	制订的工作方案合理可行，小组成员分工明确				10	
	任务实施	通过互联网搜寻 OpenDRIVE 文件，解析 OpenDRIVE 高精度地图的基本结构				30	
		查阅相关资料，简述 OpenDRIVE 与 OpenCRG 以及 OpenSCENARIO 之间的关联				30	
	任务达成	能按照工作方案操作，按计划完成工作任务				10	
	工作态度	认真严谨、积极主动				10	
	团队合作	小组组员积极配合、主动交流、协调工作				5	
	6S 管理	将鼠标、键盘、桌椅进行归位				5	
		小计				100	

（续）

评价项目		评价标准	分值	得分
教师评价	实训纪律	不出现无故迟到、早退、旷课现象，不违反课堂纪律	10	
	方案实施	严格按照工作方案完成任务实施	20	
	团队协作	任务实施过程互相配合，协作度高	20	
	工作质量	能准确完成任务实施的内容	20	
	工作规范	操作规范，三不落地，无意外事故发生	10	
	汇报展示	能准确表达、总结到位、改进措施可行	20	
		小计	100	
综合评分		小组评分 ×50%+ 教师评分 ×50%		
总结与反思				

（如：学习过程中遇到什么问题→如何解决的/解决不了的原因→心得体会）

任务三　完成 Apollo 高精度地图的构建与导入

学习目标

- 了解 Apollo 高精度地图
- 了解 Apollo 高精度地图构建过程
- 了解 Apollo 高精度地图导入过程
- 认真学好 Apollo 高精度地图导入操作流程，提升实践能力
- 掌握 Apollo 高精度地图构建与导入，丰富专业知识架构
- 了解高精度地图的技术更新，不断学习新的知识与技能

知识索引

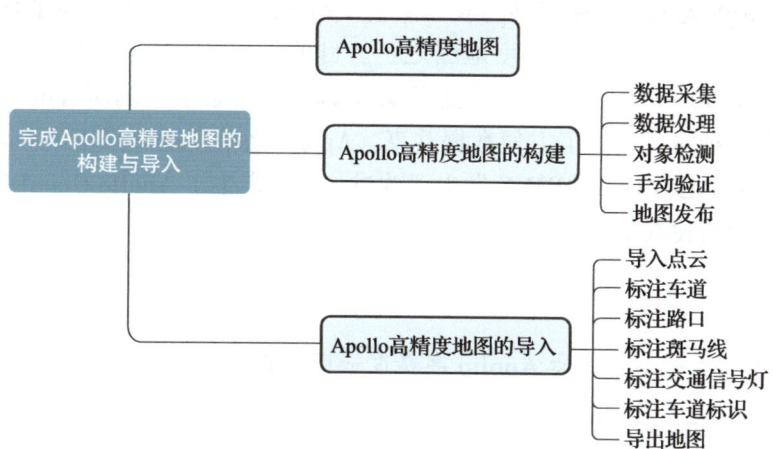

情境导入

公司新招收了数名高精度地图工程师实习生，你作为高精度地图工程师，需要向他们讲解 Apollo 高精度地图的相关内容，包括 Apollo 高精度地图的构建与导入。

获取信息

引导问题 1

请查阅相关资料，简述 Apollo 高精度地图与 OpenDRIVE 高精度地图的区别。

_____
_____
_____

Apollo 高精度地图

Apollo 高精度地图专为自动驾驶汽车设计，里面包含了道路定义、交叉口、交通信号、车道规则及用于汽车导航的其他元素。

高精度地图可在许多方面为自动驾驶汽车提供帮助，如图 4-3-1 所示，高精度地图通常会记录交通信号灯的精确位置和高度，从而大大降低感知难度。高精度地图不仅可以减小计算需求，还可以通过提供有关驾驶环境的详细信息，来确保自动驾驶汽车的安全。保持这些

图 4-3-1　高精度地图场景

地图的更新是一项重大任务，测试车队需要不断地对高精度地图进行验证和更新。此外，这些地图可能达到几厘米的精度，这是目前水准最高的制图精度。

Apollo 高精度地图是最懂自动驾驶的高精度地图之一，也是业界精细化程度最高、生产率最高、覆盖面最广的高精度地图之一。目前，Apollo 高精度地图的生产自动化程度已经达到了 90%、准确识别率达到了 95% 以上，覆盖了全国所有的重点道路。高精度地图有很多种格式，为了方便数据共享，Apollo 高精度地图采用了 OpenDRIVE 格式。同时，Apollo 也对 OpenDRIVE 做出了改进，进而产生了 Apollo OpenDRIVE 标准，以便更适合自动驾驶汽车。

> **引导问题 2**
>
> 请查阅相关资料，简述 Apollo 高精度地图构建流程。
>
> _____
> _____
> _____

Apollo 高精度地图的构建

高精度地图的构建由五个过程组成：数据采集、数据处理、对象检测、手动验证和地图发布，如图 4-3-2 所示。

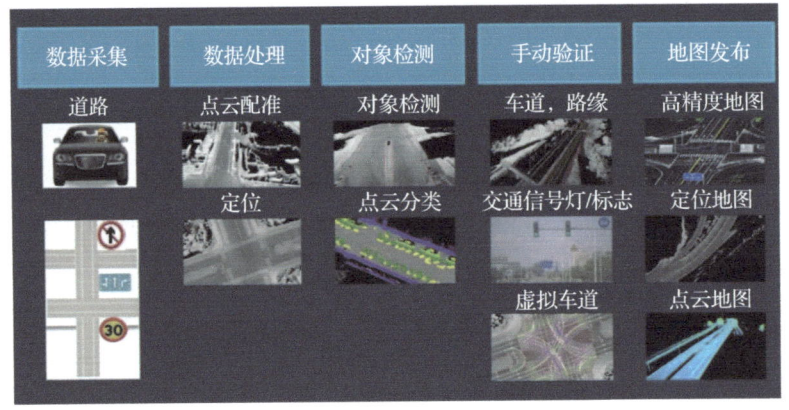

图 4-3-2　Apollo 高精度地图构建

（一）数据采集

数据采集是一项庞大的密集型任务，近 300 辆 Apollo 测试车辆负责收集用于制作地图的源数据，以便确保每次道路发生改变时，地图均会得到快速更新。测试车辆使用了多种传感器，包括 GPS、IMU、激光雷达、摄像头等。Apollo 定义了一个硬件架构，将这些传感器集成到单个自主系统中，通过支持多种类的传感器，Apollo 收集各类数据并将这些数据融合，最终生成高精度地图，如图 4-3-3 所示。

（二）数据处理

数据处理指的是 Apollo 对收集到的数据进行整理、分类和精简，以获得没有任何语义信息或注释的初始地图模板,如图 4-3-4 所示。

图 4-3-3　Apollo 高精度地图数据采集

图 4-3-4　Apollo 高精度地图数据处理

(三)对象检测

对于对象检测,Apollo 使用人工智能来检测静态对象并对其进行分类,其中包括车道线、交通标志,甚至是电线杆,如图 4-3-5 所示。

图 4-3-5　Apollo 高精度地图对象检测

(四)手动验证

手动验证可确保自动创建地图过程正确进行并及时发现问题。

Apollo 的手动验证团队能够高效标记和编辑地图,如图 4-3-6 所示。在经过数据采集、数据处理、对象检测、手动验证之后,高精度地图才能发布。

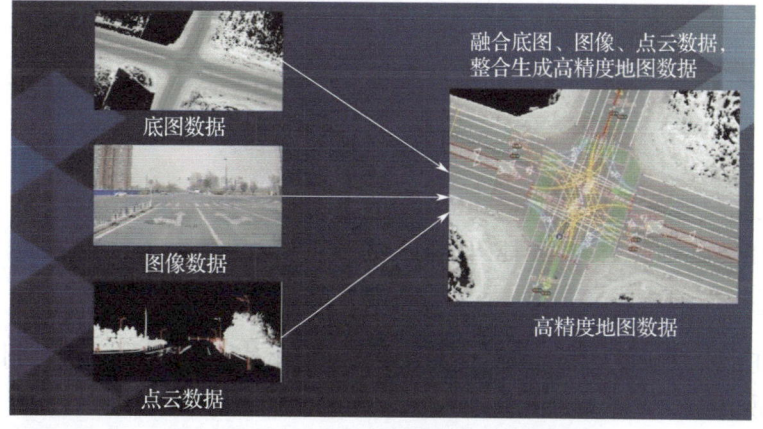

图 4-3-6　Apollo 高精度地图手动验证

（五）地图发布

除高精度地图外，Apollo 还发布了采用自上而下视图的相应定位地图和三维点云地图。Apollo 智能地图生产平台如图 4-3-7 所示。

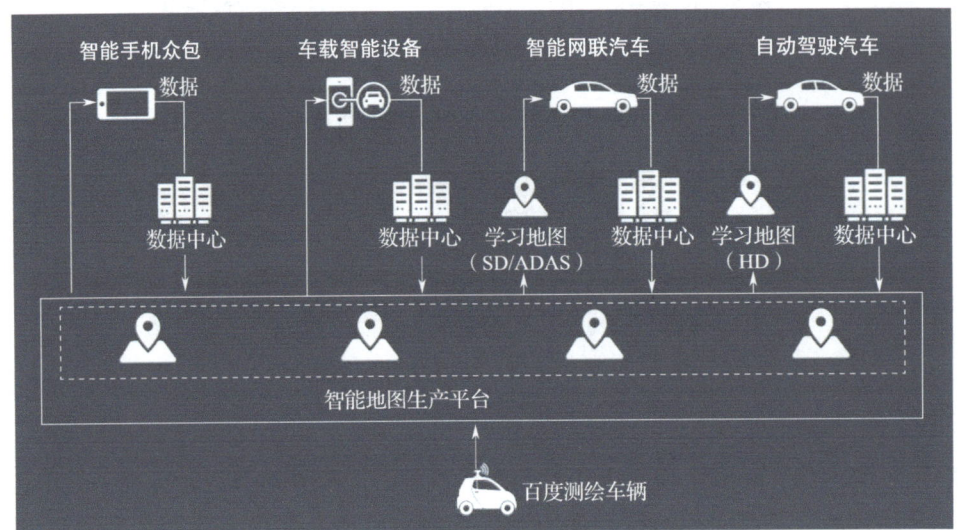

图 4-3-7　Apollo 智能地图生产平台

竞赛指南　在 2022 年全国职业院校技能大赛（高职组）汽车技术——智能网联汽车技术赛项中，高精度地图的数据采集与导入作为考点之一，是后续项目虚拟仿真与道路验证的必经步骤之一。

引导问题 3

请查阅相关资料，简述 Apollo 高精度地图的导入流程。

_____

_____

_____

Apollo 高精度地图的导入

Apollo 高精度地图导入需要 RoadRunner 的语义标注过程，标注完成之后，RoadRunner 可以直接导出模型文件和高精度地图供仿真系统使用。

（一）导入点云

先创建工程，然后在 Assets 中新建 pointcloud 目录，把点云文件拖动到该文件夹下，如图 4-3-8 所示。

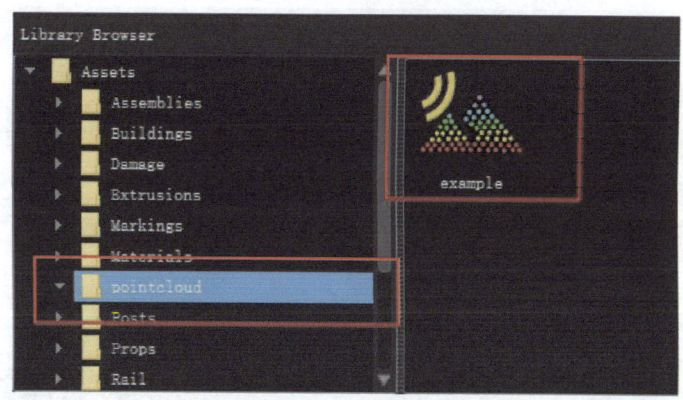

图 4-3-8 创建工程

导入点云之前需要设置点云的投影,否则不能导入到 RoadRunner。点击点云,按照图 4-3-9 所示步骤设置经纬度坐标,设置完成之后点击 Use Tranverse Mercator At 生成投影。

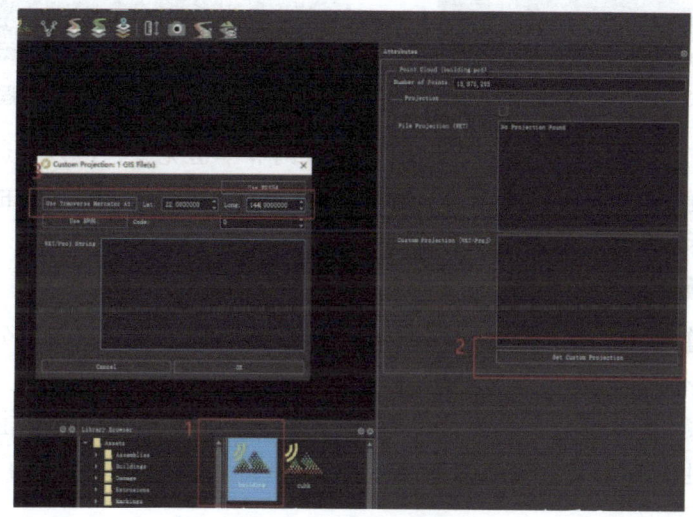

图 4-3-9 生成投影

(二)标注车道

接下来就可以在点云之上进行车道标注了,一般采用俯视视角,根据车道线进行标注。具体步骤如下:

1)选择车道材质。RoadRunner 自带一些车道模型可以直接采用,也可以自定义一些车道,如图 4-3-10 所示。

2)绘制车道。先在工具栏选择车道图标,然后沿着道路边缘单击鼠标右键,这样就会生成一段车道,继续上述过程就可以得到一条车道,如图 4-3-11 所示。

3)调整高程。如果不调整高程,放大和缩小的时候会感觉路面在移动,高程在左下角的小窗口进行调整,调整完高程之后,对路面横向距离再做微调就可以了。调整的过程就是拖动点对齐到点云,如果中途需要增加点,可以单击鼠标右键,然后再拖动该点,添加点的方式同样适用于其他情况(包括道路、路口等),如图 4-3-12 所示。

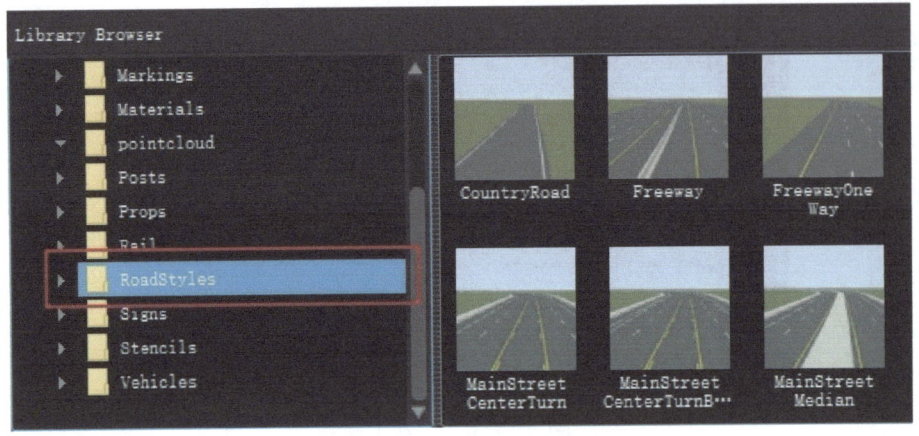

图 4-3-10　选择车道材质

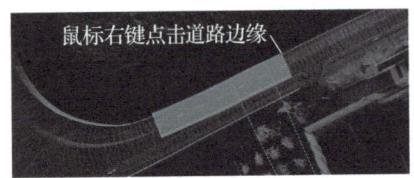

图 4-3-11　绘制车道

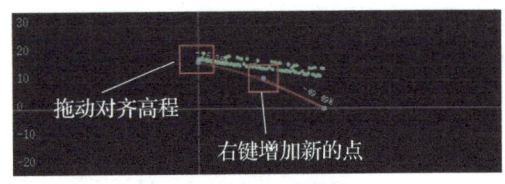

图 4-3-12　调整高程

4）调整车道宽度。点击车道宽度图标可以调节车道宽度，可以先通过标尺工具来测量车道的宽度，然后适当地进行调整，如图 4-3-13 所示。还有其他的车道设置，包括增加车道、拆分车道、合并、分割等，这些也可以根据情况使用。

（三）标注路口

标注完车道之后，接下来标注路口（即道路交叉口），标注路口分为两种情况：十字路口和 T 形路口。具体步骤如下：

1）标注十字路口。点击自定义路口图标，然后鼠标右键依次单击十字路口车道的连接面，会生成空心框，连接好之后点击空格键，路口就生成好了，如图 4-3-14 所示。

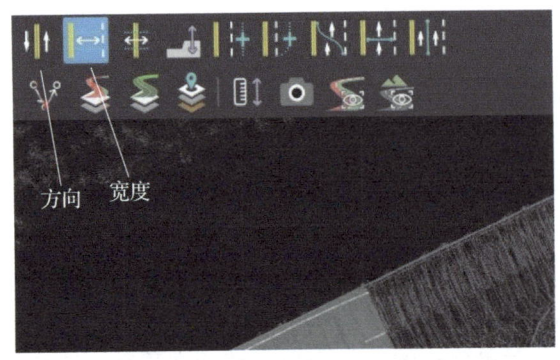

图 4-3-13　调整车道宽度

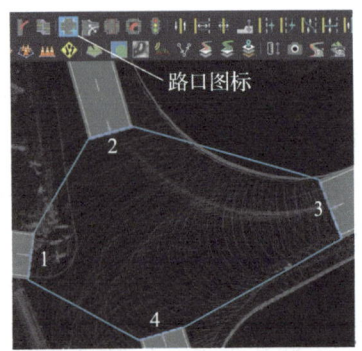

图 4-3-14　标注十字路口

2）标注 T 形路口。T 形路口的标注和十字路口类似，主要的区别是先点击车道，然后右键在需要汇入的车道选择 2 个横截面，如图 4-3-15 所示。

3）路口车道线。通过路口车道线图标可以查看路口的虚拟车道，也可以调整车道。路口的车道线可以自动生成，也可以手动连接2个蓝色的点生成，但是需要交通规则支持；如果交通规则不支持，也不会生成虚拟车道，目前也有遇到双向车道生成不了虚拟车道的情况，如图4-3-16所示。

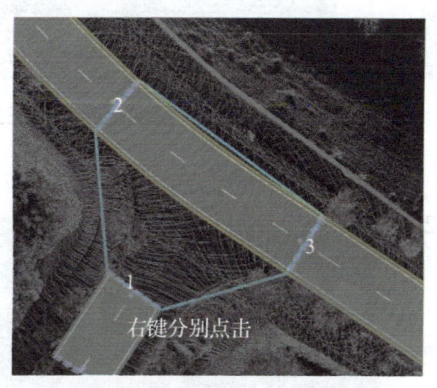

图4-3-15 标注T形路口

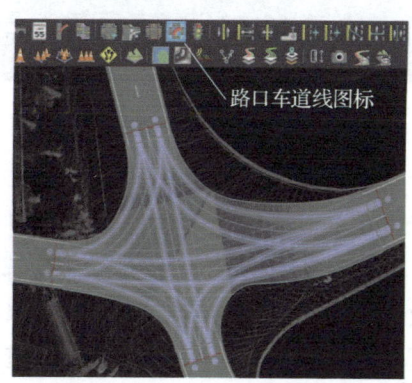

图4-3-16 路口车道线

（四）标注斑马线

斑马线有两种情况，一种是路口的斑马线，另一种是单条车道中间的斑马线。路口的斑马线标注相对比较简单，选择斑马线模型，然后点击人行横道图标，在路口点击右键就可以了，如图4-3-17所示。

接下来标注单条车道中间的斑马线。首先在车道中间生成虚拟路口，然后选择人行横道图标和斑马线模型，最后在生成的虚拟路口单击鼠标右键，如图4-3-18所示。

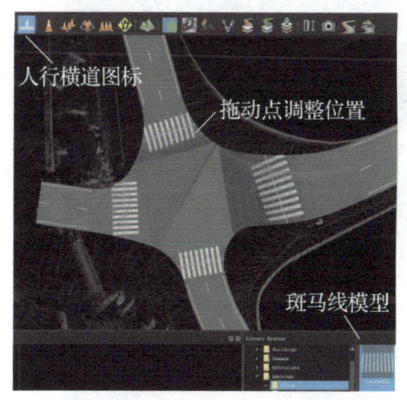

图4-3-17 标注路口斑马线

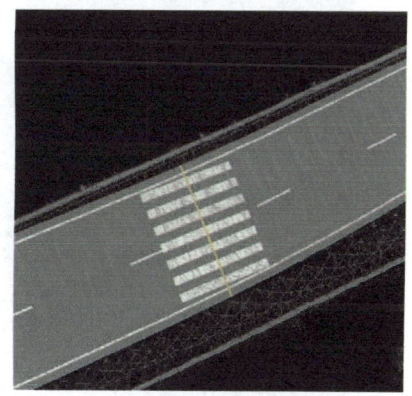

图4-3-18 标注单条车道中间的斑马线

（五）标注交通信号灯

点击交通信号灯图标，按照图4-3-19所示的步骤就可以自动创建交通信号灯，同时还可以设置每条车道的相位。

添加完成之后的效果如图4-3-20所示。

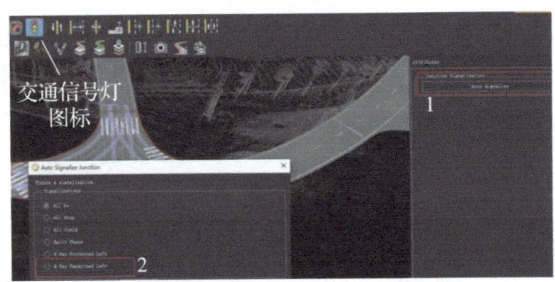

图 4-3-19　标注交通信号灯

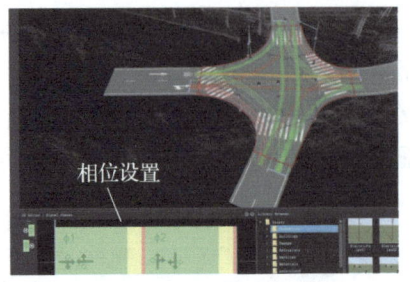

图 4-3-20　交通信号灯标注效果

（六）标注车道标识

可以在车道上增加一些标识，如图 4-3-21 所示。为了更好地导出模型文件，这部分只是视觉效果（如果只是做高精度地图，可以忽略），主要是为了给仿真器中的城市或者道路模型使用。

（七）导出地图

选择菜单栏 File → Export，就可以根据需要导出特定格式的高精度地图了，如图 4-3-22 所示。

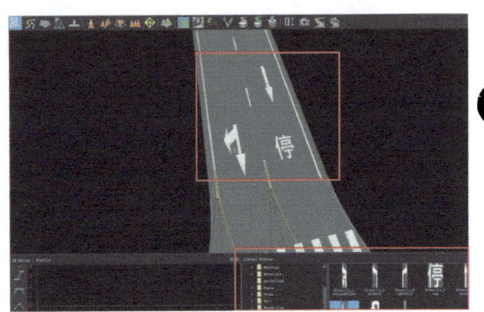

图 4-3-21　标注车道标识

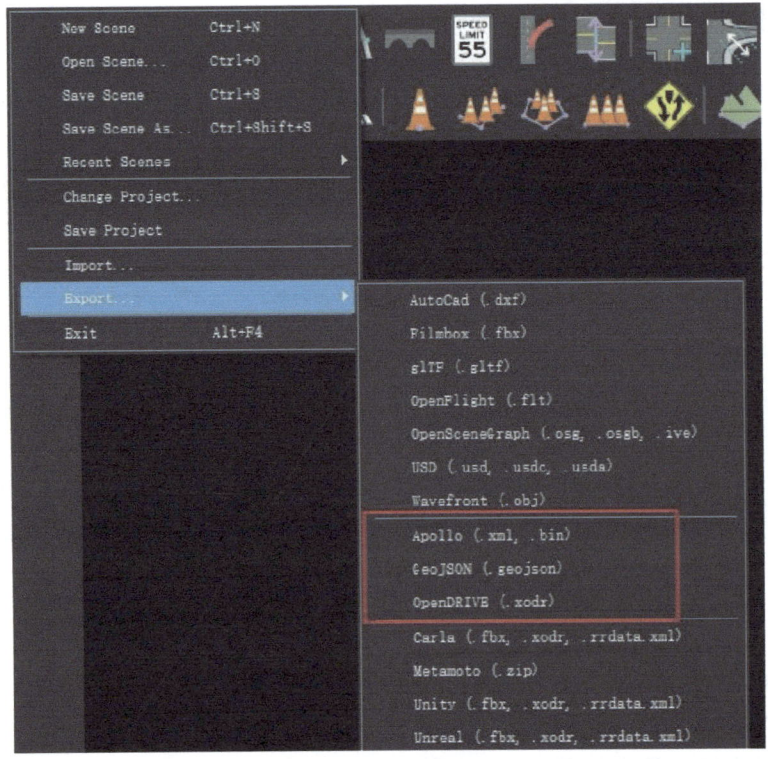

图 4-3-22　导出地图

姓名　　　班级　　　日期　　　　　　能力模块 四　　对高精度地图测绘的基本认知

小组分工

学生任务分配表

班级		组号		指导教师	
组长		学号			
组员角色分配					
信息员		学号			
操作员		学号			
记录员		学号			
安全员		学号			
任务分工					

（就组织讨论、工具准备、数据采集、数据记录、安全监督、成果展示等工作内容进行任务分工）

工作计划

按照前面所了解的知识内容和小组内部讨论的结果，制订工作方案，落实各项工作负责人，如任务实施前的准备工作、实施中的主要操作及协助支持工作、实施过程中相关要点及数据的记录工作等，并将结果填入工作计划表中。

工作计划表

步骤	工作内容	负责人
1		
2		
3		
4		
5		
6		
7		
8		

进行决策

1）各组派代表阐述资料查询结果。

2）各组就各自的查询结果进行交流，并分享技巧。

3）教师结合各组完成的情况进行点评，选出最佳方案。

任务实施

自动驾驶功能测试之高精度地图录制

要实现 L3 和更高级别的自动驾驶，必须要使用到高精度地图。接下来，我们一起学习 Apollo 高精度地图的录制。扫描右侧二维码，获取高精度地图录制操作视频，并完成下方内容记录。

参考操作视频，按照规范作业要求，完成高精度地图录制的操作步骤，进行数据采集并记录。

完成高精度地图录制			
序号	步骤	记录	完成情况
1	配置系统		已完成□ 未完成□
2	打开功能模块		已完成□ 未完成□
3	检查接收机		已完成□ 未完成□
4	录制高精度地图		已完成□ 未完成□
总结提升			已完成□ 未完成□

评价反馈

1）各组代表展示汇报 PPT，介绍任务的完成过程。

2）请以小组为单位，对各组的操作过程与操作结果进行自评和互评，并将结果填入综合评价表中的小组评价部分。

3）教师对学生工作过程与工作结果进行评价，并将评价结果填入综合评价表中的教师评价部分。

综合评价表

班级		组别		姓名		学号	
实训任务							
	评价项目		评价标准			分值	得分
小组评价	计划决策		制订的工作方案合理可行，小组成员分工明确			10	
	任务实施		高精度地图录制			60	
	任务达成		能按照工作方案操作，按计划完成工作任务			10	
	工作态度		认真严谨、积极主动			10	
	团队合作		小组组员积极配合、主动交流、协调工作			5	
	6S 管理		将鼠标、键盘、桌椅进行归位			5	
			小计			100	

（续）

评价项目		评价标准	分值	得分
教师评价	实训纪律	不出现无故迟到、早退、旷课现象，不违反课堂纪律	10	
	方案实施	严格按照工作方案完成任务实施	20	
	团队协作	任务实施过程互相配合，协作度高	20	
	工作质量	能准确完成任务实施的内容	20	
	工作规范	操作规范，三不落地，无意外事故发生	10	
	汇报展示	能准确表达、总结到位、改进措施可行	20	
		小计	100	
综合评分		小组评分×50%+教师评分×50%		
总结与反思				

（如：学习过程中遇到什么问题→如何解决的/解决不了的原因→心得体会）

能力模块五 掌握自动驾驶系统的应用

任务一　安装并调试智能传感器系统

学习目标

- 了解智能传感器的种类
- 理解智能传感器应用场景
- 了解传感器的工作原理
- 掌握各种传感器的相关知识，努力提升专业知识水平
- 掌握自动驾驶智能传感器的安装与调试，提升专业技能水平，明确职业倾向

知识索引

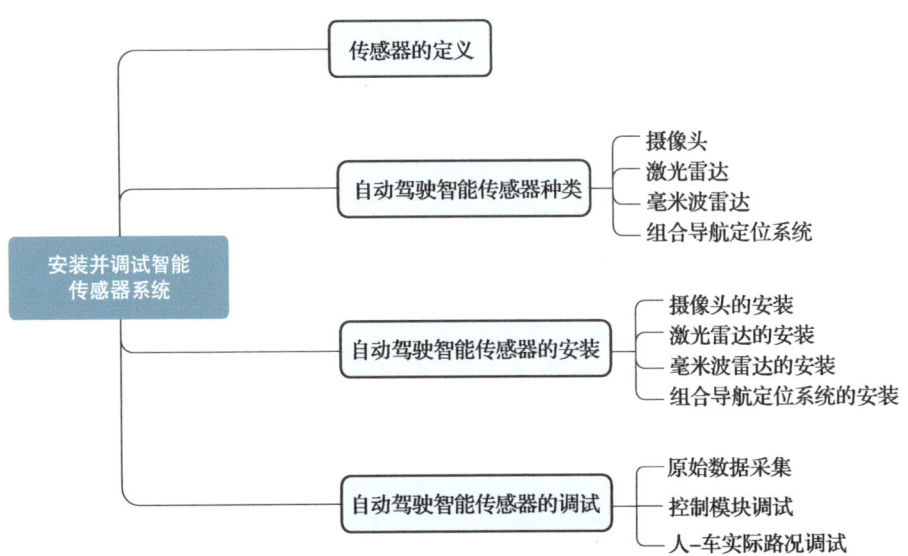

情境导入

公司刚生产了一辆自动驾驶汽车,你作为传感器工程师,需要将各类传感器安装到自动驾驶汽车上,首先应该确定传感器种类,其次是数量和功能参数以及在安装和调试过程中的标定方式。

获取信息

引导问题 1

请查阅相关资料,简述传感器的定义。

_____
_____
_____

传感器的定义

传感器(transducer/sensor)是一种检测装置,能感受到被测量的信息,并能将感受到的信息按一定规律变换成为电信号或其他所需形式的信息输出。例如,光敏电阻(图 5-1-1)在环境光线变化时,它的阻值也会相应变化,而这个阻值的变化能够通过电压与电流的关系进行测量,这样就将光照强度以电压与电流的关系呈现出来,能够帮助车辆识别白天和夜晚,用来自动打开车灯以及仪表盘背光灯。

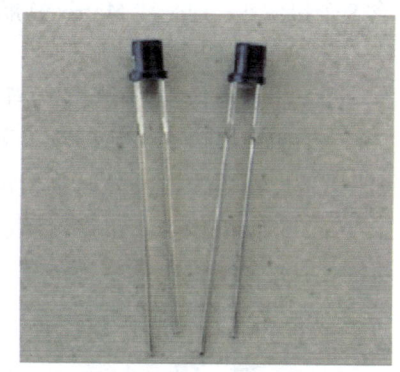

图 5-1-1 光敏电阻

不仅有光敏电阻,还有热敏电阻、压敏电阻,通过这些电阻以及一些电路设计,就能够设计出相应的温度、光照、压力传感器,这样一类的传感器就能够让车辆拥有"感知"外界环境的能力。

引导问题 2

请查阅相关资料,简述自动驾驶汽车上常见的传感器有哪些。

_____
_____
_____

自动驾驶智能传感器种类

传感器采集到准确的信息是自动驾驶最重要的环节之一,由于采集信息的多样化,传感器的种类也很多,以下介绍一些常见并且非常重要的传感器。

(一)摄像头

生活中常用的倒车影像系统就是利用了摄像头,而摄像头也是自动驾驶的核心传感器,是实现自动驾驶规划、控制功能的基础。相比于其他传感器,其最大的优势在于可以识别车辆周边的环境信息,能够"看到"环境中物体的形状以及颜色,能够帮助汽车对环境道路、路上的人/车以及交通信号灯进行判断。

图 5-1-2 摄像头

摄像头(图 5-1-2)将光学组件获得的光信号,投射到图像传感器上,完成由光信号到电信号的转换,然后再转换为数字图像信号,最后进行信号的算法处理。它基于图像数据感知车辆周边路况,从而实现如车辆、行人、车道线、交通标志的检测和距离估计等功能。

1. 摄像头在自动驾驶中的应用

根据摄像头的安装位置,可以分为前视、侧视、后视、环视、内置等。在高级别自动驾驶车辆上,配置的摄像头有几个甚至十几个。如特斯拉 Autopilot 2.0 硬件系统就包含 8 个摄像头;地平线 Matrix 领航辅助驾驶解决方案配置了 6 个摄像头,如图 5-1-3 所示。

常见的摄像头功能如下:

1)前视摄像头:检测障碍物、交通信号灯、交通标志、可行驶区域等。
2)侧视摄像头:障碍物检测、测距等。
3)后视摄像头:障碍物检测、测距(图 5-1-4)等。
4)环视摄像头:车位检测、可行驶区域检测、低速感知等,提供车辆四周画面。
5)内置摄像头:不规范驾驶等危险行为预警。

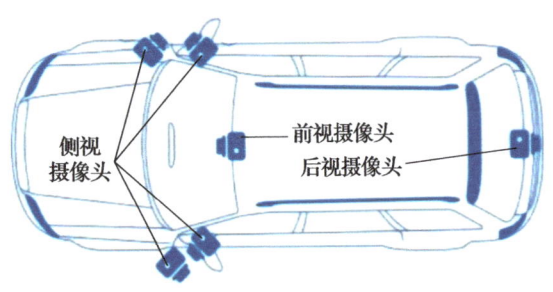

图 5-1-3 地平线 Matrix 方案摄像头安装位置

图 5-1-4 后视摄像头测距

2. 摄像头在自动驾驶中的性能要求

对于车规级的摄像头来说,因为车辆可能会在一整天的任意时刻进行行驶,昼夜温差以及天气对性能都有一定的影响,因此对摄像头工作环境的光线、温度等都有较高的要求,并且在行驶过程中存在振动,所以在自动驾驶中摄像头主要需要满足以下性能要求:

1)耐温。车载摄像头需要在 -40~85℃ 范围内都能够正常工作,且能够适应温度的剧烈变化。

2）抗振。车辆在路面行驶时会产生较强的振动，所以车载摄像头必须能抗各种强度的振动。

3）防水。车辆需要在全天候、全天时工况下运行，这要求摄像头密封严实、在雨水中浸泡仍可正常使用。

4）高动态、低噪点。车辆需要在全天候、全天时工况下运行，摄像头面对的光线环境变化剧烈且频繁，所以要求摄像头的 CMOS 器件具有高动态性；在光线较暗时，能够有效地抑制噪点的产生。

5）对于某些特定功能的摄像头，如侧视摄像头、环视摄像头等，还需要其水平视场角比较大。

3. 摄像头关键参数

1）焦距：指平行光从透镜中心到光聚的焦点的距离。

2）探测距离：指最远的探测距离。

3）视场角（angle of view，AOV）：包括水平视场角（HAOV）和垂直视场角（VAOV）。

4）分辨率：常用 200 万像素（1920×1080）、500 万像素（2560×2048）和 800 万像素（3200×2400）。

5）最低照度：CMOS 对环境光线的敏感程度。

6）信噪比：输出的有用信号功率和噪声信号功率的比值。

7）动态范围：正常显示细节的最亮和最暗物体的亮度值之间的区间。

（二）激光雷达

激光雷达（light detection and ranging，LiDAR），即激光探测及测距系统，如图 5-1-5 所示，是一种用于精确获得三维位置信息的传感器，可以确定目标的位置、大小、外部轮廓等。与毫米波雷达工作原理相似，激光雷达通过发射和接收激光束，获取空间的位置点信息（即点云），并根据这些信息进行三维建模。

除了获取位置信息外，激光信号的反射率还可以区分目标物体的不同材质。激光雷达的线束越多，其测量精度越高。由于激光的频率高、波长短，可以获得极高的角度、距离和速度分辨率，这就意味着可以利用多普勒成像技术，构建出清晰的 3D 图像，如图 5-1-6 所示。

影响成像质量的因素主要有前车车速、试验车辆车速、对向来车车速、试验车辆加速度。

图 5-1-5　激光雷达

图 5-1-6　激光雷达工作示意图

1. 激光雷达在自动驾驶中的应用

1）感知。激光雷达通过扫描得到障碍物反射回的点云后，采用分类、聚类或者深度学习的方法进行障碍物检测。目前激光雷达已经可以高效地检测行人和车辆，还可使用激光雷达进行车道线检测或者路面探测。

2）里程计与定位。根据标定得到相对姿态变换关系后，利用传感器数据来估计载体车辆姿态随时间的变化关系，就可以得到传感器在整个地图中的位姿，从而实现在地图中的定位。

但是激光雷达成本较高，也容易受到恶劣天气和烟雾环境的影响，在雨雾、风沙等天气时会受到极大的干扰，甚至无法工作。因此，激光雷达不能单独作为感知硬件，但激光雷达与毫米波雷达、摄像头等进行数据融合，可以得出更全面的周遭环境信息，对自动（辅助）驾驶的路径规划和安全性有着极大的帮助。

2. 激光雷达的关键参数

1）视场角：包括水平视场角和垂直视场角。
2）分辨率：包括水平分辨率和垂直分辨率。
3）测距范围：即最近和最远探测距离之间的范围。
4）刷新频率：即激光返回一圈的时间。
5）扫描频率：即1s内雷达进行了多少次扫描。
6）激光波长：通常为纳米级，最常见的是905nm和1550nm。
7）最大辐射功率：主要用来判断是否需要对其添加防护。

（三）毫米波雷达

毫米波雷达（图5-1-7）是指波长在1~10mm之间的电磁波，毫米波的波长介于厘米波和光波之间，因此毫米波兼有微波制导和光电制导的优点。毫米波雷达相对于厘米波雷达，具有体积小、易集成和空间分辨率高的特点。毫米波雷达可以全天候工作，在极端天气及夜晚也可以发挥作用，其测距比较远，但是分辨率低、难以成像且无法识别图像。

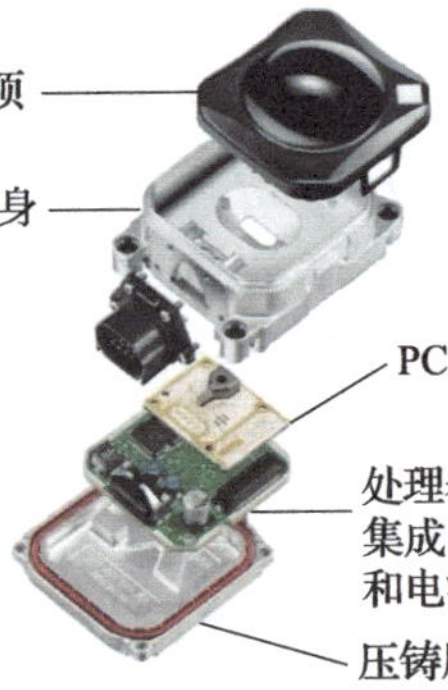

图 5-1-7 毫米波雷达

1. 毫米波雷达在自动驾驶中的应用

24GHz毫米波雷达目前大量用于汽车的盲区监测（图5-1-8）、变道碰撞预警等，主要作为侧向雷达。24GHz毫米波雷达的主要优点为探测范围广；缺点是频率低、带宽窄（只有250MHz）、探测距离近。

77GHz毫米波雷达有等效全向辐射功率（EIRP）的优势，可作为前端远程雷达，探测前车与本车的相对距离和相对速度，实现自适应巡航控制等功能。

传统的车载毫米波雷达虽然能够很好地探测目标的相对距离，但对目标的高度无法探测。这是因为若毫米波雷达只在二维方向上排布，再加上多普勒效应，则只会输出目标的二维水平坐标和速度信息，即 x、y、v。目前有一些厂商在水平和垂直方向上均布置了天线，能够额外实现对物体高度的探测，输出量为 x、y、z 坐标和速度矢量（v），这被称为 4D 毫米波雷达，简称 4D 雷达。

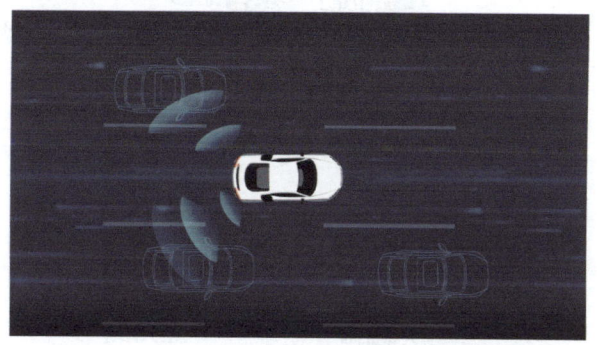

图 5-1-8　毫米波雷达的应用——盲区监测

2. 毫米波雷达的关键参数

1）距离：包括最大探测距离、距离分辨率、测距精度。
2）速度：包括最大探测速度、速度分辨率、测速精度。
3）角度：包括探测视角范围、角度分辨率（一般指水平分辨率）、测角精度。

（四）组合导航定位系统

惯性测量单元（inertial measurement unit，IMU）俗称惯性传感器，主要用来测量加速度与角速度，基于惯性定律实现。

车载惯性传感器是一种微机电系统（microelectromechanical system，MEMS），是汽车传感器的主要部分，其主要由 3 个轴加速度计和 3 个角速度计（陀螺仪）组成，加速度计检测物体在载体坐标系独立三轴的加速度信号，陀螺仪检测载体相对导航系统坐标系的角速度信号。加速度计和陀螺仪安装在相互垂直的测量轴上，通过算法对信号进行处理后，便可计算出物体的姿态。

组合导航定位系统（图 5-1-9）利用惯性导航系统（INS）结合全球导航卫星系统（GNSS），实现厘米级定位和航向解算，为车辆提供位置和航向信息。此系统是自动驾驶功能依赖的最基本的传感器。自动驾驶的主要工作是按照事先规划的路线，根据组合导航定位系统反馈的位置信息循线行驶。

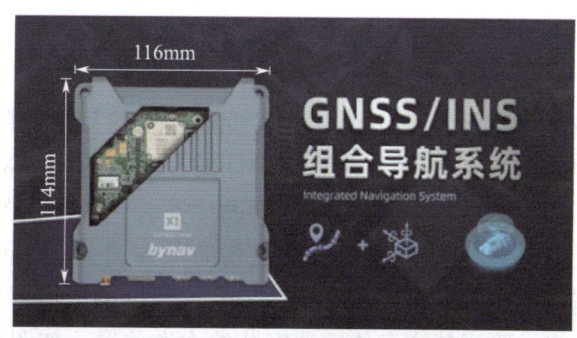

图 5-1-9　组合导航定位系统

车辆自动驾驶系统应用

当出现视野遮挡等问题时,通过卫星跟基站之间的差分反馈信息进行车辆自动驾驶的控制,如图 5-1-10 所示。

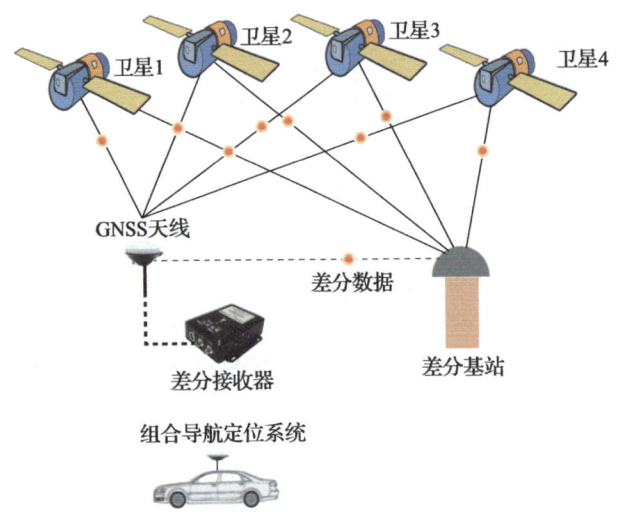

图 5-1-10 组合导航定位系统工作方式

竞赛指南

在 2022 年全国职业院校技能大赛（高职组）汽车技术——智能网联汽车技术赛项中,对先进驾驶辅助系统的毫米波雷达、视觉传感器、激光雷达、组合导航定位系统等感知元件进行装调、标定与测试是考点之一。

引导问题 3

请查阅相关资料,了解市面上常见智能网联汽车搭载了多少种传感器及组合,并了解它们的安装位置。

_____

_____

_____

自动驾驶智能传感器的安装

由于自动驾驶技术目前还在尝试以及研发阶段,有的只是专门的试验车型,目前市面上还没有任何量产车型是专为自动驾驶设计的,没有为传感器及计算平台预留的安装接口,研发人员需要根据车辆的状态自行设计安装。传感器的安装是感知和定位的基础,根据自身特性,不同传感器对于安装朝向、方式会有不同的要求,比如某些传感器需要与车体刚性连接,而有些传感器需要有比较好的减振保护措施。

在安装传感器之前,要清楚汽车传感器安装的大致位置,如图 5-1-11 所示。

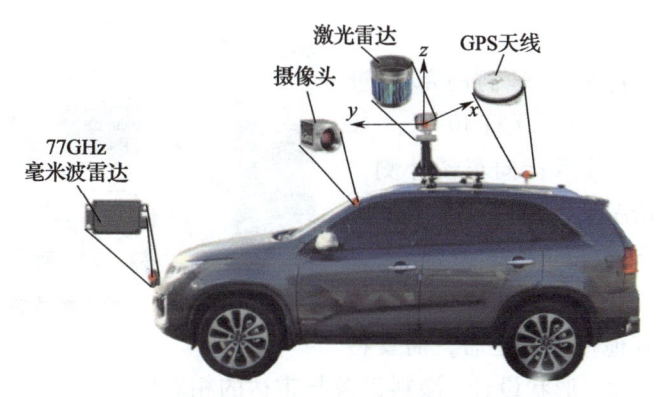

图 5-1-11　汽车传感器安装位置

（一）摄像头的安装

这里主要介绍前视摄像头的安装。前视摄像头安装于台架前方，安装步骤如下：

1）选取检测后显示正常的摄像头，准备螺钉 4 个。

2）将摄像头电源线穿入台架上方摄像头安装位置的安装孔。

3）旋拧螺钉，将摄像头初步固定于台架上。

4）通过台架上的滑轨，将摄像头调至 x 方向中间位置，z 方向调至同样高度。

5）调整摄像头的俯仰角度，保证摄像头能水平看到周围环境。

摄像头安装的实物图如图 5-1-12 所示。

图 5-1-12　摄像头安装的实物图

（二）激光雷达的安装

安装激光雷达时，固定设备的安装底座应尽可能平整，安装底座上的定位柱应严格遵循激光雷达底部定位柱的深度；设备倾斜角度不应超过 90°，激光雷达线缆不要拉得太紧，激光雷达端子插接要正确。

激光雷达安装步骤如下：

1）确定激光雷达的安装高度以及安装俯仰角度。激光雷达安装的俯仰角度为 180°，横摆角为 0°（360°），侧倾角为 0°（360°）；安装高度根据前方障碍物高度进行调整；横向安装位置为车辆正中央轴线上。

2）使用专用工具将激光雷达与平台进行结构安装，要保证其扫描范围不被摄像头支撑架遮挡。

3）调整好位置后，用内六角扳手调整顶丝对激光雷达调节转轴进行固定以防其在运行过程中晃动。

4）将激光雷达电源及控制线束与其他功能部件连接，并接通电源，激光雷达安装完毕。

激光雷达安装的实物图如图 5-1-13 所示。

（三）毫米波雷达的安装

车载毫米波雷达安装于车辆前部的进气隔栅或者前、后部的保险杠位置，如图 5-1-14 所示。雷达天线罩指向车辆外侧，插接器朝下。在理想情况下，雷达安装的前端天线罩前方最好不要有额外的覆盖件或者经过喷涂的保险杠。如果雷达必须安装于覆盖件之后，例如保险杠或者其他覆盖件之后，需要特别注意覆盖件的材料选择、形状设计、涂料以及与雷达的相对位置。覆盖件表面的水滴、水膜和积雪都可能引起额外的信号衰减并进一步导致性能和功能受限。

图 5-1-13 激光雷达安装的实物图

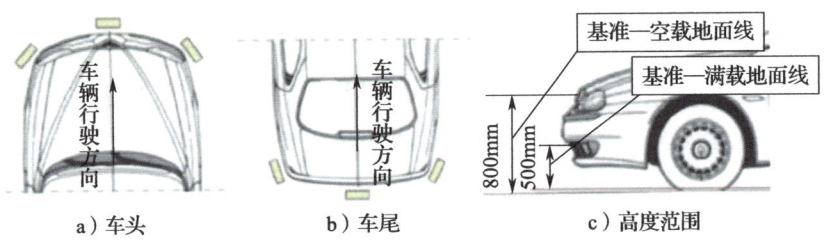

a）车头　　b）车尾　　c）高度范围

图 5-1-14 毫米波雷达安装位置

1）开放式安装。要求雷达与周边的最小距离大于 10mm，以保证即使是在冬天的环境中有积雪或冰粘在间隙时仍有空气流通。

2）非开放式安装。将雷达安装于覆盖件的后方，覆盖件上毫米波穿过的部分需要具有不阻碍电磁波发射的特性，该覆盖件可认为是一种天线罩，而从原则上讲天线罩不应用导电材料（如金属）。

毫米波雷达的安装需要根据车身环境定做特殊安装支架。雷达安装角度视不同车型而定。毫米波雷达安装于车辆的前部区域，如图 5-1-15 所示。雷达的发射面朝外，插接器在驾驶员侧。雷达的安装必须满足表 5-1-1 中的精度要求，以避免雷达检测角度的损失，保证雷达的正常工作。

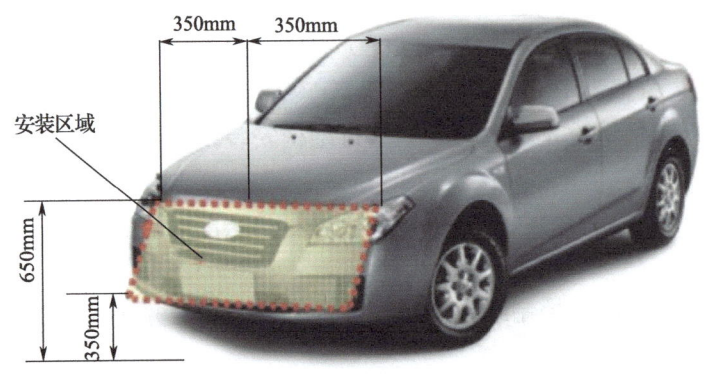

图 5-1-15 毫米波雷达安装区域（前部）

表 5-1-1 毫米波雷达安装的容许精度

对准的方向	容许值
水平	±2°
垂直	±2°

需要注意的是，不同车型，安装位置和距离略有不同，安装时要依据具体情况而定。

（四）组合导航定位系统的安装

1）组合导航定位系统数据线连接方式。数据线连接方式如图 5-1-16 所示，包含设备主机、GNSS 天线、4G 天线、航空插头数据线。

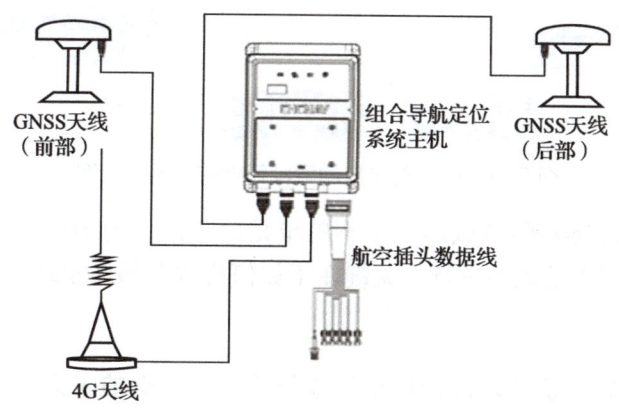

图 5-1-16 组合导航定位系统数据线连接方式

2）天线安装。GNSS 天线分别旋拧到车辆前、后部两个 GNSS 天线支架上，安装时要保证两个 GNSS 天线相位中心形成的连线与测试载体中心轴线方向一致或平行。将 4G 天线底端磁铁吸于台架上方。

3）组合导航定位系统主机安装。组合导航定位系统主机安装前要进行 SIM 卡的检查，用十字螺丝刀拧开 SIM 卡盖子的 4 个螺钉，取出 SIM 卡盖后，检查是否有 SIM 卡以及 SIM 卡是否正常安装，如图 5-1-17 所示。然后选取组合导航定位系统主机 1 台以及插接器 4 个，将主机安装在操作平台上，主机铭牌上标示的坐标系面尽量与载体被测基准面平行，y 轴与载体前进方向中心轴线平行。

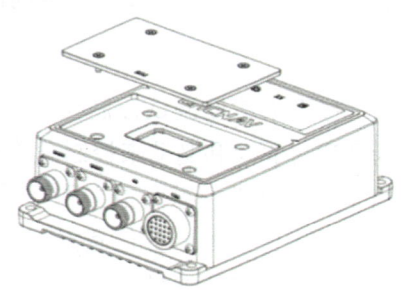

图 5-1-17 检查 SIM 卡

引导问题 4

请查阅相关资料，简述自动驾驶智能传感器的调试流程。

自动驾驶智能传感器的调试

智能网联汽车通过搭载先进的智能传感器（如高精度的激光雷达、摄像头等）来感知车辆周边环境，并由计算设备决策、控制车辆行为，实现自动驾驶。各个传感器部件都是单独的，要通过连接各个部件，构成一个完整的系统，汽车才能正常运行。整车自动驾驶智能传感器连接图如图 5-1-18 所示。

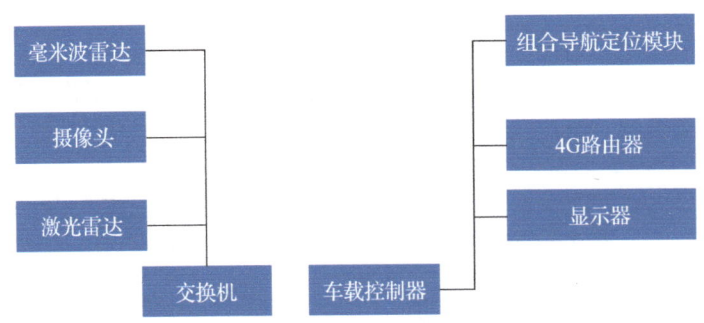

图 5-1-18 整车自动驾驶智能传感器连接图

自动驾驶智能传感器的调试的重点不单单是每个部件的调试，部件的调试按照器件选型以及相关说明书就能够进行，关键在于如何将这些部件相结合。

（一）原始数据采集

准备工作完成后，就可以进行自动驾驶系统原始数据的采集。首先，装有传感器的车辆需要在测试区域不断地测试，目的是采集足够多的道路数据，为感知做准备。采集到的数据会用于模型训练和算法迭代。每一版感知模型生成并通过评估之后，都会再进行上车测试，通过不断地迭代感知系统，它开始拥有识别障碍物和简单交通标志的能力。到这个阶段，这辆车已经具有了基本的感知能力，虽然还没有到车辆控制的阶段，但它已经可以对车辆周围的危险进行一些基本的警示。

（二）控制模块调试

接下来就要调试控制模块。一般车辆控制分为纵向和横向两个方面：纵向控制是为了通过驱动和制动来控制车轮转速，而横向控制是通过转向盘来控制车辆行驶方向。当车辆通过横、纵向独立测试后，会进行集成测试，先由人手动开一个任意轨迹，然后将其中经过的一些位置点记录下来当作控制模块的输入，通过不断调试让车辆能够自动沿着记录下来的轨迹行驶。到这个阶段，车辆拥有了模仿能力，如果拿考驾驶证类比，此时已经可以完成教练演示过的操作，也就是说可以去考科目二了。

真实的路况远远比直线加速和简单循迹复杂得多。为了实现车辆真正的自动驾驶，还需要拥有足够强大的规划系统。简单讲，规划系统的作用就是基于当前车辆周围环境决定车辆接下来怎么行驶。这有点像驾校的科目三练习里，教练会给学员下指令变道还是掉头，以及决定什么时候应该将车辆加速到 30km/h，在实际自动驾驶车辆的调试过程中也是类似的，只不过我们会充当教练的角色，而自动驾驶系统就是学员。

（三）人－车实际路况调试

调试时需要驾驶员和调试人员一起合作完成，调试人员要熟悉系统零部件连接方式及注意事项；熟悉控制器接线，了解接线口对应设备；熟悉调试过程中所使用的软件的操作，并能够解决常见使用问题；熟悉系统部件工作原理，并能够对输入输出信号做出正确的判断。调试工作主要通过上位机来完成。调试过程中，驾驶员要时刻注意车辆的动态变化，当出现车辆偏离道路、要撞上周围物体情况时，驾驶员要及时接管，踩制动踏板以保证调试过程中人身和车辆的安全，减小财产损失；调试人员则需要关注每一个部分是否工作正常，以及探查出错的原因。

> **拓展阅读**
>
> 据工业和信息化部电子科学技术委员会专家预测，到2035年智能网联汽车将占全球新车市场的25%左右。作为智能网联汽车的核心装备之一，传感器的市场需求将随之大幅增长，蕴藏巨大商机。
>
> 我国高度重视智能网联汽车及相关产业发展，在《"十四五"数字经济发展规划》中，传感器被列为"战略性前瞻性领域"的第一位。下面以激光雷达为例介绍车载传感器产业现状。
>
> 纯视觉感知方案是特斯拉公司一贯坚持的技术路线，然而，作为特斯拉"追随者"的蔚来、小鹏和理想却对激光雷达频频示好。2021年，作为"第一个吃螃蟹的人"，小鹏P5率先装载了两颗激光雷达，随后众多车企纷纷跟随，开启了"激光雷达上车"之路。
>
> 我们把目光转移到激光雷达厂商上，国外知名激光雷达厂商Velodyne在2019年做出判断：中国车企不是激光雷达尝鲜者，因此Velodyne选择撤出中国。随后发生的两件事都证明Velodyne的判断是错误的：一是在中国汽车市场，产生了蔚来、小鹏等有实力的造车厂商，且它们都认为智能网联汽车搭载激光雷达可以保证驾驶的安全性，与坚持不用激光雷达的特斯拉形成差异；二是业内普遍认为，固态和混合固态是下一代雷达的未来，可惜Velodyne没有紧跟步伐，没有拿出领先的产品。
>
> 反观国内市场，目前我国企业正在走向激光雷达技术的最前沿。2022年8月，Yole Intelligence发布的《2022年汽车与工业领域激光雷达应用报告》显示，全球车载激光雷达领域，禾赛科技总营收排名第一，速腾聚创位列第二，之后才是Velodyne和Ouster。从这个排名来看，依靠国内新能源汽车广阔的市场，禾赛科技与速腾聚创确实已经建立起属于自己的优势。
>
> 这是一个我国激光雷达的好时候，无论是技术还是市场，我国企业都处在世界前沿。目前正是我国智能网联汽车企业"弯道超车"的重要时刻，如果能够解决好成本问题，激光雷达将成为我国自动驾驶技术实现弯道超车的一个重要优势。

小组分工

学生任务分配表

班级		组号		指导教师	
组长		学号			
组员角色分配					
信息员		学号			
操作员		学号			
记录员		学号			
安全员		学号			
任务分工					
（就组织讨论、工具准备、数据采集、数据记录、安全监督、成果展示等工作内容进行任务分工）					

工作计划

按照前面所了解的知识内容和小组内部讨论的结果，制订工作方案，落实各项工作负责人，如任务实施前的准备工作、实施中的主要操作及协助支持工作、实施过程中相关要点及数据的记录工作等，并将结果填入工作计划表中。

工作计划表

步骤	工作内容	负责人
1		
2		
3		
4		
5		
6		
7		
8		

进行决策

1）各组派代表阐述资料查询结果。

2）各组就各自的查询结果进行交流，并分享技巧。

3）教师结合各组完成的情况进行点评，选出最佳方案。

任务实施

智能传感器系统相当于自动驾驶汽车的眼睛,能帮助汽车准确感知周围环境,识别车辆、行人、交通标志等信息。所以传感器装调也是自动驾驶汽车生产最重要的环节。扫描右侧二维码,获取毫米波雷达数据查看操作视频,并完成下方内容记录。

毫米波雷达数据查看

参考操作视频,按照规范作业要求,完成毫米波雷达数据查看的操作步骤,进行数据采集并记录。

毫米波雷达数据查看			
序号	步骤	记录	完成情况
1	启动电源		已完成□ 未完成□
2	打开 DreamView		已完成□ 未完成□
3	启动毫米波雷达		已完成□ 未完成□
4	测量毫米波雷达数据		已完成□ 未完成□
5	关闭毫米波雷达		已完成□ 未完成□
总结提升			已完成□ 未完成□

评价反馈

1)各组代表展示汇报 PPT,介绍任务的完成过程。

2)请以小组为单位,对各组的操作过程与操作结果进行自评和互评,并将结果填入综合评价表中的小组评价部分。

3)教师对学生工作过程与工作结果进行评价,并将评价结果填入综合评价表中的教师评价部分。

综合评价表

班级		组别		姓名		学号	
实训任务							
	评价项目		评价标准			分值	得分
小组评价	计划决策		制订的工作方案合理可行,小组成员分工明确			10	
	任务实施		毫米波雷达数据查看			60	
	任务达成		能按照工作方案操作,按计划完成工作任务			10	
	工作态度		认真严谨、积极主动			10	
	团队合作		小组组员积极配合、主动交流、协调工作			5	
	6S 管理		将鼠标、键盘、桌椅进行归位			5	
			小计			100	

（续）

评价项目		评价标准	分值	得分
教师评价	实训纪律	不出现无故迟到、早退、旷课现象，不违反课堂纪律	10	
	方案实施	严格按照工作方案完成任务实施	20	
	团队协作	任务实施过程互相配合，协作度高	20	
	工作质量	能准确完成任务实施的内容	20	
	工作规范	操作规范，三不落地，无意外事故发生	10	
	汇报展示	能准确表达、总结到位、改进措施可行	20	
		小计	100	
综合评分		小组评分 ×50%+ 教师评分 ×50%		
总结与反思				

（如：学习过程中遇到什么问题→如何解决的/解决不了的原因→心得体会）

任务二　完成虚拟仿真验证测试

学习目标

- 知道虚拟仿真验证测试的政策背景
- 了解虚拟仿真验证测试的定义
- 掌握虚拟仿真验证测试的项目及场景
- 掌握虚拟仿真验证测试的车型要求及条件
- 掌握虚拟仿真验证测试相关知识，努力提升自身专业知识水平，丰富职业技能架构
- 联系本书其他模块内容，明确自身职业定位

知识索引

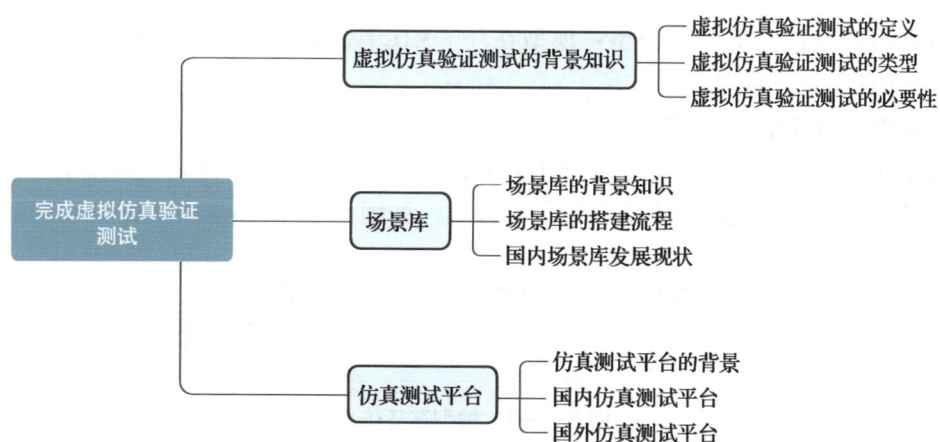

情境导入

某公司研发部正在进行自动驾驶系统设计的项目，客户在项目需求中提出要进行虚拟仿真测试，你作为自动驾驶工程师，需要负责方案策划、场景库的搭建以及仿真测试平台的选择。

获取信息

引导问题 1

请查阅相关资料，简述虚拟仿真验证测试的常见类型。

_____
_____
_____

虚拟仿真验证测试的背景知识

（一）虚拟仿真验证测试的定义

虚拟仿真技术是汽车研发、制造、验证测试等环节不可或缺的技术手段，能有效缩短技术和产品开发周期，降低研发成本。随着汽车智能化、网联化趋势的发展，虚拟仿真技术有了更大的发挥空间，比如自动驾驶系统的仿真验证测试。虚拟仿真测试是实现高阶自动驾驶落地应用的关键一环，具备自动驾驶功能的车辆必须经过大量的虚拟仿真测试以及实车路测之后才能商用化。

自动驾驶仿真测试主要是以数学建模的方式将自动驾驶的应用场景进行数字化还原，建立尽可能接近真实世界的系统模型，不需要实车，直接通过软件进行仿真测试，达到对自动驾驶系统及算法验证测试的目的。

（二）虚拟仿真验证测试的类型

仿真测试包括以下几种类型：模型在环（MIL）仿真、软件在环（SIL）仿真、硬件在环（HIL）仿真以及车辆在环（VIL）仿真。

1. 模型在环（MIL）仿真

模型在环（model-in-the-loop，MIL）仿真是用模型驱动进行嵌入式系统的开发时，在开发阶段初期及建模阶段中进行的仿真方式，如图 5-2-1 所示。

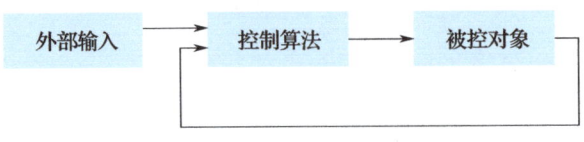

图 5-2-1　模型在环仿真

嵌入式系统需和其运作的环境互动，一般会预期有合理的传感器信号作为其输入，并依据输入及系统设计来驱动实体系统。为了使系统正常工作，需要将嵌入式系统的环境纳入仿真考量范围内。若嵌入式系统模型和环境模型连接，一起进行仿真，则称为模型在环模拟。

模型在环是较节省成本的嵌入式系统测试方式。模型驱动的开发及仿真环境有 MATLAB/Simulink、ASCET 或是自由软件 Scilab/Xcos。

2. 软件在环（SIL）仿真

软件在环（software-in-the-loop，SIL）仿真是指在个人计算机（PC）上测试嵌入式软件、算法或整个控制回路，无论有无环境模型，因此也不需要电子控制单元（ECU）硬件，如图 5-2-2 所示。事实上，SIL 测试是汽车软件测试不可分割的一部分。嵌入式系统的源代码在 PC 上编译执行，然后在 PC 上进行测试。

图 5-2-2　软件在环仿真

软件在环测试的最大优势是可以尽早地识别系统漏洞和错误，这不仅能帮助快速修复系统，而且因此减少了开发时间并将开发成本保持在最低限度。

3. 硬件在环（HIL）仿真

硬件在环（hardware-in-the-loop，HIL）仿真又称半实物仿真，是将需要仿真的部分系统硬件直接放到仿真回路中的仿真系统，它不仅弥补了纯数字仿真中的许多缺陷，提高了整个模型的置信度，而且可以大大减少编程的工作量。这种仿真的另一个优势在于它实现了仿真模型和实际系统间的实时数据交互，使仿真结果的验证过程非常直观，大大缩短了产品开发周期。仿真时，计算机与实际硬件通过各种信息通道相连，计算机与实际硬件共同完成仿真工作，并将仿真结果在计算机中进行分析，从而判断硬件的运行情况，如图 5-2-3 所示。

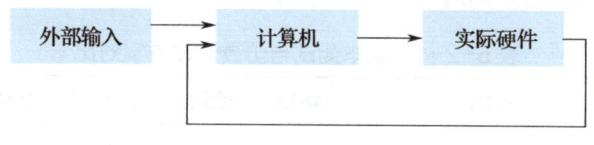

图 5-2-3　硬件在环仿真

4. 车辆在环（VIL）仿真

车辆在环（vehicle-in-the-loop，VIL）仿真，简单来说，就是把整车加入仿真的闭环中去。在实现方式上，车辆在环又分为以下两类。

（1）静态车辆在环（static vehicle-in-the-loop）　静态车辆在环是指利用整车转毂台架，将实车加入仿真中，由于车辆被固定在台架上，因此车辆动力学依旧需要仿真软件（如 CarMaker）来模拟。CarMaker 可同时模拟场景（道路与交通），最终完成虚实结合的闭环仿真测试。

（2）动态车辆在环（dynamic vehicle-in-the-loop）　动态车辆在环是指在封闭场地中，使用真实的车辆，与虚拟的场景（主要是交通）进行联合仿真测试。在动态车辆在环中，用户不必对车辆动力学进行详细建模及参数化，同时也不需要仿真驾驶员模型而使用真实的驾驶员。例如，由车载实时机（IPG RoadBox）运行 CarMaker 仿真模型，虚拟道路与真实道路完全匹配搭建，并通过车载 GPS 与 IMU 将车辆的定位同步到虚拟场景中，虚拟场景中设定的交通目标物通过 CarMaker 传感器模型输入 ECU，ECU 进行相应的控制决策，这是一个集成度非常高的测试方案。

自动驾驶系统 V 字形开发流程如图 5-2-4 所示。

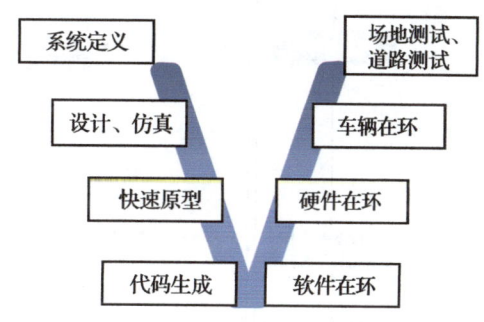

图 5-2-4　自动驾驶系统 V 字形开发流程

（三）虚拟仿真验证测试的必要性

1. 实车道路测试面临的问题

据美国兰德公司研究，一套自动驾驶系统至少需要通过约 177 亿 km 的驾驶数据来进行系统和算法的验证测试才能达到量产的条件，因此单纯依靠实车路测极难完成这一目标，并且实车路测还存在以下问题：

1）测试周期长、成本高、效率低。

2）覆盖的场景、工况有限，尤其是对于"corner case"（无法想到的案例），很难复现。

3）对于一些极端的危险场景，道路测试安全性无法保障。

2. 仿真测试的优势

1）测试场景配置灵活、场景覆盖率高。

2）测试过程安全，且对于一些"corner case"能够进行复现再测试。

3）可实现自动测试和云端加速仿真测试，有利于提升测试效率和降低测试成本。
实车测试与仿真测试方案对比见表 5-2-1。

表 5-2-1 实车测试与仿真测试方案对比

测试方法		车辆	传感器	环境	控制器	驾驶员	安全性	成本	效率
仿真测试	MIL	○	○	○	○	○	高	低	高
	SIL	○	○	○	○	○	高	低	高
	HIL	○	◎	○	●	○	高	中	中
	VIL	●	●	◎	●	●	中	中	中
实车测试	封闭场地测试	●	●	●	●	●	低	高	低
	开放道路测试	●	●	●	●	●	低	高	低

注：表中●表示真实，○表示虚拟，◎表示虚拟或部分真实。

3. 不同测试方式之间的关系

仿真测试、封闭场地测试、开放道路测试三者之间互相补充，形成测试闭环，共同促进自动驾驶车辆的研发和标准体系建立，如图 5-2-5 所示。

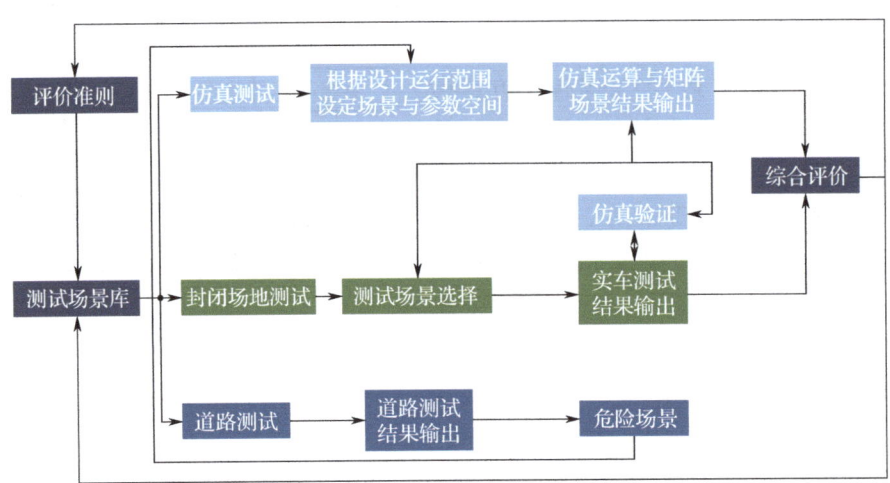

图 5-2-5 仿真测试、封闭场地测试、开放道路测试形成闭环，促进研发以及标准建立

1）仿真测试结果可以在封闭场地和开放道路进行测试验证。

2）通过道路测试得出的危险场景，将会反馈到仿真测试中，便可有针对性地去调整设定场景和参数空间。

3）仿真测试和封闭场地测试的最终结果要进行综合评价，基于评价结果不断地去完善评价准则和测试场景库。

4. 自动驾驶仿真测试的重要构成

场景库、仿真平台、评价体系是自动驾驶仿真测试的重要构成，如图 5-2-6 所示。其中，场景库是基础，仿真平台是核心，评价体系是关键；三者紧密耦合，相互促进。场景库的建设需要仿真平台和评价体系作为指导，仿真平台的发展进化需要场景库和评价体系作为支撑，而评价体系的建立和完善也需要以现有的场景库和仿真平台作为参考基础。

接下来将从场景库、仿真平台这两个重要方面依次展开介绍。

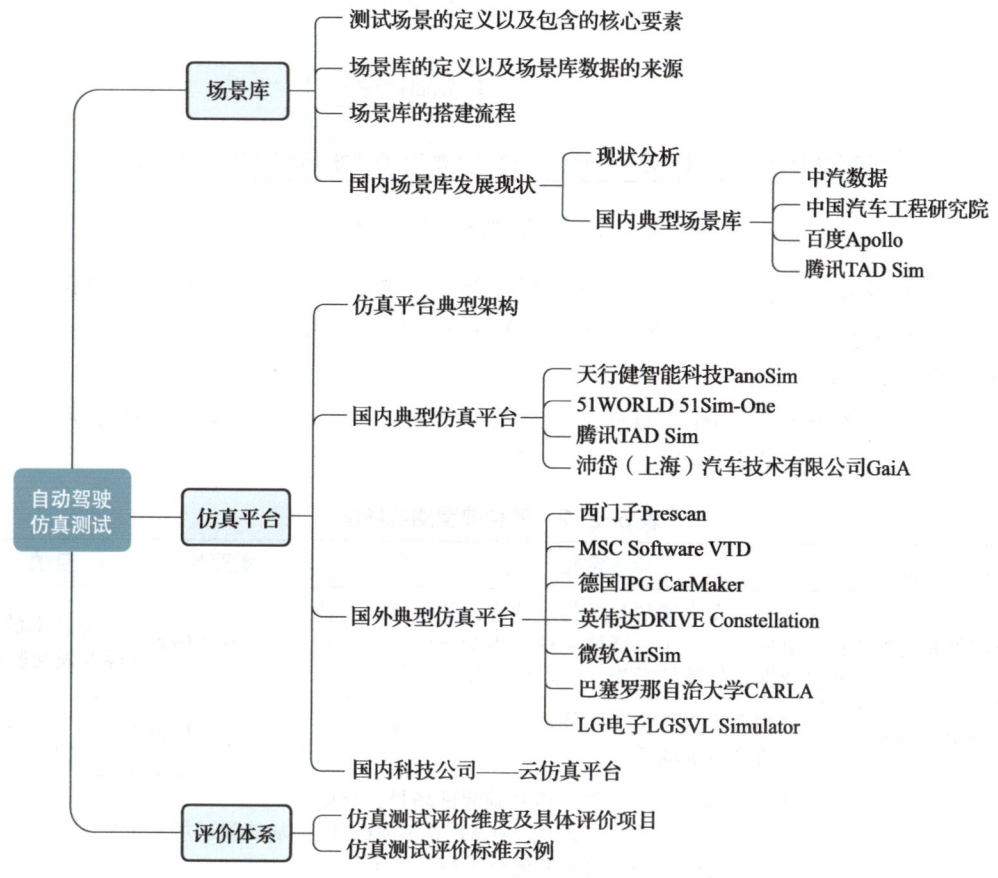

图 5-2-6　自动驾驶仿真测试体系架构

引导问题 2

请查阅相关资料，简述场景库的搭建流程。

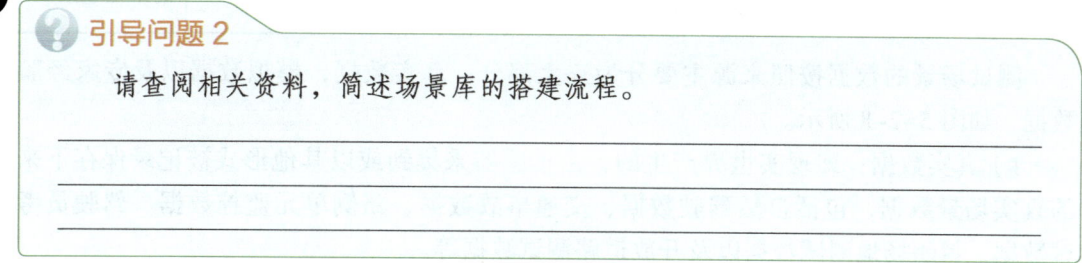

场景库

（一）场景库的背景知识

自动驾驶测试场景是自动驾驶汽车与其行驶环境各组成要素在一段时间内的总体动态描述，要素组成由所期望检验的自动驾驶汽车的功能决定；简而言之，场景可以被视为自动驾驶汽车行驶场合与驾驶情境的有机组合。

测试场景要素包括测试车辆自身要素以及外部环境要素；外部环境要素又包括静态环境要素、动态环境要素、交通参与者要素、气象要素等，如图 5-2-7 所示。

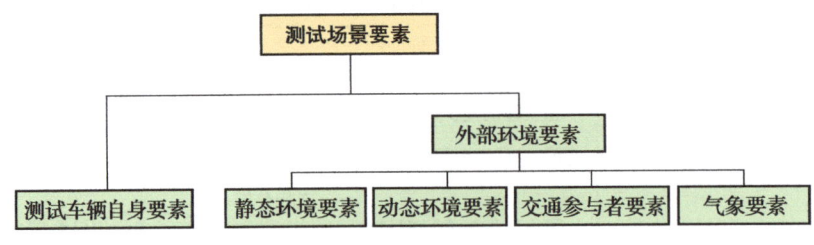

图 5-2-7　测试场景要素划分

场景库的定义是满足某种测试需求的一系列自动驾驶测试场景构成的数据库。场景库能够完成从场景数据的管理到场景测试引擎的衔接，实现从场景的自动产生、管理、存储、检索、匹配，到最后注入测试工具。

场景库包含四种典型测试场景：自然驾驶场景、危险工况场景、标准法规场景、参数重组场景，具体见表 5-2-2。

表 5-2-2　四种典型测试场景

场景分类	定义	重要性	目的
自然驾驶场景	来源于汽车真实的自然驾驶状态，包含自动驾驶汽车所处的人 – 车 – 环境 – 任务等全方位信息，如车辆数据、驾驶员行为、道路环境等多维度信息	充分测试场景	最基本的功能开发与验证
危险工况场景	主要包含大量恶劣天气环境、复杂道路交通以及典型交通事故等场景	必要测试场景	安全性和可靠性验证
标准法规场景	验证自动驾驶有效性的一种基础测试场景，目前有 ISO、NHTSA、E-NCAP、C-NCAP 等多项标准，评价规程对现有自动驾驶功能进行了测试规定	基础测试场景	对应具备的基本能力进行测试
参数重组场景	将已有仿真场景进行参数化设置并完成仿真场景的随机生成或者自动重组，具有无限性、扩展性、批量化、自动化等特点	补充测试场景	补充未覆盖的未知场景

测试场景的数据按照来源主要分为三大部分：真实数据、模拟数据以及专家经验数据，如图 5-2-8 所示。

1）真实数据：即现实世界产生的，由传感器采集到或以其他形式被记录保存下来的真实场景数据，包括自然驾驶数据、交通事故数据、路侧单元监控数据、驾驶员考试数据、封闭场地测试数据以及开放道路测试数据等。

2）模拟数据：主要包括驾驶模拟器数据和仿真数据，前者是利用驾驶模拟器进行测试得到的场景要素信息，后者是自动驾驶系统或车辆在虚拟仿真平台上进行测试得到的场景要素信息。

3）专家经验数据：基于专家的测试经验总结归纳出来的场景要素信息，其中标准法规就是专家经验数据的典型代表。

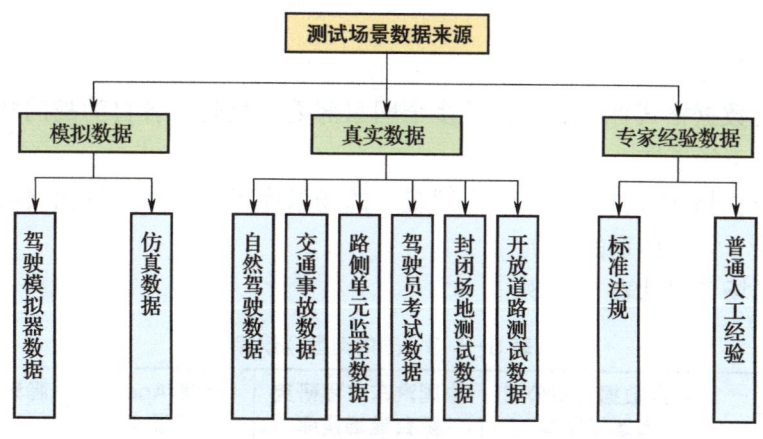

图 5-2-8 测试场景数据来源

（二）场景库的搭建流程

1）确定单个虚拟场景的数据存储方式与标准。

2）构建单个自动驾驶虚拟测试场景，流程如图 5-2-9 所示。

3）在众多的虚拟测试场景中，根据特征标签选取适当场景作为场景库的组成部分。

自动驾驶研发测试与场景库的搭建形成闭环：测试场景库的搭建，能有效驱动自动驾驶的研发测试工作，自动驾驶的研发测试反过来也能够为场景库搭建提供反馈意见，从而丰富场景库。

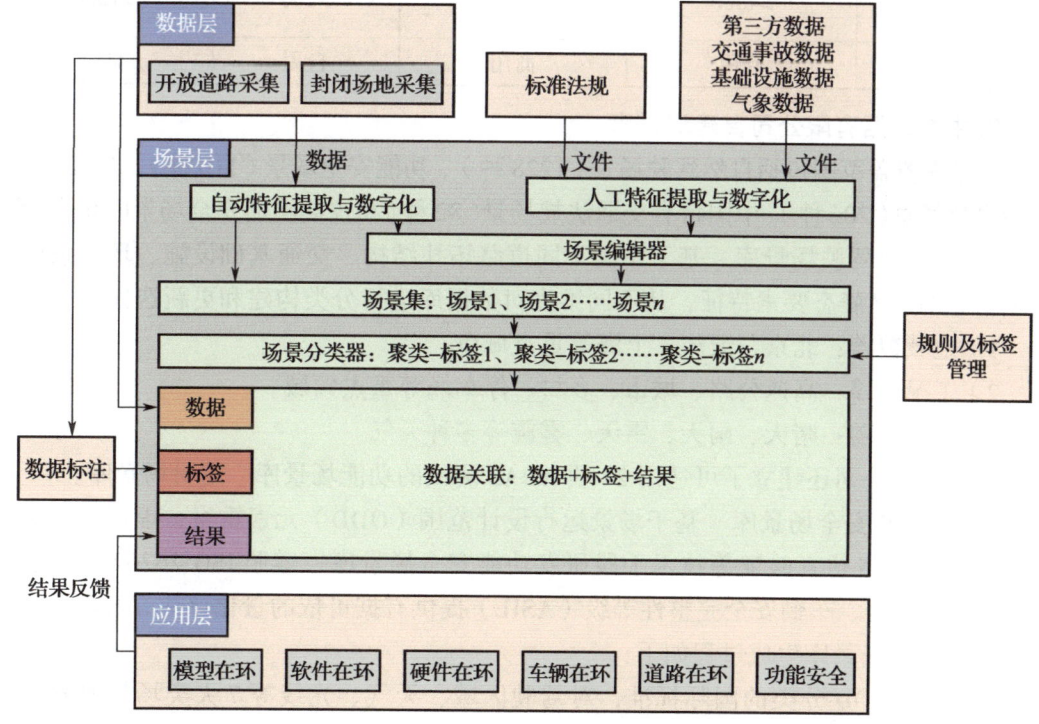

图 5-2-9 自动驾驶测试场景构建流程

（三）国内场景库发展现状

1. 国内现状分析

场景库的数据格式标准制定涉及多个国家部委，且处于各自为战的状态，目前标准制定落后于市场进展。

场景库数据格式标准不统一，全国统一的场景库很难形成，进而又影响到了自动驾驶仿真评价、认证体系的建立。

国内典型场景库见表 5-2-3。

表 5-2-3 国内典型场景库

场景库名称	中汽数据有限公司自建场景库	中国汽车工程研究院自建场景库	百度 Apollo 场景库	腾讯 TAD Sim 场景库
场景类型划分	自然驾驶场景 标准法规场景 功能安全场景 V2X 场景 危险事故场景 预期功能安全场景	自然驾驶场景 标准法规场景 经验式场景 事故场景 预期功能安全场景	标准法规场景 危险工况场景 能力评估场景	自然驾驶场景 标准法规场景
工况覆盖	高速公路、城市、乡村、停车场	高速公路、城市道路、快速路	—	城市道路、山区道路、高速公路、园区
数据来源	标准法规、事故数据、人工经验、自然驾驶数据等			
典型场景类型数量	>4000	—	>200	>1000
性质	商用	商用	自用	自用

2. 中汽数据有限公司自建场景库

场景库覆盖范围包括自然驾驶场景（1228 种）、功能安全场景（110 种）、V2X 场景、危险事故场景（206 种）、中国特有交通法规场景（82 种）和预期功能安全场景（70 种）等。

（1）自然驾驶场景库 基于中国不同道路拓扑结构、交通基础设施、环境条件、车辆信息的动/静态要素特征，从不同维度对数据库进行分类构建和更新迭代。

1）地域覆盖：北京、天津、上海等重点城市。

2）工况覆盖：高速公路、城市、乡村、停车场等重点领域。

3）环境覆盖：晴天、雨天、雪天、雾霾等多种天气。

同时，该公司还建立了可适用 24 项 ADAS 测试的功能场景库、逻辑场景库。

（2）功能安全场景库 基于场景运行设计范围（ODD）元素重组、虚拟仿真场景复现、关键场景仿真验证等技术手段研发功能安全场景库，遵照 ISO 26262 标准，对 ADAS 功能安全、车辆安全完整性等级（ASIL）提供有据可依的量化评估方案。

功能安全场景库生成过程如下：

1）参考 ODD 分类的国际标准，对驾驶区域、天气、光线等 7 大类场景要素以及 30 类子要素进行排列与重组，进而形成体系化功能场景库。

2）将上述功能场景，基于真实路采场景数据，调整相关参数范围从而得到相应的逻辑场景，最后在仿真软件中搭建驾驶场景与周边环境，形成所需的复现场景。

3）在仿真验证软件中，激活 ADAS 功能，对复现场景下的电子电气失效展开仿真验证，并对产生的风险进行评估，根据公式计算出严重度（S）、暴露度（E）和可控性（C），最后根据 ISO 26262 标准确定 ASIL。

（3）V2X 场景库　根据 LTE-V 终端及专用短距离通信（DSRC）终端应用层开发经验以及《合作式智能运输系统　车用通信系统应用层及应用数据交互标准》中的场景要求进行场景库构建。

从数据安全、通信安全、控制安全、身份安全四个方面进行 V2X 场景数据积累研究，建立了 V2X 测试场景库搭建流程，形成测试用例 3500 条。

3. 中国汽车工程研究院自建场景库

1）场景库数据来源：标准法规、交通事故、人工经验以及自然驾驶数据。

2）场景库生成方案：场景数据采集、场景分类提取、场景数据标注、场景聚类、场景重构、虚拟场景转化等。

其发布的"中国典型驾驶场景库 V2.0"参考了德国 PEGASUS 项目的场景分类体系及 ASAM 推出的 OpenDRIVE 和 OpenSCENARIO 仿真格式，包括标准法规场景 1000 例、经验式场景 3000 多例、重构场景 5 万多例、事故场景 150 多例。

2020 年 12 月，"中国典型驾驶场景库"在 V2.0 的基础上升级到 V3.0，新增了典型事故场景、自动驾驶事故场景和预期功能安全场景三大板块。该场景库已涵盖总计 20 余项自动驾驶功能，拥有总量大于 10 万例的 OpenX 标准格式场景文件。

为了便于企业的自动驾驶技术开发，该场景库分为基础、初级、中级、高级四个模块等级。

4. 百度 Apollo 场景库

1）涵盖场景类型：

①标准法规场景：满足基本的标准法规要求。

②危险工况场景：保证自动驾驶的安全性。

③能力评估场景：评价自动驾驶能力。

包括典型场景类型 200 种左右，涵盖不同的道路类型、障碍物类型、道路规划、交通信号灯。

2）测试场景数据来源：自然驾驶路采数据、交通数据库、人工经验等。

3）测试场景根据生成方案的不同又分为 Logsim 场景和 Worldsim 场景，目前总共提供了 220 个 Worldsim 场景和 17 个 Logsim 场景。

①Logsim 场景：由路测数据提取的场景，提供复杂多变的障碍物行为和交通状况，场景充满不确定性。

②Worldsim 场景：由人为预设的障碍物行为和交通信号灯状态构成的场景，场景简单。

5. 腾讯 TAD Sim 场景库

1）路测实采数据积累：截至 2020 年，已经积累了超过 50 万 km 交通场景数据。

2）涵盖场景类型：车辆避撞能力、交通合规性、行为能力、视距影响下交叉口车辆冲突避免、碰撞预警、紧急制动、危险变道、无信号交叉口通行、行人横穿等。

车辆自动驾驶系统应用

包括典型场景类型 1000 种左右。

3）场景生成方案：利用 AI 中智能体的能力，可以自由生成各种随机的驾驶场景。

> **引导问题 3**
>
> 请查阅相关资料，简述目前比较优秀的仿真测试平台。
>
> _____
>
> _____
>
> _____

仿真测试平台

（一）仿真测试平台的背景

自动驾驶系统通过各种传感器探测周围环境，进行决策后对车辆进行控制。为了在仿真环境对自动驾驶算法进行测试，需要模拟自动驾驶算法的各种输入，并响应其输出，从而"欺骗"它，让它以为在真实世界工作。

为此，对照真实世界，仿真测试平台由交通场景模块、传感器模块、车辆动力学模块和测试管理模块构成，如图 5-2-10 所示。

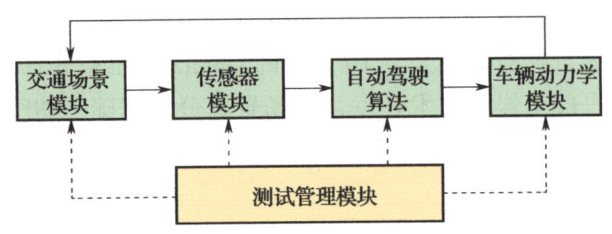

图 5-2-10　仿真测试平台构成

1. 交通场景模块

交通场景模块用于模拟车辆运行的外部世界。

一方面，模拟各种交通场景要素，包括：高速公路、城市道路等不同的道路结构；标志标线、护栏、交通信号灯等道路附属设施；乘用车、货车、摩托车、行人等交通参与者；路障、锥筒、遗撒物等临时物体；晴、阴、雨、雪、白天、黑夜等不同的环境。

另一方面，模拟不同交通场景要素之间的组合和动态关系，即不同的"场景"，例如，高速公路上，一辆乘用车在被测车辆前方快速切入；十字路口黄灯时，一辆货车在被测车辆前方紧急制动停车。

2. 传感器模块

传感器模块用于模拟车辆上安装的各种传感器，从而获得交通场景的状态。一方面，根据传感器种类的不同，模拟不同的信号内容，包括：摄像头传感器输出图像信号；激光雷达传感器输出点云信号；导航传感器输出定位信号。另一方面，根据传感器特性和参数的不同，模拟出其"局限"，包括：传感器的探测范围；摄像头的畸变和眩光；不同材质对激光雷达光线吸收的影响；护栏对毫米波雷达的杂波影响。

3. 车辆动力学模块

车辆动力学模块用于模拟车辆本身对自动驾驶算法控制的响应，特别是对加速、制动和转向的响应。

车辆动力学模块一般参照真实车辆，由车身、动力传动系统、悬架系统、转向系统、制动系统和车轮等不同的子系统构成。

4. 测试管理模块

测试管理模块负责对以上三个部分组成的仿真测试环境的管理，保证仿真测试的效果和效率。一方面，对测试流程进行管理，包括测试用例的选择、测试的启动和终止、仿真模块的调度。另一方面，对测试数据进行管理，包括测试用例的更新、测试数据的记录和分析、测试报告的生成。

（二）国内仿真测试平台

1. 浙江天行健智能科技有限公司 PanoSim

1）平台类型：面向汽车自动驾驶技术与产品研发的一体化仿真与测试平台。

2）平台特点：

①支持 MIL/SIL/HIL/VIL 实时在线仿真。

②支持 ADAS 技术与产品的开发与测试。

③支持驾驶模拟体验与人机共驾系统的研发与测试。

④支持感知、决策、规划、控制算法的研发与测试。

⑤高置信度车辆动力学模型：对标 CarSim，支持 27 自由度复杂动力学模型。

2. 51WORLD 51Sim-One

1）平台类型：覆盖自动驾驶全流程的一体化集成仿真测试平台。

2）平台特点：

①可实现多传感器仿真、交通流与智能体仿真、感知与决策仿真、自动驾驶行为训练等功能。

②可扩展的并行分布式仿真架构，可部署在单机、私有云和公有云环境。

③支持 HIL/DIL（驾驶员在环）实时在线仿真；自动驾驶数字孪生评价测试；平台内置了一系列场景库和测试案例库。

④软件平台提供 Python、C++、ROS、OSI 等应用程序接口（API）。

⑤支持多车协同互动：平台支持接入多个测试系统，包括自动和手动驾驶系统。

3. 腾讯 TAD Sim

1）平台类型：基于虚幻引擎打造的虚实结合、线上线下一体化的仿真测试平台。

2）平台特点：

①集成了游戏引擎、三维重建、车辆动力学模型、虚实一体交通流等技术。

②游戏技术的应用可实现场景的几何还原、逻辑还原及物理还原。

③一套系统满足全栈算法使用需求：能够完成从感知到决策、规划，再到控制的全算法闭环仿真验证测试。

④一套系统满足 MIL/SIL/HIL/VIL 使用需求，覆盖了完整的自动驾驶系统 V 字形测

试流程。

⑤内置高精度地图，支持全国高速公路和快速路仿真。

4. 沛岱（上海）汽车技术有限公司 GaiA

1）平台类型：基于德国自动驾驶仿真核心技术所研发的仿真测试平台。

2）平台特点：

①提供高保真的环境传感器仿真，包括激光雷达、毫米波雷达以及摄像头仿真等。

②提供 C++ 和 MATLAB 接口，适配于不同的车辆和系统。

③提供三个版本的软件解决方案：Standard 版——单机解决方案；Net 版——云计算和互动测试解决方案；RT 版——提供 HIL 和 VIL 仿真测试。

④支持交互式自动驾驶仿真：同一虚拟场景下，多台主机（车辆）进行互联仿真测试；提供基于虚拟现实（VR）/混合现实（MR）/增强现实（AR）的驾驶员模拟。

（三）国外仿真测试平台

1. 西门子 Prescan

1）平台类型：以物理模型为基础的传统汽车仿真平台。

2）平台特点：

①仿真流程主要分为四个步骤：搭建场景、添加传感器、添加控制系统、运行仿真。

②可在开环、闭环以及离线和在线模式下运行。

③支持导入 OpenDRIVE 格式的高精度地图。

④支持与第三方动力学软件联合仿真，如 CarSim、dSPACE ASM、VI-grade、Amesim 等。

⑤支持与其他类型的第三方软件联合仿真，如 MATLAB/Simulink，Logitech MOMO 转向操纵台、dSPACE ControlDesk、HIL 工具（ETAS、dSPACE、Vector、OPAL-RT 等）。

⑥支持基于云端布置大规模仿真。

2. MSC Software VTD

1）平台类型：传统汽车仿真平台。

2）平台特点：

①支持从 SIL 到 HIL 和 VIL 的全周期开发流程。

②支持与第三方的工具和插件联合仿真。

③平台的功能和存储支持开放格式，如 OpenDRIVE、OpenCRG 和 OpenSCENARIO。

④仿真流程主要分三个步骤：路网搭建、动态场景配置、仿真运行。

⑤提供图形化的交互式路网编辑器 Road Designer（ROD），在构建路网仿真环境时，可以同步生成 OpenDRIVE 高精度地图。

⑥对于动态场景构建，提供了图形化的交互式场景编辑器 Scenario Editor。

3. 德国 IPG CarMaker

1）平台类型：以传统动力学仿真为基础优势发展起来的自动驾驶仿真平台。

2）平台特点：

①支持与第三方软件进行联合仿真，如 ADAMS、AVL CRUISE、rFpro 等。

②包括道路、交通环境、车辆、驾驶员的闭环仿真系统：

a）IPG Road：可以模拟多车道、十字路口等多种形式的道路，并可通过配置用户图形界面（GUI）生成锥形、圆柱形等形状的路障。

b）IPG Traffic：提供丰富的交通对象模型，如车辆、行人、交通标志、交通信号灯、道路施工建筑等。

c）IPG Driver：提供可自学习的驾驶员模型。

③支持高精度地图的导入/导出：

a）支持从 HERE HD Live Map 导入地图数据。

b）支持以 ROAD5 和 OpenDRIVE 格式导出地图数据。

④支持在高性能计算（HPC）集群上并行执行大量测试目录。

⑤支持在 Docker 容器中运行，具有良好的可移植性和可扩展性。

4. 英伟达 DRIVE Constellation

1）平台类型：基于虚幻引擎开发，由两台服务器构成的自动驾驶仿真平台。

2）平台构成：

①第一台服务器硬件构成：8 个英伟达 RTX Turing GPU。其作用是运行 DRIVE Sim 软件来模拟仿真自动驾驶车辆上的传感器数据（包括摄像头、毫米波雷达、激光雷达、IMU 和 GNSS）以及驾驶场景数据。

②第二台服务器硬件构成：自动驾驶车辆目标 AI ECU。其作用是处理第一台服务器传输过来的模拟数据，如传感器仿真数据。

3）平台特点：

①较高真实度：作为一种实时的硬件在环解决方案，可以测试和验证与将来搭载在自动驾驶车辆上的完全相同的软件和硬件系统。

②云仿真工作流：在无缝的端到端工作流中执行自动驾驶测试。用户可以远程访问 DRIVE Constellation 并将模拟场景提交给云端的车辆测试车队，然后进行可视化测试并以较快的速度给出评估结果。

③可扩展性：该平台支持在数据中心进行大规模部署，能够并行运行各种仿真测试；且在 DRIVE Constellation 平台中的每 1mile（约 1.6km）的测试都包含感兴趣事件（特殊工况），能够在很短的时间内完成相当于数月或数年的实车测试。

④完整的反馈回路：第一台服务器运行 DRIVE Sim 软件，该软件模拟仿真驾驶场景以及自动驾驶车辆上产生的传感器数据；然后将模拟仿真的传感器数据发送到第二台服务器上进行数据处理；最后第二台服务器再将驾驶决策信号输出给第一台服务器，因此便形成了一个仿真闭环。

5. 微软 AirSim

1）平台类型：建立在虚幻引擎上的无人机及自动驾驶开源仿真平台。

2）平台特点：

①建立在虚幻引擎上，能够打造出高逼真度的交通环境，实现车辆及传感器仿真模拟。

②完成车辆建模测试：AirSim 包含车辆模拟、城市道路场景，并提供可简化编程的 API 以及即插即用的代码。

③快速构建丰富场景：AirSim 可提供详细的 3D 城市街景，包括交通信号灯、公园、

湖泊、工地等丰富的场景。

④ AI 研究平台：AirSim 提供包括 C++ 和 Python 等多语言的 API。使用者可同时使用 AirSim 和众多机器学习工具。它主要用于测试深度学习、计算机视觉和自动驾驶车辆的端到端的强化学习算法。

6. 巴塞罗那自治大学（联合丰田研究院和英特尔实验室）CARLA

1）平台类型：基于虚幻引擎开发，采用服务器和多客户端架构的开源平台。

2）平台特点：

① 用于城市自动驾驶系统的开发、训练和验证的开源模拟器。

② 提供开源数字数据资源（包括城市布局、建筑以及车辆）搭建的自动驾驶测试训练场景。

③ 可使用 Vector Zero 的道路搭建软件 RoadRunner 制作场景和配套的高精度地图。

④ 可用于研究三种自动驾驶技术路线的性能：传统的模块化流水线；通过模仿学习训练得到的端到端模型；通过强化学习训练得到的端到端模型。

7. LG 电子 LGSVL Simulator

1）平台类型：基于游戏引擎 Unity 研发的自动驾驶开源仿真平台。

2）平台特点：

① 模拟器支持 ROS、ROS 2 和 Cyber RT，提供了自动驾驶开源平台 Autoware 和百度 Apollo 的集成。

② 支持自动驾驶系统的软件在环（SIL）和硬件在环（HIL）测试。

③ 虚拟场景构建：提供 Python API，使用户能够通过编写脚本来创建所需的虚拟场景；支持创建、编辑和导入/导出现有 3D 环境的高精度地图。

其中，高精度地图支持的导入/导出格式如下：

a）支持的导入格式：Apollo 5.0、Autoware vector map、Lanelet2 和 OpenDRIVE 1.4。

b）支持的导出格式：Apollo 5.0、Lanelet2 和 OpenDRIVE 1.4。

小组分工

学生任务分配表

班级		组号		指导教师	
组长		学号			
组员角色分配					
信息员		学号			
操作员		学号			
记录员		学号			
安全员		学号			
任务分工					
（就组织讨论、工具准备、数据采集、数据记录、安全监督、成果展示等工作内容进行任务分工）					

工作计划

按照前面所了解的知识内容和小组内部讨论的结果，制订工作方案，落实各项工作负责人，如任务实施前的准备工作、实施中的主要操作及协助支持工作、实施过程中相关要点及数据的记录工作等，并将结果填入工作计划表中。

工作计划表

步骤	工作内容	负责人
1		
2		
3		
4		
5		
6		
7		
8		

进行决策

1）各组派代表阐述资料查询结果。
2）各组就各自的查询结果进行交流，并分享技巧。
3）教师结合各组完成的情况进行点评，选出最佳方案。

任务实施

在前面的内容中，我们学习了 Autoware 和 Apollo 的仿真测试，了解了仿真测试的重要性。接下来，我们通过虚拟仿真平台对场地、车辆、传感器、场景进行构建和运行，扫描右侧二维码，获取自动紧急制动（AEB）系统仿真测试操作视频，并完成下方内容记录。

自动紧急制动（AEB）系统仿真测试

参考操作视频，按照规范作业要求，完成虚拟仿真验证测试的操作步骤，进行数据采集并记录。

自动紧急制动（AEB）系统仿真测试			
序号	步骤	记录	完成情况
1	场地构建		已完成□ 未完成□
2	车辆构建		已完成□ 未完成□
3	传感器构建		已完成□ 未完成□
4	场景构建和运行		已完成□ 未完成□
总结提升			已完成□ 未完成□

评价反馈

1）各组代表展示汇报 PPT，介绍任务的完成过程。

2）请以小组为单位，对各组的操作过程与操作结果进行自评和互评，并将结果填入综合评价表中的小组评价部分。

3）教师对学生工作过程与工作结果进行评价，并将评价结果填入综合评价表中的教师评价部分。

综合评价表

班级		组别		姓名		学号	
实训任务							
评价项目		评价标准			分值		得分
小组评价	计划决策	制订的工作方案合理可行，小组成员分工明确			10		
	任务实施	自动紧急制动（AEB）系统仿真测试			60		
	任务达成	能按照工作方案操作，按计划完成工作任务			10		
	工作态度	认真严谨、积极主动			10		
	团队合作	小组组员积极配合、主动交流、协调工作			5		
	6S 管理	将鼠标、键盘、桌椅进行归位			5		
		小计			100		
教师评价	实训纪律	不出现无故迟到、早退、旷课现象，不违反课堂纪律			10		
	方案实施	严格按照工作方案完成任务实施			20		
	团队协作	任务实施过程互相配合，协作度高			20		
	工作质量	能准确完成任务实施的内容			20		
	工作规范	操作规范，三不落地，无意外事故发生			10		
	汇报展示	能准确表达、总结到位、改进措施可行			20		
		小计			100		
综合评分		小组评分 ×50%+ 教师评分 ×50%					
总结与反思							

（如：学习过程中遇到什么问题→如何解决的/解决不了的原因→心得体会）

任务三 完成整车道路验证测试

学习目标

- 能描述整车道路验证的背景意义和定义
- 能描述整车道路验证的所有项目
- 能描述整车道路验证的车型要求和需提供的材料
- 能判断是否通过某个功能测试项目
- 掌握测试仪器和设备的使用方法，明确专业及职业规划
- 掌握整车道路验证的相关理论知识和技能，提升专业技能水平

知识索引

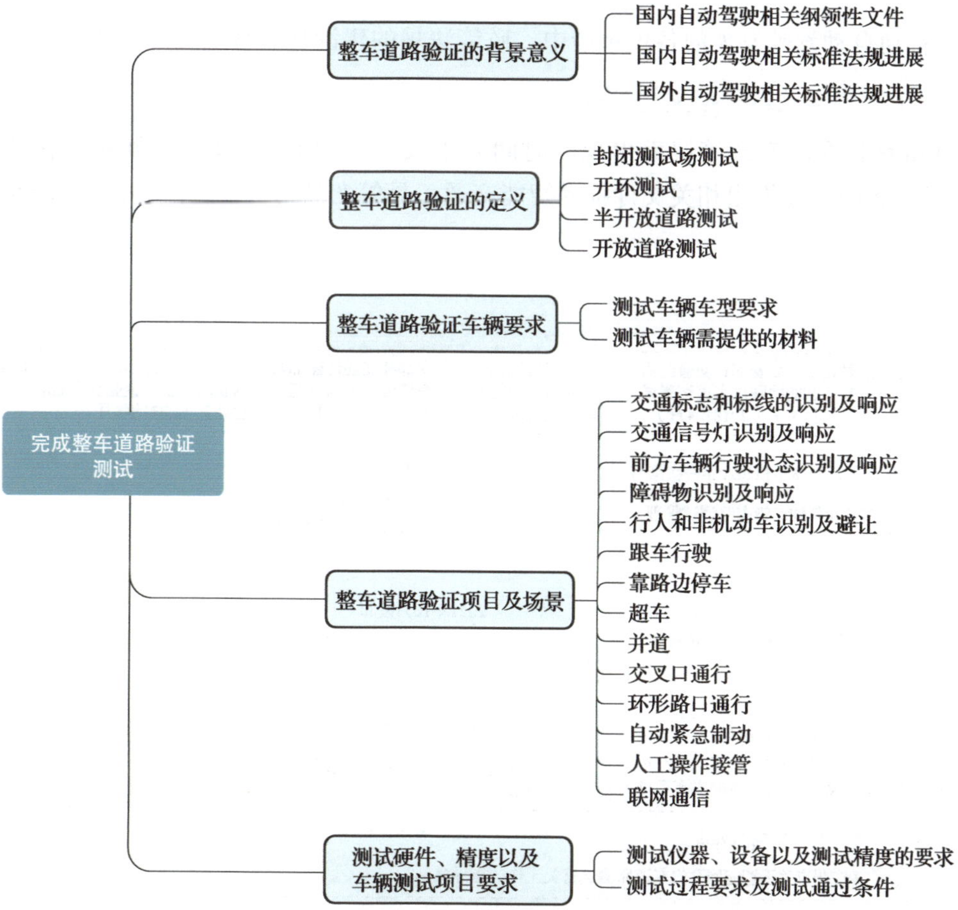

完成整车道路验证测试
- 整车道路验证的背景意义
  - 国内自动驾驶相关纲领性文件
  - 国内自动驾驶相关标准法规进展
  - 国外自动驾驶相关标准法规进展
- 整车道路验证的定义
  - 封闭测试场测试
  - 开环测试
  - 半开放道路测试
  - 开放道路测试
- 整车道路验证车辆要求
  - 测试车辆车型要求
  - 测试车辆需提供的材料
- 整车道路验证项目及场景
  - 交通标志和标线的识别及响应
  - 交通信号灯识别及响应
  - 前方车辆行驶状态识别及响应
  - 障碍物识别及响应
  - 行人和非机动车识别及避让
  - 跟车行驶
  - 靠路边停车
  - 超车
  - 并道
  - 交叉口通行
  - 环形路口通行
  - 自动紧急制动
  - 人工操作接管
  - 联网通信
- 测试硬件、精度以及车辆测试项目要求
  - 测试仪器、设备以及测试精度的要求
  - 测试过程要求及测试通过条件

车辆自动驾驶系统应用

情境导入

某企业设计研发的自动驾驶汽车项目进入测试阶段，你作为测试工程师，负责整车道路测试，考察自动驾驶汽车在各种道路场景和障碍物下的感知、决策、控制能力和应对措施，并写出测试报告。

获取信息

引导问题 1

请通过互联网查阅相关资料，简述自动驾驶发展过程中政策法规建设的意义。

_____
_____
_____

整车道路验证的背景意义

在推动自动驾驶发展的各项举措中，政策法规的建设是非常重要的一环。

（一）国内自动驾驶相关纲领性文件

自动驾驶在国家政策层面出现的时间并不长。自 2015 年国务院印发《中国制造 2025》起，我国陆续推出相关文件推动智能交通工具等产品的研发与产业化，如图 5-3-1 所示。

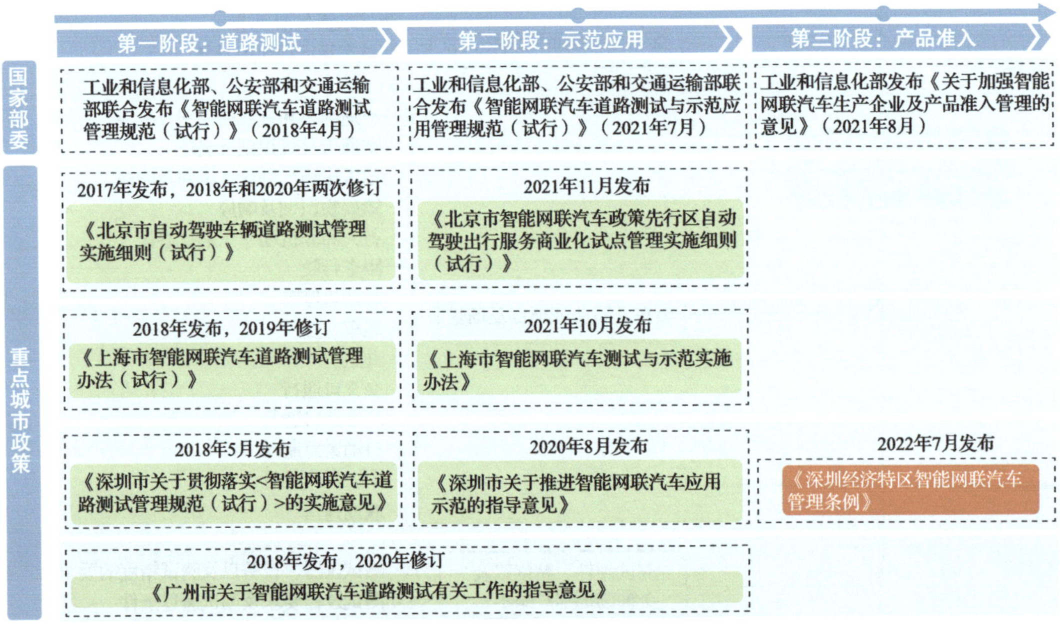

	第一阶段：道路测试	第二阶段：示范应用	第三阶段：产品准入
国家部委	工业和信息化部、公安部和交通运输部联合发布《智能网联汽车道路测试管理规范（试行）》（2018年4月）	工业和信息化部、公安部和交通运输部联合发布《智能网联汽车道路测试与示范应用管理规范（试行）》（2021年7月）	工业和信息化部发布《关于加强智能网联汽车生产企业及产品准入管理的意见》（2021年8月）
重点城市政策	2017年发布，2018年和2020年两次修订《北京市自动驾驶车辆道路测试管理实施细则（试行）》	2021年11月发布《北京市智能网联汽车政策先行区自动驾驶出行服务商业化试点管理实施细则（试行）》	
	2018年发布，2019年修订《上海市智能网联汽车道路测试管理办法（试行）》	2021年10月发布《上海市智能网联汽车测试与示范实施办法》	
	2018年5月发布《深圳市关于贯彻落实<智能网联汽车道路测试管理规范（试行）>的实施意见》	2020年8月发布《深圳市关于推进智能网联汽车应用示范的指导意见》	2022年7月发布《深圳经济特区智能网联汽车管理条例》
	2018年发布，2020年修订《广州市关于智能网联汽车道路测试有关工作的指导意见》		

图 5-3-1 我国智能汽车政策发展过程

（二）国内自动驾驶相关标准法规进展

全国汽车标准化技术委员会（简称"汽标委"）智能网联汽车与汽车电子工作组情况如图 5-3-2 所示，相关标准的实施状态见表 5-3-1。

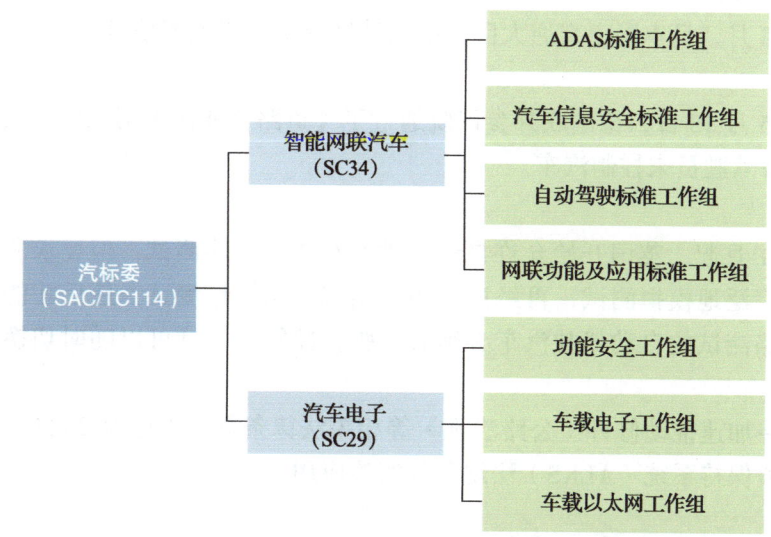

图 5-3-2 汽标委智能网联汽车与汽车电子工作组情况

表 5-3-1 相关标准实施状态

批次	标准	状态	实施日期
第一批	《乘用车自动紧急制动系统（AEBS）性能要求及试验方法》	已实施	2021-10-01
	《商用车辆自动紧急制动系统（AEBS）性能要求及试验方法》	已实施	2020-05-01
	《商用车辆电子稳定性控制系统性能要求及试验方法》	已实施	2020-05-01
第二批	《乘用车车道保持辅助（LKA）系统性能要求及试验方法》	已实施	2021-06-01
	《道路车辆 盲区监测（BSD）系统性能要求及试验方法》	已实施	2021-06-01
	《道路车辆 先进驾驶辅助系统（ADAS）术语及定义》	已实施	2021-06-01

（三）国外自动驾驶相关标准法规进展

1. 美国

2016 年 9 月，美国交通部发布了《美国自动驾驶汽车政策指南》，为生产高度自动驾驶汽车的汽车厂商和其他相关机构提供了一个具备指导意义的前期规章制度框架。

2017 年 7 月，美国众议院通过了《自动驾驶法案》（H.R.3388）。

2017 年 9 月，美国交通部发布《自动驾驶系统 2.0：安全愿景》。

2018 年 10 月，美国交通部发布《准备迎接未来交通：自动驾驶汽车 3.0》。

2022 年 3 月，美国国家公路交通安全管理局（NHTSA）公布《无人驾驶乘员保护安全标准》，作为对现行《联邦机动车安全标准》（FMVSS）的修订和补充，允许具备自动驾驶功能的车辆不再配备转向盘等传统控制装置。

2022 年 6 月，NHTSA 发布了过去一年中配备 L2 驾驶辅助系统、L3~L5 自动驾驶系统的车辆自动驾驶事故综合报告。

2. 日本

2022 年 3 月，日本通过《道路交通法》修正案，允许特定条件下具备 L4 自动驾驶功能的车辆上路。

2022 年 3 月，日本国土交通大臣批准高精度数字道路地图项目。

3. 德国

2017 年 5 月 13 日，德国联邦参议院通过了《道路交通法》第八修正案，允许自动驾驶系统代替驾驶员来控制汽车。

4. 英国

2015 年 1 月起，英国开始允许自动驾驶汽车正式上路测试，但要求所有系统软件必须先经过广泛地模拟测试，再经过封闭道路或专用场地测试，最后才能进行公共道路测试；上路测试的自动驾驶汽车必须有驾驶员监管，并且可以随时切换到人工驾驶模式。

英国正在加速推动修订《公路法规》等相关法律条款，以应对 2022 年下半年联合国《自动车道保持系统（ALKS）法规》的实施应用。

引导问题 2

请查阅相关资料，简述整车道路验证包含哪些测试以及主要测试内容是什么。

_____

_____

_____

整车道路验证的定义

整车道路验证是对自动驾驶车辆在实际道路上的行驶情况进行测试分析，考察自动驾驶车辆在各种道路场景和障碍物下的感知、决策、控制能力和应对措施。整车道路验证是自动驾驶测试体系不可或缺的环节，任何自动驾驶测试工作都要经过整车道路验证。具体来说，整车道路验证包括封闭测试场测试、开环测试、半开放道路测试和开放道路测试。

（一）封闭测试场测试

自动驾驶车辆在上路之前需首先在封闭测试场完成各种场景测试。封闭测试场测试的目的在于检测自动驾驶车辆的基本功能和软硬件系统运行情况，并进行简单基础场景的测试，如直行、转向、交通信号灯识别等。封闭测试场测试可以及早发现自动驾驶系统和车辆基本功能等方面的问题，避免进入开放道路测试出现事故，从而降低风险，同时节省时间和成本。

（二）开环测试

开环测试是在人工驾驶的状态下，对系统进行测试的方法。开环测试可以在开放道路上进行，由于有人工驾驶的参与，可以最大限度地保证测试安全。除车辆控制模块无法充分验证外，该方法对感知、定位、路径规划、地图等功能都可以很好地进行测试。

（三）半开放道路测试

在进入开放道路测试之前，自动驾驶车辆还需要在半开放道路上进行测试。所谓半开放道路是指有可控的规模有限的社会车辆和行人通过的道路。一般选取车速较低、交通密度较低的园区作为半开放道路，其中有社会车辆和行人通过，但流量可控，相比实际开放道路，其场景更简单。半开放道路包括工业园区、有一定规模的驾校、区域测试场等。

（四）开放道路测试

开放道路是指社会车辆和行人通行的道路，场景随机多变，交通状况复杂。开放道路测试是整车道路验证的最终环节，也是自动驾驶车辆完成测试的必要环节。开放道路测试可以更加全面真实地测试自动驾驶车辆在各种复杂场景状况下的运行状况以及对于危机情况的化解能力，对车辆的运行、系统工作情况、各模块功能、体感等各维度进行综合测试。

 引导问题 3

请查阅相关资料，简单阐述整车道路测试对车辆车型的要求。

_____

_____

_____

整车道路验证车辆要求

（一）测试车辆车型要求

测试车辆是指申请用于道路测试的智能网联汽车，包括乘用车、商用车辆，不包括低速汽车、摩托车，应符合以下条件：

1）未办理过机动车注册登记。

2）满足对应车辆类型除耐久性以外的强制性检验项目要求；对因实现自动驾驶功能而无法满足强制性检验要求的个别项目，测试主体需证明其未降低车辆安全性能。

3）具备人工操作和自动驾驶两种模式，且能够以安全、快速、简单的方式实现模式转换并有相应的提示，保证在任何情况下都能将车辆即时转换为人工操作模式。

4）具备车辆状态记录、存储及在线监控功能，能实时回传下列第①、②、③项信息，并自动记录和存储下列各项信息在车辆事故或失效状况发生前至少 90s 的数据，数据保存时间不少于 3 年：

①车辆控制模式。

②车辆位置。

③车辆速度、加速度等运动状态。
④环境感知与响应状态。
⑤车辆灯光、信号实时状态。
⑥车辆外部 360° 视频监控情况。
⑦反映测试驾驶员和人机交互状态的车内视频及语音监控情况。
⑧车辆接收的远程控制指令（如有）。
⑨车辆故障情况（如有）。

（二）测试车辆需提供的材料

测试车辆应提供以下材料：

1）属国产机动车的，应当提供机动车整车出厂合格证，对未进入公告车型的应当提供出厂合格证明和国家认可的第三方检测实验室出具的相应车型强制性检验报告；属进口机动车的，应当提供进口机动车辆强制性产品认证证书、随车检验单和货物进口证明书。

2）自动驾驶功能说明及其未降低车辆安全性能的证明。

3）机动车安全技术检验合格证明。

4）测试主体在封闭道路、场地等特定区域进行实车测试的证明材料。

测试车辆自动驾驶系统应确保在发生紧急情况时，驾驶员能够进行人工操作接管。当自动驾驶系统发生故障或超出设计运行范围时，测试车辆应及时发出人工接管请求，提示驾驶员接管测试车辆。测试车辆应在明显位置显示当前驾驶模式，即自动驾驶模式或人工操作模式。

竞赛指南

在 2022 年全国职业院校技能大赛（高职组）汽车技术——智能网联汽车技术赛项中，整车道路验证考点包括了起始点发车、自动启停、自动驾驶、主动避障、自动紧急制动、交通信号灯定位识别、车道线识别、车道保持、碰撞预警、行人预警、自适应巡航、终点停车定位识别等功能运行测试，为重点考试内容，请同学们认真学习。

> **引导问题 4**
>
> 请查阅相关资料，简述自动驾驶汽车商业化需经历的三个测试阶段以及整车道路验证的项目。
>
> _____
> _____
> _____

整车道路验证项目及场景

自动驾驶汽车商业化需经历的三个测试阶段：仿真测试、封闭场地测试、开放道路测试，如图 5-3-3 所示。

仿真测试包括以下几种类型：模型在环（MIL）、软件在环（SIL）、硬件在环（HIL）、车辆在环（VIL）。

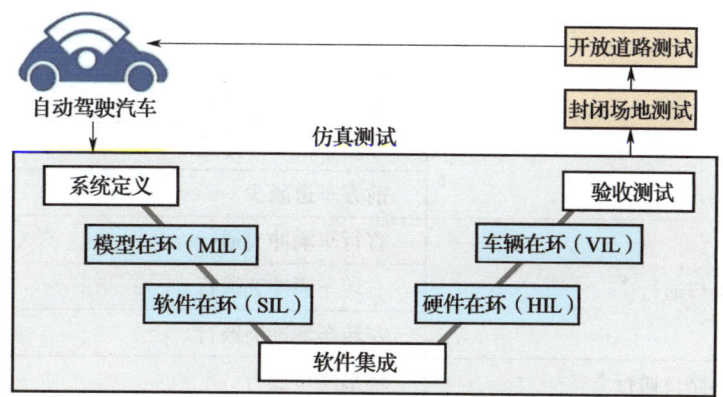

图 5-3-3　自动驾驶系统 V 字形测试流程

根据《智能网联汽车自动驾驶功能测试规程（试行）》，自动驾驶功能测试项目共计 14 个，其中必测项目 9 个（包含测试场景 20 个），选测项目 5 个（包含测试场景 14 个），具体测试内容见表 5-3-2。对于选测项目，如果企业声明其车辆具有相应功能或测试路段涉及相应场景的，也应进行相关测试。

表 5-3-2　智能网联汽车自动驾驶功能测试内容

序号	测试项目	测试场景
1	交通标志和标线的识别及响应	限速标志识别及响应
		停车让行标志标线识别及响应
		车道线识别及响应
		人行横道线识别及响应
2	交通信号灯识别及响应*	机动车信号灯识别及响应
		方向指示信号灯识别及响应
3	前方车辆行驶状态识别及响应	车辆驶入识别及响应
		对向车辆借道本车车道行驶识别及响应
4	障碍物识别及响应	障碍物测试
		误作用测试
5	行人和非机动车识别及避让*	行人横穿道路
		行人沿道路行走
		两轮车横穿道路
		两轮车沿道路骑行
6	跟车行驶	稳定跟车行驶
		停—走功能

（续）

序号	测试项目	测试场景
7	靠路边停车	靠路边应急停车
		最右车道内靠边停车
8	超车	超车
9	并道	邻近车道无车并道
		邻近车道有车并道
		前方车道减少
10	交叉口通行*	直行车辆冲突通行
		右转车辆冲突通行
		左转车辆冲突通行
11	环形路口通行*	环形路口通行
12	自动紧急制动	前车静止
		前车制动
		行人横穿道路
13	人工操作接管	人工操作接管
14	联网通信*	长直路段车－车通信
		长直路段车－路通信
		十字交叉口车－车通信
		编队行驶测试

注：表中符号 * 表示选测项目。

（一）交通标志和标线的识别及响应

此项目是为了评价测试车辆遵守交通法规的能力。

1. 限速标志识别及响应测试项目（图 5-3-4）

1）测试场景。测试道路为至少包含一条车道的长直道，并于该路段设置限速标志牌，测试车辆（VUT）以高于限速标志牌的车速驶向该标志牌。

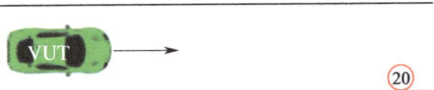

图 5-3-4　限速标志识别及响应测试场景示意图

2）测试方法。测试车辆在自动驾驶模式下，在距离限速标志 100m 前达到限速标志所示速度的 1.2 倍，并匀速沿车道中间驶向限速标志。

3）通过要求。测试车辆到达限速标志时，车速应不高于限速标志所示速度。

2. 停车让行标志标线识别及响应测试项目（图 5-3-5）

1）测试场景。测试道路为至少包含一条车道的长直道，并于该路段设置停车让行标志牌和停车让行线，测试车辆匀速驶向停车让行线。

2）测试方法。测试车辆在自动驾驶模式下，在距离停车让行线 100m 前达到

30km/h 的车速，并匀速沿车道中间驶向停车让行线。测试中，停车让行线前无车辆、行人等。

3）通过要求。测试车辆应在停车让行线前停车；测试车辆的停止时间应不超过 3s。

3. 车道线识别及响应测试项目（图 5-3-6）

1）测试场景：测试道路为一条长直道和半径（R）不大于 500m 弯道的组合，弯道长度应大于 100m，两侧车道线应为白色虚线或实线。

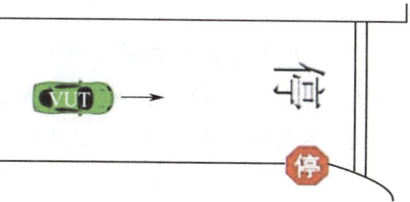

图 5-3-5　停车让行标志标线识别及响应测试场景示意图

2）测试方法：测试车辆在自动驾驶模式下，在进入弯道 100m 前达到 30km/h 的车速并匀速沿车道中间行驶；如果最高自动驾驶速度 v_{max} 高于 60km/h，则测试速度设置为 60km/h。

3）通过要求：测试车辆应始终保持在测试车道线内行驶，方向控制准确，不偏离正确行驶方向；测试车辆的车轮不得碰压车道边线内侧；测试车辆应平顺地驶入弯道，无明显晃动。

4. 人行横道线识别及响应测试项目（图 5-3-7）

1）测试场景：测试道路为至少包含一条车道的长直道，并在路段内设置人行横道线，测试车辆沿测试道路驶向人行横道线。

2）测试方法：测试车辆在自动驾驶模式下，在距离停止线 100m 前达到 40km/h 的车速，并匀速沿车道中间驶向停止线。测试中，人行横道线上无行人、非机动车等。

3）通过要求：测试车辆应能减速慢行通过人行横道线；测试车辆允许短时间停于停止线前方，但停止时间不能超过 3s。

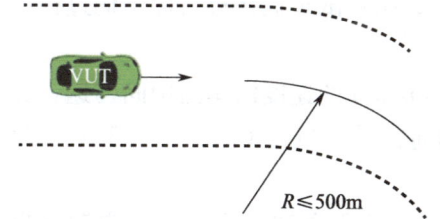

图 5-3-6　车道线识别及响应测试场景示意图

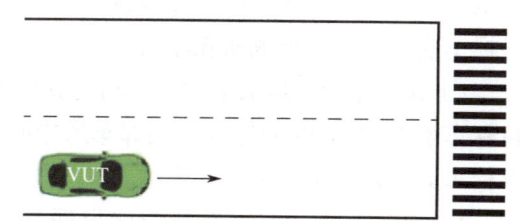

图 5-3-7　人行横道线识别及响应测试场景示意图

（二）交通信号灯识别及响应

此项目是为了评价测试车辆遵守交通信号灯指示的能力。

1. 机动车信号灯识别及响应测试项目（图 5-3-8）

1）测试场景：测试道路为至少包含一条车道的长直道，并在路段内设置机动车信号灯，信号灯类型可根据实际测试路段情况选择。

2）测试方法：测试车辆在自动驾驶模式下，在距离停止线 100m 前达到 30km/h 的车速，并匀速沿车道中间驶向机动车信号灯。机动车信号灯

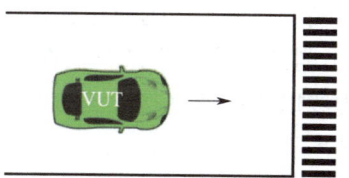

图 5-3-8　机动车信号灯识别及响应测试场景示意图

初始状态为红色，待测试车辆停稳后，机动车信号灯由红色变为绿色。

3）通过要求：测试车辆应在红灯期间停车等待，且不越过停止线；当机动车信号灯由红色变为绿色后，测试车辆应及时起步通行，且起动时间不得超过5s。

2. 方向指示信号灯识别及响应测试项目（图5-3-9）

1）测试场景：测试道路为至少包含双向两车道的十字交叉口。交叉口设置方向指示信号灯。测试车辆匀速驶向信号灯。

2）测试方法：测试车辆在自动驾驶模式下，在距离停止线100m前达到30km/h的车速，沿车道中间驶向方向指示信号灯。测试车辆行驶方向对应方向指示信号灯初始状态为红色，待测试车辆停稳后，信号灯由红色变为绿色。该场景各方向指示信号灯识别和响应能力应分别测试。

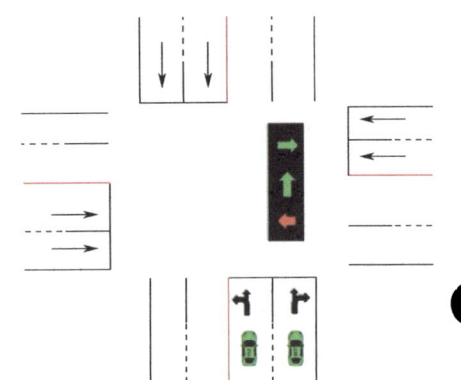

图5-3-9 方向指示信号灯识别及响应测试场景示意图

3）通过要求：测试车辆应在红灯期间停车等待，且不越过停止线；当机动车信号灯由红色变为绿色后，测试车辆应及时起步通行，且起动时间不得超过5s；测试车辆在进行左转或右转时，应能正确开启对应的转向灯。

（三）前方车辆行驶状态识别及响应

此项目是为了评价测试车辆对前方车辆的感知、行为预测和响应能力。

1. 车辆驶入识别及响应测试项目（图5-3-10）

1）测试场景：测试道路为至少包含两条车道的长直道，中间车道线为白色虚线。测试车辆和目标车辆（VT）在各自车道内匀速行驶，在测试车辆接近目标车辆过程中，目标车辆驶入测试车辆所在车道。

2）测试方法：测试车辆在自动驾驶模式下以30km/h的速度沿车道中间匀速行驶，目标车辆以20km/h的速度沿相邻车道中间匀速同向行驶。当两车时距不大于1.5s时，目标车辆切入测试车辆所在车道。

3）通过要求：测试车辆应能根据目标车辆切入的距离和速度，自适应调整自身车速；测试车辆应与目标车辆保持安全距离不发生碰撞；测试车辆应在目标车辆切入后能稳定跟随目标车辆行驶。

2. 对向车辆借道本车车道行驶识别及响应测试项目（图5-3-11）

1）测试场景：测试道路为至少包含双向两车道的长直道，中间车道线为黄色虚线。测试车辆沿车道中间匀速行驶，同时对向目标车辆压黄色虚线匀速行驶。

2）测试方法：测试车辆在自动驾驶模式下以30km/h匀速行驶，对向目标车辆压黄色虚线以相同速度接近测试车辆，两车稳定行驶后的初始纵向距离不小于100m，横向重叠率不小于10%。

3）通过要求：测试车辆应在测试中在本车道内进行避让，与目标车辆不发生碰撞。

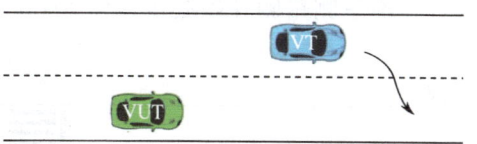

图 5-3-10　车辆驶入识别及响应测试场景示意图　　图 5-3-11　对向车辆借道本车车道行驶识别及响应测试场景示意图

（四）障碍物识别及响应

此项目是为了评价测试车辆对前方障碍物的感知、决策及执行能力。

1. 障碍物测试项目（图 5-3-12）

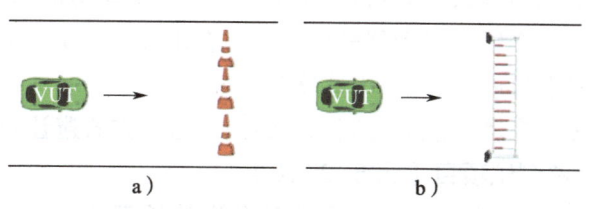

图 5-3-12　障碍物测试场景示意图

1）测试场景：测试道路为至少包含一条车道的长直道，在车道中间分别放置锥形交通路标（推荐尺寸：50cm×35cm）和隔离栏（推荐尺寸：70cm×200cm），测试车辆匀速驶向前方障碍物。

2）测试方法：测试车辆在自动驾驶模式下，在距离前方障碍物 100m 前达到 30km/h 的车速，并匀速沿车道中间驶向前方障碍物。障碍物为测试道路内垂直于道路方向并排分开放置的 3 个锥形交通路标或 1 个隔离栏。测试应分别进行。

3）通过要求：测试车辆应能通过制动、转向或组合方式避免与上述障碍物发生碰撞。

2. 误作用测试项目（图 5-3-13）

1）测试场景：测试道路为至少包含一条车道的长直道，在车道中间放置井盖、铁板或减速带中的任意一种目标物，测试车辆匀速驶向该目标物。

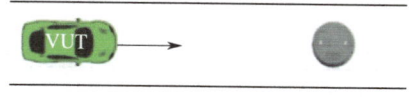

图 5-3-13　误作用测试场景示意图

2）测试方法：测试车辆在自动驾驶模式下，在距离前方目标物 100m 前达到 30 km/h 的车速，并匀速沿车道中间驶向该目标物。

3）通过要求：测试车辆能够碾轧或避让通过以上目标物，不得直接制动停车。

（五）行人和非机动车识别及避让

此项目是为了评价测试车辆对前方行人和非机动车的感知、行为预测和响应能力。

1. 行人横穿道路测试项目（图 5-3-14）

1）测试场景：测试道路为至少包含两条车道的长直道，并在路段内设置人行横道线。测试车辆匀速驶向人行横道线，同时行人沿人行横道线横穿道路，两者存在碰撞风险。

2）测试方法：测试车辆在自动驾驶模式下，以 30km/h 的速度匀速行驶，当测试车辆到达人行横道线所需时间为 3.5s 时，行人自车辆左侧路侧开始起步，以 5~6.5km/h 的速度通过人行横道线。

3）通过要求：测试车辆应能提前减速并保证行人安全通过车辆所在车道；测试车辆停止于人行横道线前方时，待行人穿过测试车辆所在车道后，车辆应能自动起动继续行驶，起动时间不得超过 5s。

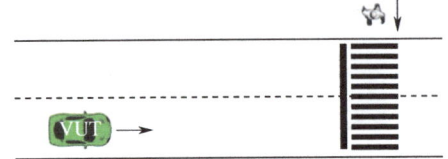

图 5-3-14　行人横穿道路测试场景示意图

2. 行人沿道路行走测试项目（图 5-3-15）

1）测试场景：测试道路为至少包含两条车道的长直道，中间车道线为白色虚线。测试车辆沿车道中间匀速行驶，同时行人于车辆正前方沿车道向前行走。

2）测试方法：测试车辆在自动驾驶模式下，在距离行人 100m 前达到 30km/h 的车速，并匀速沿车道中间驶向行人。行人速度为 5km/h。

3）通过要求：测试车辆应能通过制动、转向或组合方式避让行人。

3. 两轮车横穿道路测试项目（图 5-3-16）

1）测试场景：测试道路为至少包含两条车道的长直道，并在路段内设置人行横道线。测试车辆匀速驶向人行横道线，同时两轮车正沿人行横道线横穿道路，两者存在碰撞风险。

2）测试方法：测试车辆在自动驾驶模式，以 30km/h 的速度匀速行驶，当测试车辆到达人行横道线所需时间为 1.5s 时，两轮车以 15km/h 的速度由车辆左侧路侧开始横穿道路。

3）通过要求：测试车辆应能提前减速并保证两轮车安全通过车辆所在车道；测试车辆停止于人行横道前方时，待两轮车穿过测试车辆所在车道后，车辆应能自动起动继续行驶，起动时间不得超过 5s。

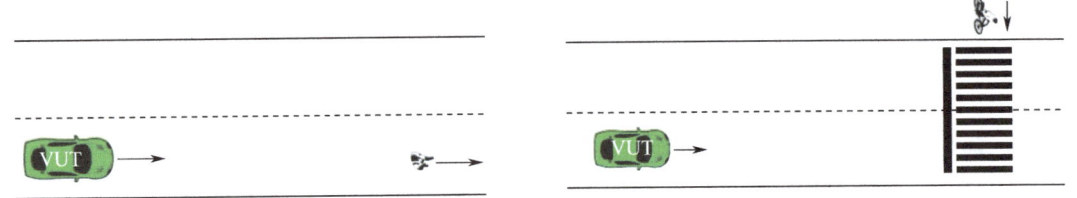

图 5-3-15　行人沿道路行走测试场景示意图　　图 5-3-16　两轮车横穿道路测试场景示意图

4. 两轮车沿道路骑行测试项目（图 5-3-17）

1）测试场景：测试道路为至少包含两条车道的长直道，中间车道线为白色虚线。测试车辆沿车道中间匀速行驶，同时两轮车于车辆正前方沿车道向前行驶。

2）测试方法：测试车辆在自动驾驶模式下，在距离两轮车 100m 前达到 30km/h 的车速，并匀速沿车道中间驶向两轮车。两轮车速度为 20km/h。

图 5-3-17　两轮车沿道路骑行测试场景示意图

3）通过要求：测试车辆应能通过制动、转向或组合方式避让两轮车。

（六）跟车行驶

此检测项目旨在测试自动驾驶系统跟随前车行驶的能力。

1. 稳定跟车行驶测试项目（图 5-3-18）

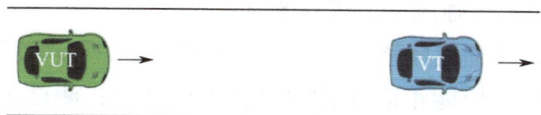

图 5-3-18　稳定跟车行驶测试场景示意图

1）测试场景：测试道路为两侧车道线为实线的长直道。测试车辆沿车道接近前方匀速行驶的目标车辆。

2）测试方法：测试车辆在自动驾驶模式下，以 30km/h 的速度沿车道中间匀速接近目标车辆，目标车辆以 20km/h 的速度匀速行驶。

3）通过要求：测试车辆应能识别目标车辆，并自适应调节车速，实现稳定跟随目标车辆行驶。

2. 停—走功能测试项目（图 5-3-19）

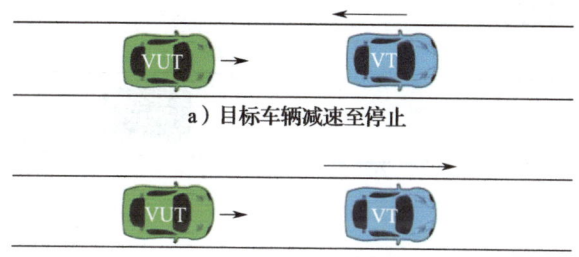

a）目标车辆减速至停止

b）目标车辆由停止状态加速至设定车速

图 5-3-19　停—走功能测试场景示意图

1）测试场景：测试道路为两侧车道线为实线的长直道。测试车辆稳定跟随目标车辆行驶，目标车辆制动直至停止，一定时间后目标车辆起步加速。

2）测试方法：测试车辆在自动驾驶模式下，跟随前方目标车辆行驶，目标车辆以 30km/h 的速度匀速行驶。测试时，两车保持车道中间行驶，测试车辆稳定跟随目标车辆行驶至少 3s 后，目标车辆减速直至停止。测试车辆停止至少 3s 后，目标车辆起步并加速恢复至 30km/h。

3）通过要求：当目标车辆减速至停止后，测试车辆应能跟随目标车辆停止，并未与目标车辆发生碰撞；当目标车辆重新起步后，测试车辆应在 5s 内随其重新起步；测试车辆重新起步后，应能稳定跟随目标车辆行驶。

（七）靠路边停车

此检测项目旨在测试自动驾驶系统在遇到驾驶风险时靠边停车的功能，评价测试车辆最小风险状态实现的能力。

1. 靠路边应急停车测试项目（图 5-3-20）

1）测试场景：测试道路至少包含一条行车道和一条应急车道，测试车辆在行车道内匀速行驶。

2）测试方法：测试车辆在自动驾驶模式下以 60km/h 的车速，沿车道中间匀速行驶，以适当方式向测试车辆发出靠边停车指令。如果测试车辆最高自动驾驶速度 v_{max} 小于 60km/h，则以最高自动驾驶速度 v_{max} 进行测试。

3）通过要求：测试车辆应能够自动开启右侧转向灯，实现变道并停于应急车道内；测试车辆进入应急车道后应能正确开启危险警告信号灯；测试车辆完全停止后，其任何部位不应在应急车道外。

2. 最右车道内靠边停车测试项目（图 5-3-21）

1）测试场景：测试道路为至少包含两条车道的长直道，中间车道线为虚线，测试车辆在左车道内匀速行驶。

2）测试方法：测试车辆在自动驾驶模式下以 30km/h 的车速，沿车道中间匀速行驶。以适当方式向测试车辆发出靠边停车指令。

3）通过要求：测试车辆应能够自动开启右侧转向灯，实现变道并停于右侧车道内；测试车辆应能一次性完成停车，不可出现倒车等动作；测试车辆停车后车身应基本平行于右侧车道，且右侧车轮距车道线内侧距离（s）不超过 50cm；测试车辆停车后应能正确开启危险警告信号灯。

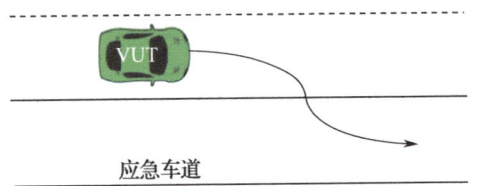

图 5-3-20　靠路边应急停车测试场景示意图　　图 5-3-21　最右车道内靠边停车测试场景示意图

（八）超车（图 5-3-22）

此检测项目旨在测试自动驾驶系统的超车功能，评价测试车辆的感知、决策和执行能力。此检测项目应包含并入相邻车道、超越目标车辆和安全返回原车道三项动作。第三方检测机构可根据实际测试路段情况增加超车相关场景。

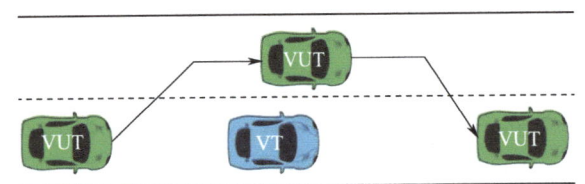

图 5-3-22　超车测试场景示意图

1）测试场景：测试道路为至少包含两条车道的长直道，中间为白色虚线。测试车辆稳定跟随目标车辆行驶，以适当方式向测试车辆发出超车指令。

2）测试方法：测试车辆在自动驾驶模式下以 50km/h 的速度接近目标车辆，目标车辆以 30km/h 的速度匀速行驶，以适当方式向测试车辆发出超车指令。

3）通过要求：测试车辆在超车过程中不得与目标车辆发生碰撞，且不得影响目标车辆正常行驶；测试车辆顺利完成超车动作，返回本车道后保持在车道中间行驶；测试车辆在超车过程中能够正确开启转向灯。

（九）并道

此检测项目旨在测试自动驾驶系统换道行驶的能力。

1. 邻近车道无车并道测试项目（图 5-3-23）

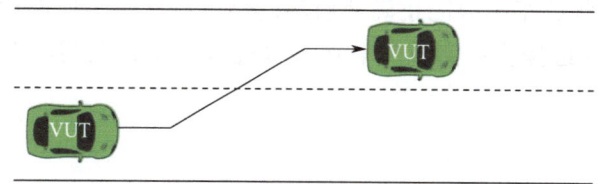

图 5-3-23　邻近车道无车并道测试场景示意图

1）测试场景：测试道路为至少包含两条车道的长直道。测试车辆匀速行驶，且邻近车道无干扰车辆。

2）测试方法：测试车辆在自动驾驶模式下以 30km/h 的速度沿车道中间匀速行驶，以适当方式向测试车辆发出并道指令。

3）通过要求：测试车辆应能正确开启转向灯，并在转向灯开启至少 3s 后开始转向；测试车辆从开始转向至完成并入相邻车道动作的时间不大于 5s。

2. 邻近车道有车并道测试项目（图 5-3-24）

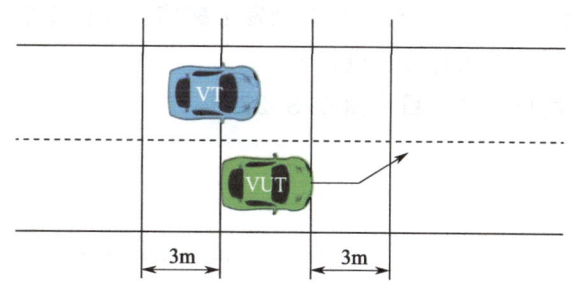

图 5-3-24　邻近车道有车并道测试场景示意图

1）测试场景：测试道路为至少包含两条车道的长直道。测试车辆匀速行驶，在邻近车道内存在目标车辆，并以相同速度匀速行驶。

2）测试方法：测试车辆在自动驾驶模式下，以 30km/h 的速度在车道中间匀速行驶。邻近车道内目标车辆在测试车辆前方 3m 至测试车辆后方 3m 的区域内以相同速度匀速行驶，测试车辆接收并道指令。

3）通过要求：测试车辆应能保持在原车道行驶，与目标车辆未发生碰撞。

3. 前方车道减少测试项目（图 5-3-25）

1）测试场景：测试道路为至少包含两条车道的长直道，在车道减少位置的前方

50m 处存在指示标志牌。测试车辆初始行驶于最右侧车道内，在邻近车道内存在目标车辆，并以相同速度匀速行驶。

2）测试方法：测试车辆在自动驾驶模式下，在距离车道变少指示标志牌 100m 前达到 30km/h 的车速，并沿车道中间匀速驶

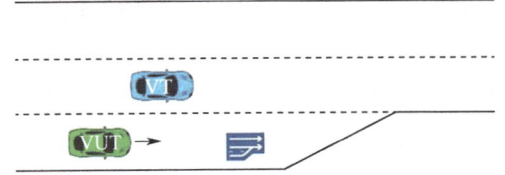

图 5-3-25　前方车道减少测试场景示意图

向车道变少指示标志牌，邻近车道内目标车辆在测试车辆前方 3m 至测试车辆后方 3m 的区域内以相同速度匀速行驶。如果测试车辆无并道操作，则驾驶员应及时接管车辆。

3）通过要求：测试车辆应能正确开启转向灯；测试车辆应能通过加速或减速方式避让目标车辆完成并道操作；测试车辆在并道过程中不得与目标车辆发生碰撞，且不得影响目标车辆正常行驶。

（十）交叉口通行

此检测项目旨在测试自动驾驶系统的交叉口通行行为，评价测试车辆的路径规划和导航能力。

1. 直行车辆冲突通行测试项目（图 5-3-26）

1）测试场景：测试道路为至少包含双向两车道的十字交叉口。测试车辆匀速行驶在标有直行和右转指示标线的车道直行通过该交叉口，目标车辆从测试车辆右方横向匀速直线驶入交叉口，两车存在碰撞风险。

2）测试方法：测试车辆在自动驾驶模式下，以 30km/h 的车速匀速驶向交叉口，目标车辆以 20km/h 的车速匀速行驶。若测试车辆保持当前行驶状态，两车可同时到达碰撞点。

3）通过要求：测试车辆不应与目标车辆发生碰撞；测试车辆应遵守右方来车先行的交通规则，实现通行并进入对应车道行驶。

2. 右转车辆冲突通行测试项目（图 5-3-27）

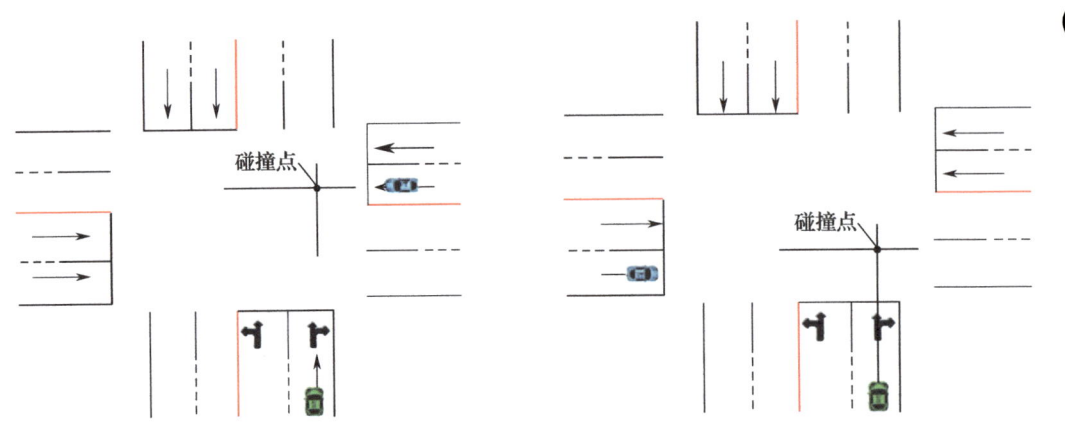

图 5-3-26　直行车辆冲突通行测试场景示意图　　图 5-3-27　右转车辆冲突通行测试场景示意图

1）测试场景：测试道路为至少包含双向两车道的十字交叉口。测试车辆在标有直行和右转指示标线的车道内右转行驶通过该交叉口，同时交叉口横向左侧存在匀速直

线行驶的目标车辆驶向测试车辆将转入的车道，两车存在碰撞风险。

2）测试方法：测试车辆在自动驾驶模式下，以 30km/h 的车速匀速驶向交叉口，目标车辆以 20km/h 的车速匀速行驶。若测试车辆保持当前行驶状态，两车可同时到达碰撞点。

3）通过要求：测试车辆不应与目标车辆发生碰撞；测试车辆应能正确开启转向灯；测试车辆应遵守直行优先的交通规则，实现右转通行并进入对应车道行驶。

3. 左转车辆冲突通行测试项目（图 5-3-28）

1）测试场景：测试道路为至少包含双向两车道的十字交叉口。测试车辆在标有直行和左转指示标线的车道内左转行驶通过该路口，同时对向车道存在匀速直线行驶的目标车辆。

2）测试方法：测试车辆在自动驾驶模式下，以 30km/h 的车速匀速驶向交叉口，测试车辆距离交叉口时距 2s 时，目标车辆从对向车道以 20km/h 的速度匀速驶出。

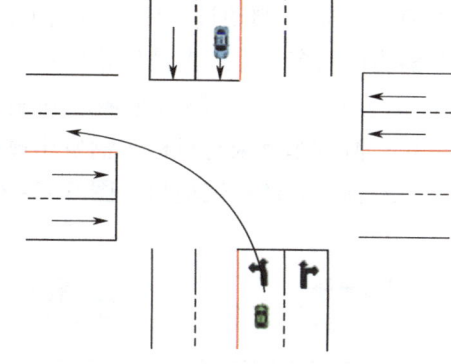

图 5-3-28　左转车辆冲突通行测试场景示意图

3）通过要求：测试车辆不应与目标车辆发生碰撞；测试车辆应能正确开启转向灯；测试车辆应遵守直行优先的交通规则，实现左转通行并进入对应车道行驶。

（十一）环形路口通行（图 5-3-29）

此检测项目旨在测试自动驾驶系统进出环形路口的通行行为，评价测试车辆路径规划和执行能力。此检测项目应进行环形路口通行场景测试。第三方检测机构可根据实际测试路段情况增加相关场景。

1）测试场景：测试场地为不低于 3 个出入口的环形路口，每个出入口至少为双向两车道。测试车辆入口上游存在 1 辆目标车辆。测试车辆经环形路口驶向测试终点。

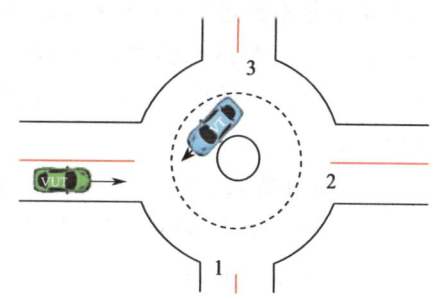

图 5-3-29　环形路口通行测试场景示意图

2）测试方法：测试车辆在自动驾驶模式下，应至少经过 1 个出口后驶出环岛。测试车辆以 20km/h 的车速驶向环形路口，当测试车辆到达环岛入口时，在入口上游附近存在正要通过出口 1 驶出的目标车辆，目标车辆车速为 20km/h。记录测试车辆进入环岛、环岛绕行和驶出环岛的全过程。

3）通过要求：测试车辆不应与目标车辆发生碰撞；测试车辆进出环岛时应能正确开启转向灯；测试车辆能够绕经环岛并由正确出口驶出。

（十二）自动紧急制动

此检测项目旨在测试在发生碰撞危险时测试车辆自动紧急制动的性能，评价其紧急避撞能力。

1. 前车静止测试项目（图 5-3-30）

1）测试场景：测试道路为至少包含一条车道的长直道，测试车辆匀速接近前方静止目标车辆。

2）测试方法：测试车辆在人工驾驶或自动驾驶系统失效模式下，以 50km/h 的车速沿车道中间匀速接近前方静止目标车辆，测试车辆和目标车辆中心线横向距离偏差不超过 0.5m。制动过程中，测试车辆驾驶员不得转动转向盘和踩踏制动踏板。若测试车辆为商用车辆（最大设计总质量不超过 3.5t 的货车除外），则测试速度选为 30km/h。

3）通过要求：测试车辆应在制动之前发出警告信息，至少包含光学和声学警告信号；测试车辆未与目标车辆发生碰撞。

2. 前车制动测试项目（图 5-3-31）

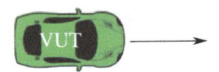 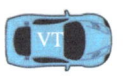  

图 5-3-30　前车静止测试场景示意图　　　图 5-3-31　前车制动测试场景示意图

1）测试场景：测试道路为至少包含一条车道的长直道，测试车辆跟随目标车辆以相同车速稳定行驶，目标车辆减速至停止。

2）测试方法：测试车辆在人工驾驶或自动驾驶系统失效模式下，与前方目标车辆均以 50km/h 的车速沿车道中间匀速行驶，两车纵向间距保持在 40m±5m 范围内，横向距离偏差不超过 0.5m。该状态维持至少 3s 后，前方车辆以 $4m/s^2$ 的减速度制动至停止。制动过程中，测试车辆驾驶员不得转动转向盘和踩踏制动踏板。若测试车辆为商用车辆（最大设计总质量不超过 3.5t 的货车除外），则前方目标车辆以 $2m/s^2$ 的减速度制动至停止。

3）通过要求：测试车辆应在制动之前发出警告信息，至少包含光学和声学警告信号；测试车辆未与目标车辆发生碰撞。

3. 行人横穿道路测试项目（图 5-3-32）

1）测试场景：测试道路为至少包含一条车道的长直道，测试车辆匀速行驶，前方存在行人横穿道路。

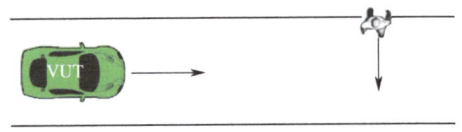

图 5-3-32　行人横穿道路测试场景示意图（无人行横道线）

2）测试方法：测试车辆在人工驾驶或自动驾驶系统失效模式下，以 30km/h 的车速沿车道中间匀速行驶，前方行人在设定时刻以 5km/h 的速度横穿道路。如果自动紧急制动功能不介入，测试车辆将与行人发生碰撞。制动过程中，测试车辆驾驶员不得转动转向盘和踩踏制动踏板。

3）通过要求：测试车辆应在制动之前发出警告信息，至少包含光学和声学警告信号；测试车辆未与行人发生碰撞。

（十三）人工操作接管

此检测项目旨在测试自动驾驶系统的人工操作接管功能，评价测试车辆自动驾驶和人工操作两种模式转换的人机共驾能力。此检测项目应进行接管请求提醒功能和接管功能测试。第三方检测机构可根据实际测试路段情况增加相关场景。

1）测试场景：当测试车辆处于自动驾驶模式下，出现自动驾驶功能超出设计运行范围的场景，应触发人工操作接管请求。

2）测试方法：

①接管请求提醒功能测试。测试车辆在自动驾驶模式下，以恒定车速（推荐的测试车速区间为 20~80km/h）直线行驶。稳定行驶后，以适当方式向测试车辆发出人工操作接管指令，记录测试车辆的人工操作接管请求的提醒方式。

②接管功能测试。人工操作接管功能测试包含三项测试，分别为操纵制动踏板接管、操纵转向盘接管以及操纵按钮或开关接管。

a）操纵制动踏板接管：在自动驾驶模式下，测试车辆匀速直线行驶，稳定行驶后，驾驶员操纵制动踏板。

b）操纵转向盘接管：在自动驾驶模式下，测试车辆匀速直线行驶，稳定行驶后，驾驶员转动转向盘。

c）操纵按钮或开关接管：在自动驾驶模式下，测试车辆匀速直线行驶，稳定行驶后，驾驶员操纵按钮或开关。

3）通过要求：

①接管请求提醒功能要求。当车辆进行人工操作接管提醒时，至少包含声音和视觉提醒，警告声音清晰、响亮；视觉警告处于驾驶员前方视野范围内，且信号装置点亮后应足够明亮醒目。

②接管功能要求。人工操纵制动、转向、按钮或开关后，驾驶员应获得车辆控制权限；驾驶自动化系统不可恢复车辆控制权限。

（十四）联网通信

此检测项目旨在测试自动驾驶系统的联网通信，评价测试车辆和外界信息交换的能力。

1. 长直路段车 – 车通信测试项目（图 5-3-33）

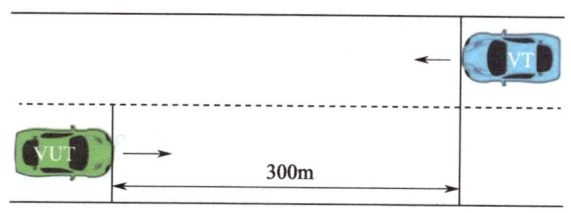

图 5-3-33　长直路段车 – 车通信测试场景示意图

1）测试场景：测试道路为双向两车道的长直路段，开阔无遮挡，测试车辆和目标车辆对向行驶，保证至少 300m 的有效测试车距。

2）测试方法：测试车辆在自动驾驶模式下，开启联网通信功能，测试车辆和目标车辆均以 30km/h 的速度对向匀速行驶，两车车载单元终端分别向对方车辆连续发送信息包，当两车距离达到 300m 时，开始记录测试车辆、目标车辆的收发日志，直至两车相遇，统计两车信息包递交成功率。

3）通过要求：测试车辆、目标车辆信息包递交成功率都不低于 90%。

2. 长直路段车－路通信测试项目（图 5-3-34）

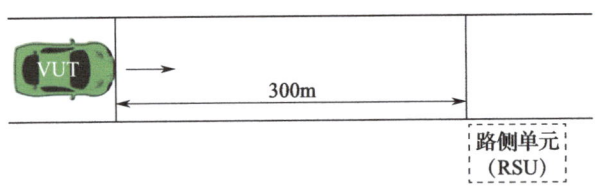

图 5-3-34　长直路段车－路通信测试场景示意图

1）测试场景：测试道路为至少包含一条车道的长直道，开阔无遮挡。测试车辆驶向路侧单元（RSU），保证至少 300m 的有效测试距离。

2）测试方法：测试车辆在自动驾驶模式下，开启联网通信功能，测试车辆以 60km/h 的速度匀速驶向路侧单元，路侧单元向测试车辆连续发送广播信息，行驶至距路侧单元 300m 处时，开始记录测试车辆、路侧单元的收发日志，直至测试车辆行驶至路侧单元为止，统计测试车辆收取广播信息成功率。

3）通过要求：测试车辆收取广播信息成功率不低于 90%。

3. 十字交叉口车－车通信测试项目（图 5-3-35）

1）测试场景：测试道路为双向两车道的十字交叉口，保证车辆与交叉口中心线 50m 的有效测试距离，两车匀速行驶。

2）测试方法：测试车辆在自动驾驶模式下，开启联网通信功能，测试车辆和目标车辆均以 15km/h 的速度驶向十字交叉口，测试车辆和目标车辆分别向对方车辆连续发送信息包，当两车分别行驶至距十字交叉口中心线 50m 处时，开始记录测试车辆、目标车辆的收发日志，直至两车到达停车线，统计两车信息包递交成功率。

3）通过要求：测试车辆、目标车辆信息包递交成功率都不低于 90%。

4. 编队行驶测试

（1）编队加速测试项目（图 5-3-36）

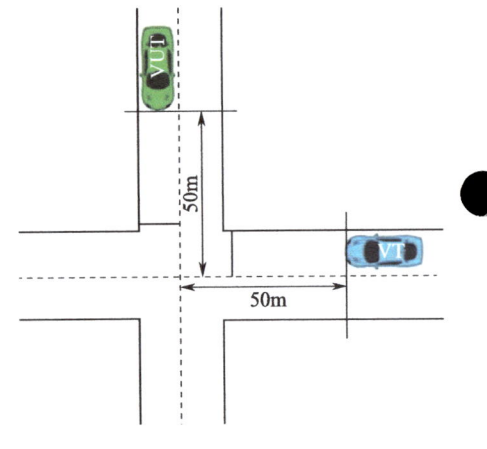

图 5-3-35　十字交叉口车－车通信测试场景示意图

1）测试场景：测试道路为至少包含一条车道的长直道，测试车队由 3 辆测试车辆组成，车辆 1 为人工驾驶模式，车辆 2、车辆 3 为自动驾驶模式，实现编队行驶。

2）测试方法：测试时，车辆 1 为人工驾驶模式，车辆 2 和车辆 3 为自动驾驶模式，开启车－车通信功能，3 辆车辆实现编队互联要求。车辆 1 从静止开始加速至 60km/h 并保持匀速行驶。

图 5-3-36　编队行驶测试——编队加速测试场景示意图

3）通过要求：3 辆测试车辆应能实现编队行驶；编队行驶后，两两车距应保持在设定距离的（100±25）% 范围内，且最大距离不大于 20m。

（2）编队减速测试项目（图 5-3-37）

图 5-3-37　编队行驶测试——编队减速测试场景示意图

1）测试场景：测试道路为至少包含一条车道的长直道。测试车队由 3 辆测试车辆组成，测试车辆已处于编队行驶状态并匀速行驶，某一时刻，车辆 1 开始减速至停止。

2）测试方法：测试时，测试车辆处于编队行驶状态并以 60km/h 的速度匀速行驶，某一时刻车辆 1 开始制动减速至停止，制动减速度为 $2\sim4m/s^2$。

3）通过要求：测试车辆之间不能发生碰撞。

（3）编队换道测试项目（图 5-3-38）

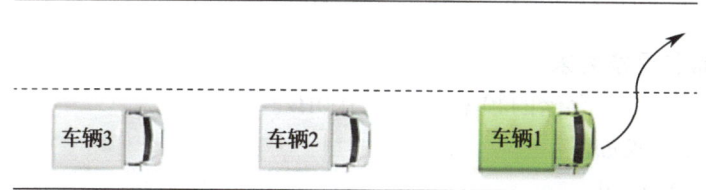

图 5-3-38　编队行驶测试——编队换道测试场景示意图

1）测试场景：测试道路为至少包含两条车道的长直道。测试车队由 3 辆测试车辆组成，测试车辆已处于编队行驶状态并匀速行驶，车辆 1 为人工驾驶模式，车辆 2、车辆 3 为自动驾驶模式。

2）测试方法：测试时，测试车辆已处于编队行驶状态并以 60km/h 的速度匀速行驶，某一时刻车辆 1 开始向邻近车道变道。

3）通过要求：车辆 2、车辆 3 应能及时跟随车辆 1 变道；测试车辆之间不得发生碰撞；车队均完成换道后，车辆 2、车辆 3 相对于车辆 1 的横向距离偏移量不大于 0.5m。

（4）自适应编队测试项目（图 5-3-39）

1）测试场景：测试道路为至少包含两条车道的长直道。测试车队由 3 辆测试车辆组成，测试车辆已处于编队行驶状态并匀速行驶，目标车辆从相邻车道切入车辆 1 和车辆 2 之间。

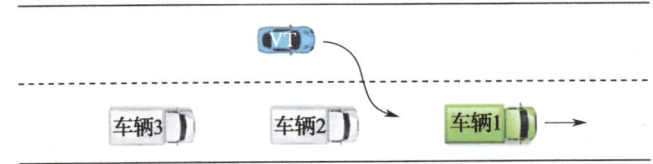

图 5-3-39 编队行驶测试——自适应编队测试场景示意图

2）测试方法：测试时，测试车辆已处于编队行驶状态并以 60km/h 的速度匀速行驶，某一时刻目标车辆开始并道切入车辆 1 和车辆 2 之间，切入后目标车辆以 60km/h 的速度跟随车辆 1 匀速行驶。目标车辆类型为乘用车。

3）通过要求：车辆 2 应能检测到目标车辆驶入并自动调整车速；车辆 2 应能与切入的目标车辆保持安全距离，安全距离不小于 5m；车辆 3 应能自适应调整车速，与车辆 2 保持安全距离，满足编队行驶要求。

> **引导问题 5**
>
> 请查阅相关资料，简述自动驾驶汽车测试硬件、精度以及车辆测试项目要求。
>
> _____
> _____
> _____

测试硬件、精度以及车辆测试项目要求

（一）测试仪器、设备以及测试精度的要求

1. 测试仪器和设备要求

1）动态数据采样和存储的频率至少为 100Hz。

2）设备精度要求如下：

①速度精度 0.1km/h。

②横向和纵向位置精度 0.03m。

③加速度精度 $0.1m/s^2$。

2. 测试精度要求

①测试车辆和目标车辆速度：（0±2）km/h。

②测试车辆和目标车辆加速度：（0±0.5）m/s^2。

③测试车辆与目标车辆相对横向距离：（0±0.1）m。

④测试车辆与目标车辆相对纵向距离：（0±0.1）m。

（二）测试过程要求及测试通过条件

1. 测试过程要求

1）测试主体在申请测试时需填写并提交测试车辆参数表。第三方检测机构在进行测试前应根据测试车辆参数表对车辆进行符合性检查。

2）依据测试路线场景布置，部分场景可组合进行测试。

3）申请测试的车辆，应一次性进行所有规定场景的测试。测试期间，每个测试场景

按照测试方法规定只进行一轮测试，测试车辆未满足任一测试场景的要求，则测试终止。

4）测试过程中记录内容应包括：

①车辆控制模式。

②车辆速度、加速度等运动状态。

③环境感知与响应状态。

④车辆灯光、信号实时状态。

⑤车辆外部 360° 视频监控情况。

⑥反映测试驾驶员和人机交互状态的车内视频及语音监控情况。

2. 测试通过条件

1）除自动紧急制动和人工操作接管的测试场景外，所有测试都应在测试车辆自动驾驶状态完成，并满足以下通过条件：

①测试车辆应按照规定进行每个场景的测试，并满足其要求。

②测试车辆应在一次测试申请中通过所有规定的必选项目和选测项目的测试。

③测试期间不应对软硬件进行任何变更调整。

2）其他应满足的条件：

①除避险工况外，自动驾驶测试车辆不应违反交通规则。

②自动驾驶测试车辆应能正常使用灯光、刮水器等功能。

③自动驾驶测试车辆发生故障时应及时发出警告提醒。

④自动驾驶测试车辆行驶方向控制准确，无方向摆动或偏离。

小组分工

学生任务分配表

班级		组号		指导教师	
组长		学号			
组员角色分配					
信息员		学号			
操作员		学号			
记录员		学号			
安全员		学号			
任务分工					
（就组织讨论、工具准备、数据采集、数据记录、安全监督、成果展示等工作内容进行任务分工）					

工作计划

按照前面所了解的知识内容和小组内部讨论的结果，制订工作方案，落实各项工作负责人，如任务实施前的准备工作、实施中的主要操作及协助支持工作、实施过程中相关要点及数据的记录工作等，并将结果填入工作计划表中。

工作计划表

步骤	工作内容	负责人
1		
2		
3		
4		
5		
6		
7		
8		

进行决策

1）各组派代表阐述资料查询结果。
2）各组就各自的查询结果进行交流，并分享技巧。
3）教师结合各组完成的情况进行点评，选出最佳方案。

任务实施

在自动驾驶中，整车道路验证是谁也绕不过的大山，尽管有虚拟仿真测试，但最终还是要实车上路，由大量的试验进行验证，得到有效的行驶数据，确保行车安全。扫描右侧二维码，获取整车道路验证的自动循迹与自动停障的操作视频，并完成下方内容记录。

自动驾驶功能测试之自动停障

自动驾驶功能测试之自动循迹

参考操作视频，按照规范作业要求，完成整车道路验证的操作步骤，进行数据采集并记录。

自动循迹与自动停障			
序号	步骤	记录	完成情况
1	打开录制好的地图		已完成□ 未完成□
2	进行路线规划		已完成□ 未完成□
3	自动驾驶循迹		已完成□ 未完成□
4	启动功能模块		已完成□ 未完成□
5	放置假人		已完成□ 未完成□
6	自动停障		已完成□ 未完成□
总结提升			已完成□ 未完成□

| 姓名 | 班级 | 日期 |

评价反馈

1）各组代表展示汇报 PPT，介绍任务的完成过程。

2）请以小组为单位，对各组的操作过程与操作结果进行自评和互评，并将结果填入综合评价表中的小组评价部分。

3）教师对学生工作过程与工作结果进行评价，并将评价结果填入综合评价表中的教师评价部分。

综合评价表

班级		组别		姓名		学号	
实训任务							
评价项目		评价标准			分值		得分
小组评价	计划决策	制订的工作方案合理可行，小组成员分工明确			10		
	任务实施	自动循迹			30		
		自动停障			30		
	任务达成	能按照工作方案操作，按计划完成工作任务			10		
	工作态度	认真严谨、积极主动			10		
	团队合作	小组组员积极配合、主动交流、协调工作			5		
	6S 管理	将鼠标、键盘、桌椅进行归位			5		
		小计			100		
教师评价	实训纪律	不出现无故迟到、早退、旷课现象，不违反课堂纪律			10		
	方案实施	严格按照工作方案完成任务实施			20		
	团队协作	任务实施过程互相配合，协作度高			20		
	工作质量	能准确完成任务实施的内容			20		
	工作规范	操作规范，三不落地，无意外事故发生			10		
	汇报展示	能准确表达、总结到位、改进措施可行			20		
		小计			100		
综合评分		小组评分 ×50%+ 教师评分 ×50%					

总结与反思

（如：学习过程中遇到什么问题→如何解决的/解决不了的原因→心得体会）

参 考 文 献

[1] 甄先通，黄坚，王亮，等.自动驾驶汽车环境感知［M］.北京：清华大学出版社，2020.
[2] 王建，徐国艳，陈竞凯，等.自动驾驶技术概论［M］.北京：清华大学出版社，2019.
[3] 杨世春，曹耀光，陶吉，等.自动驾驶汽车决策与控制［M］.北京：清华大学出版社，2020.
[4] 罗洋坤，王海川.智能网联汽车智能传感器安装与调试［M］.北京：机械工业出版社，2022.
[5] 杨世春，肖赟，夏黎明，等.自动驾驶汽车平台技术基础［M］.北京：清华大学出版社，2020.
[6] 崔胜民.一本书读懂智能网联汽车［M］.北京：化学工业出版社，2019.
[7] 余贵珍，周彬，王阳，等.自动驾驶系统设计及应用［M］.北京：清华大学出版社，2019.